高海拔公路隧道建设关键技术与创新
——雀儿山隧道

郑金龙　王　联　王刘勋　汤积仁　林国进　著

科学出版社
北　京

内 容 简 介

雀儿山隧道是目前世界上海拔最高的超特长公路隧道，面临高寒缺氧、地质条件复杂、生态坏境脆弱等关键技术难题，既无成熟规范提供技术支撑，又无相关工程实例参考借鉴。隧道建设团队经过十余年的不断攻关，在隧道抗防冻、高原施工通风、制氧供氧、清洁能源利用等方面形成了成套技术。

本书详细介绍了雀儿山隧道勘察、设计、施工、科研的主要创新成果，对于川西公路铁路隧道和寒区隧道设计与施工的从业人员具有很好的指导意义；同时可供地下工程建设领域的技术人员以及土木工程等相关专业的师生教学参考使用。

图书在版编目(CIP)数据

高海拔公路隧道建设关键技术与创新：雀儿山隧道 / 郑金龙等著. —北京：科学出版社，2020.5
ISBN 978-7-03-063265-4

Ⅰ.①高… Ⅱ.①郑… Ⅲ.①川西高原-公路隧道-隧道工程 Ⅳ.①U459.2

中国版本图书馆 CIP 数据核字 (2019) 第 249272 号

责任编辑：张 展 于 楠 / 责任校对：彭 映
责任印制：罗 科 / 封面设计：墨创文化

科学出版社 出版

北京东黄城根北街16号
邮政编码：100717
http://www.sciencep.com

成都锦瑞印刷有限责任公司 印刷
科学出版社发行 各地新华书店经销

*

2020年5月第 一 版　　开本：787×1092 1/16
2020年5月第一次印刷　　印张：13 3/4
字数：330 000
定价：149.00元
(如有印装质量问题，我社负责调换)

前　言

为贯彻党的十九大精神，落实党中央、国务院西部大开发的重大决议和政策，积极响应中共中央、国务院印发的《交通强国建设纲要》，围绕构建安全、便捷、高效、绿色、经济的现代化综合交通体系，着眼于基础设施、交通装备、运输服务、人才队伍等交通要素的协调发展。随着社会经济和生产的发展，高速公路大量出现，对于道路的修建提出了较高的标准，在公路建设穿越山区时，盘山公路的建设方案多修改为公路隧道，公路隧道的勘察、建设过程中面临巨大挑战。与此同时，公路等交通事业的发展不仅有利于改善西部地区人民的生活水平，增强东西部地区的贸易和交流，促进多民族的融合团结，更有利于国家金融经济体系的稳步增长，有助于扩大经济内需。

四川省公路规划勘察设计研究院有限公司长期以来坚持推进伟大工程，建设伟大事业，以交通运输发展为立足点，推进工程建设、项目开展、人才培养、产学研合作一体化，加大科研投入，通过广大科研工作者和合作团队、企业的努力奋斗，实现了如雀儿山隧道等一项项国内重大工程，获得了一系列国内高海拔隧道建设关键技术，并结合隧道周边环境，以保护绿水青山为基本点，以建设高海拔隧道为出发点，在关键技术上进行不断创新，取得了一系列国内外领先的重大科技成果，有力地支撑和发展了高海拔公路隧道的建设，培育和锻炼了众多优秀的公路隧道建设工程师和科研人员，推动了我国高海拔公路隧道建设的效率，填补了国内多项高海拔公路隧道建设空白，极大地鼓舞了公路隧道建设人员的信心，营造了良好的科研强基氛围。

本书共17章，分为概述、隧道勘察设计关键技术、隧道施工关键技术、创新技术成果4篇，以雀儿山隧道为例，通过总结高海拔隧道的修建意义、勘察设计到隧道的施工技术以及相关的创新技术成果，为国内进行高海拔公路隧道建设提供了宝贵的参考，为进行公路隧道相关专业学生的培养提供了书籍参考，丰富了国内高海拔公路隧道建设经验，有助于传承科技创新，促进高层次的科技交流和学术传播。本书在写作过程中参阅了有关的资料和文献，在此对其作者表示衷心的感谢！

本书是作者所在团队高海拔公路隧道建设关键技术研究成果的结晶，众多团队成员参与了编著工作。各篇的编著人员如下：

第一篇　郑金龙、王联、汤积仁、林国进、杨枫
第二篇　郑金龙、王联、林国进、马洪生、田尚志、高世军、周仁强、唐协、邵江
第三篇　王刘勋、蔚艳庆、姚志军、裴伟伟、李泳伸、郑建国、田志宇、向龙、韦远飞
第四篇　郑金龙、汤积仁、杨枫、吴鹏、吴剑、郑波、朱长安、葛正辉

本书在编著过程中得到了上级领导的关心和支持，得到了相关单位的帮助，有关作者

单位也给予了多方面的协助，在此表示衷心的感谢！

由于时间仓促、编者水平所限，书中难免出现疏漏之处，恳请广大读者批评指正。

编者

2019 年 10 月

目 录

第一篇 概 述

第1章 项目概况 ... 3
1.1 工程简介 ... 3
1.2 工程特点 ... 4
1.3 主要技术工作 ... 5
1.4 创新性成果 ... 6
1.5 经济社会效益 ... 8

第二篇 隧道勘察设计关键技术

第2章 气象条件勘察 ... 13
2.1 气象观测的工作内容 ... 13
2.2 气象观测站的布置及测试仪器 ... 13
2.3 气象要素随海拔高度的变化规律 ... 16
2.4 主要气象灾害 ... 20
2.5 气候特点分析 ... 21
2.6 气象专题研究结论 ... 22

第3章 错坝活动断裂专项勘察 ... 23
3.1 雀儿山地震地质环境 ... 23
3.2 错坝断裂地表展布 ... 28
3.3 错坝断裂活动特征 ... 31
3.4 错坝断裂甚低频电磁波探测和土壤气氡探测 ... 34
3.5 主要结论 ... 38

第4章 隧道综合地质勘察 ... 40
4.1 隧道总体勘察要求 ... 40
4.2 勘察手段及工作内容 ... 40
4.3 现场调绘 ... 41
4.4 遥感解译 ... 49
4.5 物探解译 ... 51
4.6 钻探 ... 54
4.7 综合地质勘察结论 ... 56

iii

第 5 章　雀儿山隧道方案研究 ·· 65
5.1　隧道走廊带方案研究 ·· 65
5.2　隧址方案研究 ·· 68
5.3　轴线方案研究 ·· 71
5.4　轴线方案深化研究 ·· 75
5.5　隧道救灾方案 ·· 77
5.6　总体设计 ··· 80

第 6 章　雀儿山隧道土建设计 ·· 85
6.1　隧道洞口设计 ·· 85
6.2　隧道抗防冻设计 ··· 87
6.3　人员安全保障设计 ·· 93
6.4　不良地质处治设计 ·· 94

第 7 章　雀儿山隧道运营系统设计 ·· 97
7.1　隧道运营通风设计 ·· 97
7.2　隧道照明设计 ·· 99
7.3　隧道供配电设计 ·· 100
7.4　隧道消防系统 ·· 101
7.5　隧道监控系统 ·· 102
7.6　隧道防灾救援设计 ·· 103

第三篇　隧道施工关键技术

第 8 章　雀儿山隧道施工通风技术 ·· 109
8.1　高海拔特长公路隧道施工通风现状 ··· 109
8.2　高海拔对隧道施工通风的影响 ··· 110
8.3　雀儿山隧道通风方式选择 ··· 110
8.4　雀儿山隧道施工通风方案分析 ··· 111
8.5　雀儿山隧道施工通风深化研究 ··· 113

第 9 章　雀儿山隧道施工制氧供氧技术 ·· 117
9.1　高海拔隧道施工供氧范围与标准 ·· 117
9.2　高海拔隧道施工制氧方案 ··· 118
9.3　供氧方案研究 ·· 120
9.4　雀儿山隧道供氧效果检测 ··· 122

第 10 章　高海拔隧道施工设备配置 ·· 124
10.1　高原低温缺氧环境下施工机械设备的配套原则 ································ 124
10.2　雀儿山隧道施工机械设备配套技术 ··· 125
10.3　雀儿山隧道施工机械设备保养措施 ··· 131
10.4　高原缺氧环境降低内燃机械有害气体排放技术 ································ 131

第11章 高海拔隧道冬季施工技术 ································133
- 11.1 高海拔高寒对隧道施工的影响 ································133
- 11.2 高海拔高寒地区混凝土配合比设计 ································134
- 11.3 雀儿山隧道施工防冻技术措施 ································139
- 11.4 雀儿山隧道施工防冻措施加强和改进 ································149

第12章 雀儿山隧道施工利用温泉供暖技术 ································151
- 12.1 雀儿山隧址温泉调查及适宜性评价 ································151
- 12.2 雀儿山隧道温泉利用方案设计 ································152
- 12.3 雀儿山隧道温泉利用施工技术 ································157
- 12.4 雀儿山隧道温泉利用效果分析 ································160

第13章 高海拔特长公路隧道施工管理 ································163
- 13.1 雀儿山隧道工程管理体系 ································163
- 13.2 雀儿山隧道施工管理重点 ································164
- 13.3 雀儿山隧道安全管理 ································168
- 13.4 雀儿山隧道质量管理 ································171
- 13.5 雀儿山隧道进度管理 ································175
- 13.6 雀儿山隧道环境管理 ································177

第四篇 创新技术成果

第14章 川西高原公路隧道海拔高度分级标准 ································183
- 14.1 隧道缺氧程度分级研究 ································183
- 14.2 隧道寒冷程度分级 ································188
- 14.3 隧道海拔高度分级及处治措施 ································190
- 14.4 研究结论 ································193

第15章 川西高原公路隧道勘察技术 ································195
- 15.1 勘查内容要求 ································195
- 15.2 地质勘察 ································195
- 15.3 气象勘察 ································196
- 15.4 水文地质勘察 ································196

第16章 川西高原公路隧道设计技术 ································198
- 16.1 隧道总体设计 ································198
- 16.2 隧道抗防冻设计 ································198
- 16.3 隧道防排水设计 ································200
- 16.4 隧道通风设计 ································200
- 16.5 隧道制氧供氧设计 ································202

第17章 川西高原公路隧道施工技术 ································203
- 17.1 施工准备 ································203

17.2 隧道施工通风 …………………………………………………… 204
17.3 隧道施工制氧供氧 ………………………………………………… 204
17.4 隧道低温混凝土施工 ……………………………………………… 205
17.5 隧道施工机械化配套 ……………………………………………… 206
主要参考文献 …………………………………………………………… 208

第一篇 概 述

  国道 317 线也称为川藏公路北线,起于四川成都,止于西藏那曲,全长 2030km,是连接四川省与西藏自治区的重要交通要道。雀儿山位于国道 317 线、四川省甘孜藏族自治州德格县境内,主峰海拔 6168m,每年长达 8 个月的时间被积雪覆盖,地势险峻,高寒缺氧,地质复杂,生态环境脆弱。在无成熟技术规范和相关工程技术实例的背景下,隧道公路建设团队攻坚克难,因地制宜,开展了大量的调查研究和科学攻关,形成了高海拔隧道抗防冻、高海拔施工通风、高海拔制氧供氧、隧道清洁能源利用等一系列成套技术体系,为保障雀儿山隧道的顺利设计、施工、竣工以及长期的通车运行奠定了坚实的基础,雀儿山隧道的建成为川藏地区的交通出行提供了极大的便捷。

第1章 项目概况

雀儿山位于四川省甘孜藏族自治州德格县境内，海拔高，高寒缺氧，山路陡峭，长期被积雪覆盖，极大地影响了当地居民的出行，限制了该地区的经济发展和人文交流，交通隧道问题亟待解决。建设团队针对雀儿山高寒奇险，创新攻坚，成功建成了雀儿山公路隧道，为川藏地区的发展助力。

1.1 工程简介

国道317线也称为川藏公路北线，起于四川成都，止于西藏那曲，全长2030km，是连接四川省与西藏自治区的重要通道。雀儿山位于国道317线、四川省甘孜藏族自治州德格县境内，主峰海拔6168m，每年长达8个月的时间被积雪覆盖，地势险峻、高寒缺氧，20世纪50年代建成的雀儿山段公路通过垭口海拔5050m，是全线海拔最高的一段，其地势险峻、气候恶劣、地质复杂、交通事故频发，安全风险极高，被称作"川藏第一高、川藏第一险"。雀儿山隧道项目地理位置如图1-1所示。本路段长期以来冬季实行单向通行交通管制，冬季因冰雪灾害断道时有发生，其通行能力远远不能满足经济社会发展需要，打通雀儿山隧道成了藏区各族同胞几代人的共同梦想。

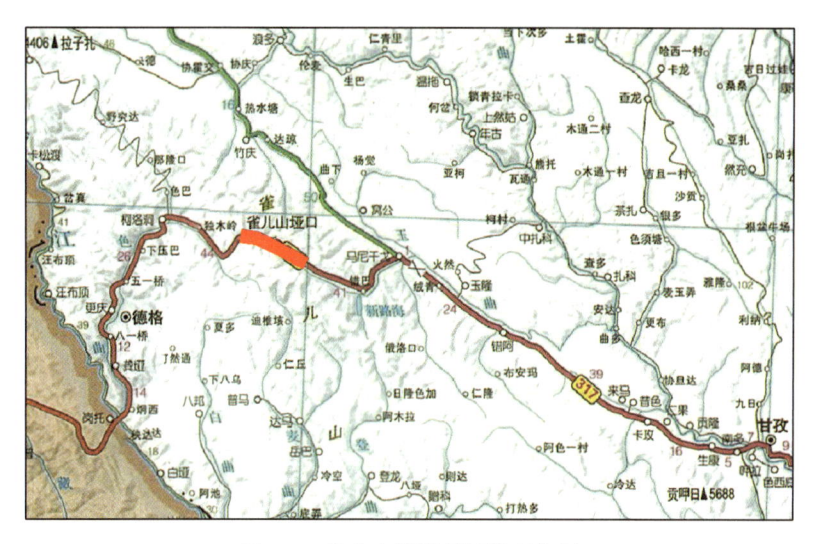

图1-1 雀儿山隧道项目地理位置

国道317线雀儿山隧道工程距离成都约900km，是国家重点建设项目，起于雀儿山三道班，止于雀儿山六道班，路线全长12.997km，其中隧道长7079m，通风救援平导长7108m，隧道进口海拔4373m，出口海拔4232m。项目按二级公路标准建设，设计速度40km/h，路基宽度 8.5m，隧道建筑限界 9.0×5.0m，平导建筑限界 4.5×5.0m，设计荷载为公路-Ⅱ级，隧道防水等级为一级，二次衬砌砼抗渗等级不小于 S8。其平纵缩图如图 1-2 所示。

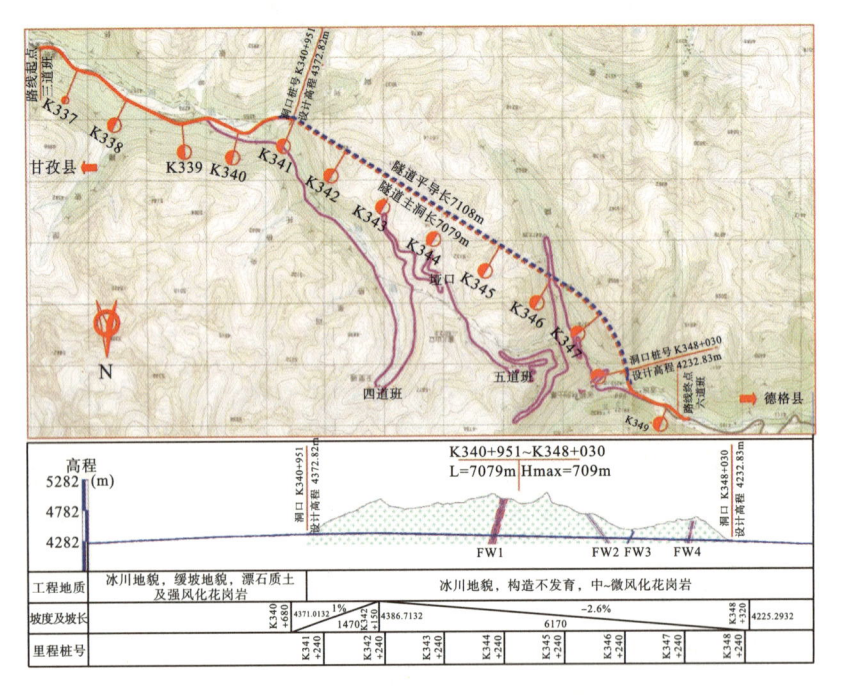

图 1-2　雀儿山隧道平纵缩图

该项目 2002 年立项研究，2012 年 9 月开工，2017 年 9 月建成通车。项目业主：四川俄岗公路工程建设有限责任公司；设计单位：四川省公路规划勘察设计研究院有限公司；监理单位：山东格瑞特监理咨询有限公司；施工单位：中铁一局集团有限公司和中国建筑第五工程局有限公司；科研配合单位：西南交通大学、中铁西南科学研究院有限公司等。

1.2　工程特点

隧道地处高海拔寒冷地区，隧道最大埋深 707m，含氧量低、气温低、隧道超特长为本工程最大特点与难点。

(1) 在海拔 4000m 以上修建 7km 的超特长隧道，既无成熟规范提供理论支撑，又无工程实例借鉴，隧道设计只能从零探索与总结提炼。

(2) 洞口含氧量不到平原区 60%，冬季隧道内含氧量更低，绝大多数人均有高原反应，人员及施工效率极低，对参建人员的身体健康带来严峻挑战，建设施工难度极大。

(3) 雀儿山主峰海拔 6168m，常年冰雪覆盖，洞口极端气温在零下 40℃以下，冬季施工期超过 4 个月，冬季低气温和低含氧量的叠加效应，导致工程勘察与施工"难上加难"。

1.3 主要技术工作

项目贯彻执行"技术可靠、方案可行、经济合理、以人为本"的指导方针，通过前期翔实的地质勘察和充分方案论证，施工期科技支撑和应用验证，实现了高海拔隧道安全、优质、高效建设目标。

(1) 隧道构造分区综合勘察。采用遥感、地质调绘、大地物探、深孔钻探、槽探等综合勘探手段和专项报告，建立长大深埋隧道地质构造分区，以各构造分区为单位进行相应的工程地质问题分析，达到"长隧短勘"的目的。查明了隧道工程地质、水文地质及不良地质，为隧道设计提供了基础资料。

(2) 多气象要素长期实测。建立了两套自动气象观测站，在3800~5050m设立了7个人工流动监测点，历时两年不间断监测不同海拔高度的气温、地温、含氧量、风力风向等7个气象要素及原道路灾害情况。

(3) 海拔高度修正系数实测。多次往返成都至雀儿山垭口，通过实测海拔从400m到5050m间的汽车尾气排放量，取得基础数据5000多组，得出适用于高海拔隧道的海拔修正系数实测值。

(4) 高海拔隧道综合选线。在4200~4600m海拔范围内，隧道规模从2~11km，通过2个走廊带、7个隧道轴线方案比选，充分考虑地形、地质、气象等条件下隧道建设与运营综合比较，最终确定了合理隧道标高与建设规模，确保了全路段的常年畅通。

(5) 高海拔隧道总体设计。针对工程难题，依据勘察成果，形成了高海拔隧道总体设计技术：隧道轴线宜与区内风向大角度相交，以降低洞口风吹雪问题；抗防冻段隧道纵坡大于1%，避免地下水因流速慢在洞口冻结；隧道内轮廓增大10cm，以满足衬砌保温措施的安装空间。

(6) 高海拔隧道综合抗防冻及施工安全保障。针对性开展了隧道综合抗防冻、高海拔隧道施工通风与制氧供氧设计和高海拔特长隧道机械化配套、高海拔隧道施工医疗保障等研究。

(7) 隧道环境保护设计。隧道洞渣一部分用于本隧道结构衬砌，一部分用于抬高路线高路基填筑，剩余部分用于停车休息区和观景台建设，实现了长大隧道零弃方。

(8) 高海拔长大隧道多通道施工通风节能。针对本项目一端独头施工长度超过4300m，随着开挖进尺的推进，隧道通风采取独头压入式通风、单通道巷道式通风、双通道巷道式通风、多通道巷道式通风，既提高了通风效果，改善了作业环境，同时节约通风费用约25%。通风方式如表1-1所示，通风示意图如图1-3所示。

表1-1 不同掘进距离建议的通风方式

通风方案	独头压入式	单通道巷道式	双通道巷道式	多通道巷道式
掘进距离 L/m	$L \leqslant 1000$	$1000m < L \leqslant 2000$	$2000 < L \leqslant 3000$	$3000 < L$

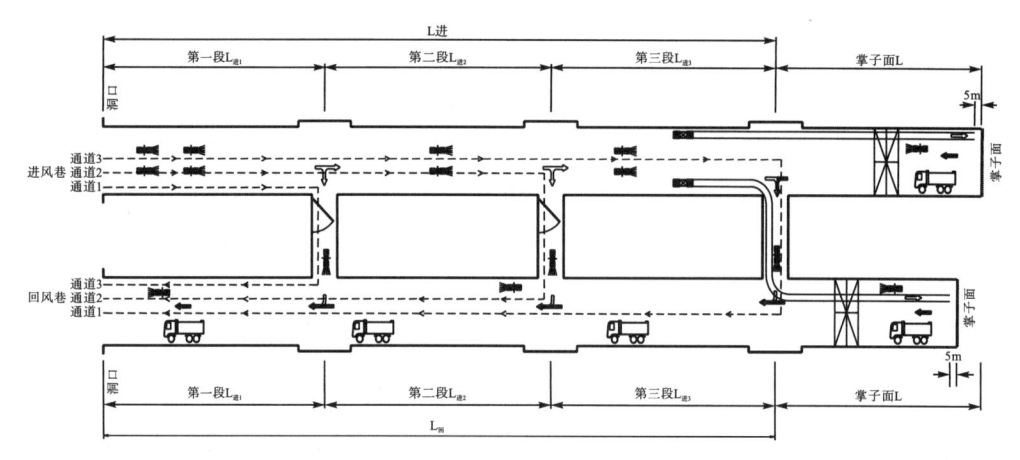

图 1-3　多通道巷道式通风示意图

(9) 高海拔特长公路隧道施工利用温泉供暖。雀儿山隧道地处高原高寒地区，冬期施工时间长，通过充分利用隧道附近天然温泉热能，大大改善了工作及生活环境，降低了冬季施工保障难度，节省了冬季施工投入，对于项目的节能减排起到了重要作用。经测算，项目总共节约标准煤 2360t，减少项目成本 272 万元，并减少了大量有害气体的排放。提高了洞内外生产效率，提高了施工质量控制，确保了正常工程施工，为隧道施工整体工期和质量提供了保障。

(10) 制定并执行了完善的高海拔特长公路隧道施工管理制度，实现了高海拔特长隧道安全、优质、高效施工。施工管理制度内容覆盖安全、质量、进度、成本和环境等管理，充分体现了质量是根本、确保安全和环境是前提、进度和成本是水平，特别是高海拔施工人员医疗保障、环境保护等措施值得借鉴和推广。

1.4　创新性成果

随着经济的不断发展，中国乃至世界高海拔隧道数量迅速增加，高寒缺氧的恶劣环境给高海拔隧道建设带来极大困扰，是世界工程界面临的重大难题。雀儿山隧道洞口海拔 4373m，隧道长 7079m，为目前世界上海拔最高超特长公路隧道，通过"高海拔地区复杂地质条件下公路隧道设计与施工技术研究""雀儿山隧道建设与运营关键技术""高海拔复杂地质特长公路隧道关键施工技术""高海拔地区(海拔 4380m)特长公路隧道施工关键技术研究"等一系列科研研究和工程实践，建设团队经过十余年的不断科技攻关，克服了高寒高海拔超特长隧道的诸多关键技术难题，在隧道抗防冻、高原施工通风、制氧供氧、清洁能源利用等方面形成了成套技术，取得了多项创新成果。

(1) 首创高海拔隧道"气象选线"的设计理念，为高海拔寒区越岭隧道选线提供了新思路。气象观测站如图 1-4 所示。

(2) 创新性提出"保暖内衣+长衣袖式"隧道结构综合防冻技术，并在隧道洞口设立了防雪透光棚，如图 1-5 所示，既保证了隧道洞口防冻、防雪，又有效缓解了驾乘人员的"黑白洞"效应。

图 1-4　气象观测站

图 1-5　隧道结构抗防冻技术

(3) 明确了适用于海拔 5000m 隧道通风计算新标准，将现有隧道通风计算标准仅满足 2400m 以下提高到 5000m，填补了相关技术空白，为高海拔隧道施工及运营通风提供了有力的技术支撑。图 1-6 所示为通风海拔高度系数及修正系数。

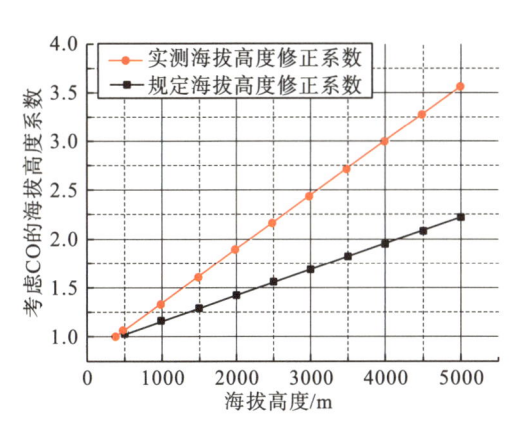

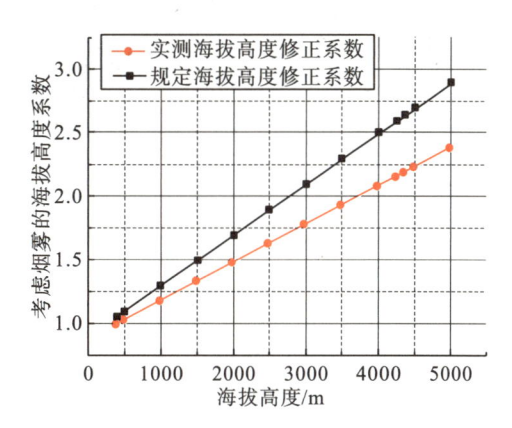

图 1-6　通风海拔高度系数及修正系数

(4)首次提出了基于肺泡氧分压理论的高海拔地区人体缺氧危险等级划分、控制标准及人员劳动强度指数分级方法,建立了雀儿山隧道制氧供氧系统,如图1-7所示,为高海拔特长隧道施工安全提供了有力保障。

图1-7 隧道制氧供氧系统

(5)创新性地利用洞口附近的温泉热能,消除了隧道洞口段的冰雪灾害,确保了冬季运营安全,如图1-8所示。

图1-8 利用温泉热能消除路面冰雪灾害

1.5 经济社会效益

隧道实施后较原路节约里程近20km,绕避了原公路3处共长达4.7km的雪崩易发危险路段,6处共2220m泥石流路段,以及大量的冻土、滑坡,雪害、冰害等安全隐患严重路段。雀儿山隧道建成后彻底改变了川藏北线雀儿山段的路况，比原公路海拔降低 800m，长久以来的交通瓶颈被彻底消除，过往车辆只需 10 多分钟就可以穿过雀儿山，将不必再绕行两个多小时的危险山路，保障了雀儿山段以及国道 317 线全年安全畅通，使得"冬过雀儿山，如过鬼门关"变为历史。隧道通车后，进一步打通了川藏交通大动脉，为川藏两地人民提供了更加便捷和安全的交通环境，为藏区人民打开了又一扇希望之门、幸福之门。该隧道修建前后交通线路对比如图 1-9 所示。

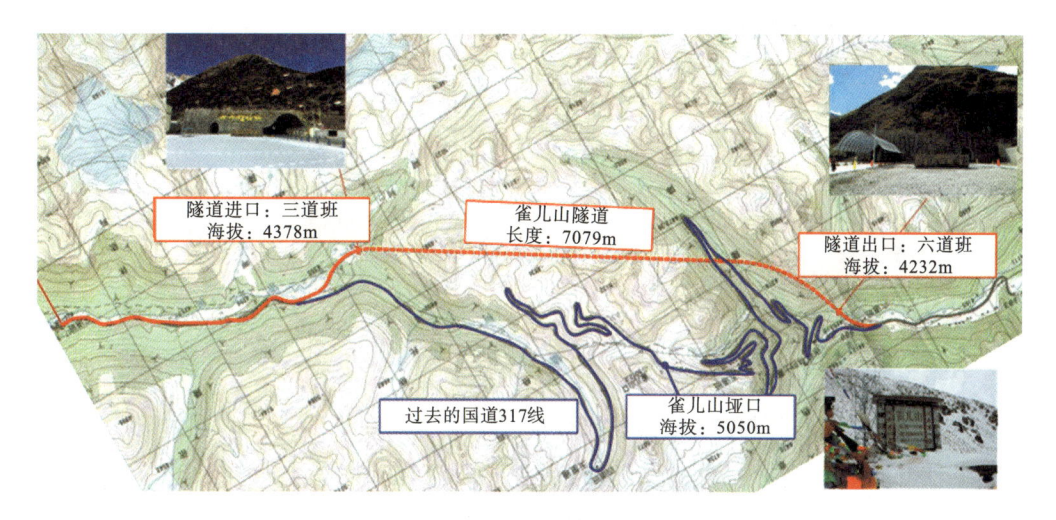

图 1-9　隧道修建前后交通线路对比

　　创新技术有力指导了雀儿山隧道的顺利建设，整个施工过程中未发生高原病及其他安全事故，质量优良率达 100%，得到了公众的高度评价，在《超级工程》《还看今朝》等央视和地方媒体集中报道，央视记者更是五上雀儿山，拍摄了《中国人的活法——穿山》，并在中央十三套播出，其成功经验在巴郎山隧道、雪山梁隧道以及鹧鸪山隧道等高海拔隧道建设中进行了推广和示范应用。

　　依托本项目工程及科研成果，编制了专著《川西高原公路隧道设计与施工技术指南》和《高海拔隧道工程》，发表论文近 20 篇，取得专利 20 多项，荣获全国工程建设优秀质量管理小组 3 个，雀儿山隧道工程先后获得四川省优秀咨询一等奖、建国七十周年公路交通勘察设计经典工程、四川省科技进步三等奖、中国公路学会二等奖、中建集团科学技术一等奖、中国施工企业管理协会工程建设项目设计水平评价二等奖、国家优质工程奖，特别是作为我国首次入围国际隧道与地下空间协会(ITA)的公路隧道项目，国道 317 线雀儿山隧道工程得到了国际隧道界一致认可，获得"ITA 2018 年度隧道工程奖"，捧起了被誉为"隧道界奥斯卡奖"的布鲁内尔奖杯，成功跻身世界顶尖隧道工程行列，如图 1-10、图 1-11 所示。

图 1-10 雀儿山隧道获 ITA2018 年度隧道工程奖

图 1-11 雀儿山隧道获国家优质工程奖

第二篇　隧道勘察设计关键技术

　　本篇主要从勘察与设计两部分展开，对高海拔隧道公路建设过程中基础的气象地质勘察和隧道土建运营设计两个部分进行翔实的叙述。从雀儿山周围地势的气象条件勘察，到雀儿山错坝活动断裂进行专项研究调研，从现场调绘到遥感解译，多层次全方面地进行隧道综合地质勘察，为后续的雀儿山隧道设计提供先行条件和基础要素，并根据综合勘察的结果进行相关的隧道土建设计，结合隧道周围的地势环境因素，科技攻坚，进行了相应的抗防冻设计、人员的安全保障设计以及不良地质的处治。在进行了上述建设设计的基础上，建设团队充分考虑隧道运营条件，进行了隧道运营系统设计，保障了隧道建成以后的长期稳定运行。

第 2 章 气象条件勘察

在高海拔严寒地区修建公路隧道，隧址区的气象条件应进行专项测试与研究，查明隧址区气象情况，为隧道洞口位置、隧道轴线及接线方案、通风(含施工及运营)、防排水、防冻结构设计、施工组织等方案比选提供基础资料，是隧道安全施工和运营安全的保障。

为了准确获得隧道气象资料，在雀儿山隧道隧址邻近地区的东口和西口分别建立了自动和人工观测站，并从 2005 年 1 月开始正式进行观测，观测周期为一年，并对 50 年一遇气候值进行推算分析，形成气象研究报告。

2.1 气象观测的工作内容

气象观测的工作内容可按照《地面气象观测规范》(GB/T 35221—2005)执行，并结合项目具体情况制定观测流程及观测项目。雀儿山隧道的观测流程分为以下几个部分。

(1)建立气象站实测基本气象要素，包括 7 个气象要素，即①气温；②地温及冻深；③气压及气压差；④风速及风向；⑤降水、积雪日数及雪深；⑥空气湿度及蒸发；⑦辐射。同时还应记录雾、雨季开始期、电线及公路结冰、云及能见度等主要天气现象。

(2)比较分析各气象因素实测值与气候值之间的差异，分析原因，形成对照表格。

(3)根据拟定的隧道方案，分析气象要素随海拔高度的变化及推荐方案隧道口气候状况，重点分析气温、降水、积雪日数及雪深、气压及气压差、地温、冻土、雾、雪线高度及路面结冰等因素。应用气候学原理及小概率计算方法，并推算分析 50 年一遇气候值。根据气象资料评估气象因素对隧址方案的影响。

(4)调研隧址区的主要气象灾害及典型灾害事例。

2.2 气象观测站的布置及测试仪器

1. 布置原则

气象观测站、点的布置原则：要求所获得的资料具有代表性、准确性、比较性。

(1)代表性：东、西口两个固定观测点与隧道口相比，场址的开阔度、坡向、目标物等与拟建洞口的属性基本相同，经纬度相差也很小，流动点的垂直间距小于 200m，地形、地貌等与固定点相同。

(2)准确性：观测资料的准确性与观测的条件(含仪器性能、安装条件等)、观测方法、取样时间等有关。雀儿山东、西口气象观测站、点的建设，无论是仪器的先进程度、性能指标、安装方法、运行情况，还是技术人员的观测方法、技能，都严格按照气象行业管理规定进行，保证所获取的资料准确无误。专门制定的"雀儿山隧道工程气象观测站气象观测业务运行管理措施"和"组织保障措施"对观测资料的准确性起到了制度保障作用。

（3）比较性：固定观测站观测时间与全世界统一观测时间一致，流动观测点资料的索取，由现场观测人员按照技术要求，在相同的日期和时次进行观测记录，从而使资料具有比较性。

2. 气象观测站、点布置

按照中国气象局制定的《地面气象观测规范》的要求，在雀儿山隧道东口和西口拟建隧址邻近地区分别建立了自动和人工固定观测站（图2-1和图2-2）。为了最大限度地增加资料的密度，还在雀儿山东、西两侧建立了7个流动观测点。

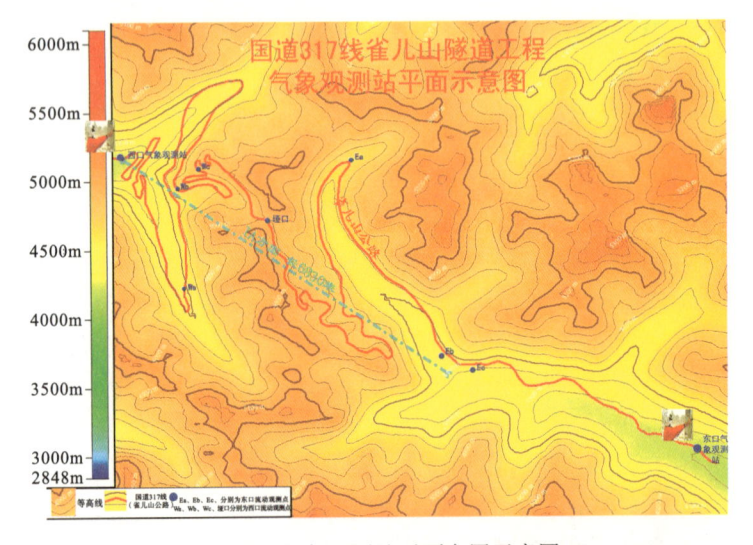

图2-1 气象观测站平面布置示意图

图2-2 雀儿山气象观测站（出口端）

3. 自动观测站设备

测试设备主要采用了两套 AWSTJ-3 加强型自动气象站，如图 2-3 所示。采用加强型采集器开发而成的新一代自动气象站系统，主要包括传感器、采集器和数据处理软件三部分，属于新一代人工智能化的高效率高性能自动气象站。本系统具有以下特点。

(1) 可正常运行于各种恶劣的野外环境。在中国西部气候恶劣地区有大量应用，如波瓦山机场工程(海拔 4350m)、折多山机场工程(海拔 4200m)、新疆慕士塔格山(海拔 5020m)、克拉玛依市(超过 4000m)等地区。

(2) 采用模块化的组装技术，智能化的外部电源，防雷板。设备安装维护方便，高效的防雷系统对高原雷击有较好的抵御作用，可分别用市电、太阳能等供电。

(3) 具有全自动气象数据采集、处理和传送功能。可数月无人值守，属于完全意义上的自动智能化气象站。

(4) 可以通过 GSM 等数据模块对自动站进行远程监控。

(5) 可以自动定义报文内容和格式。

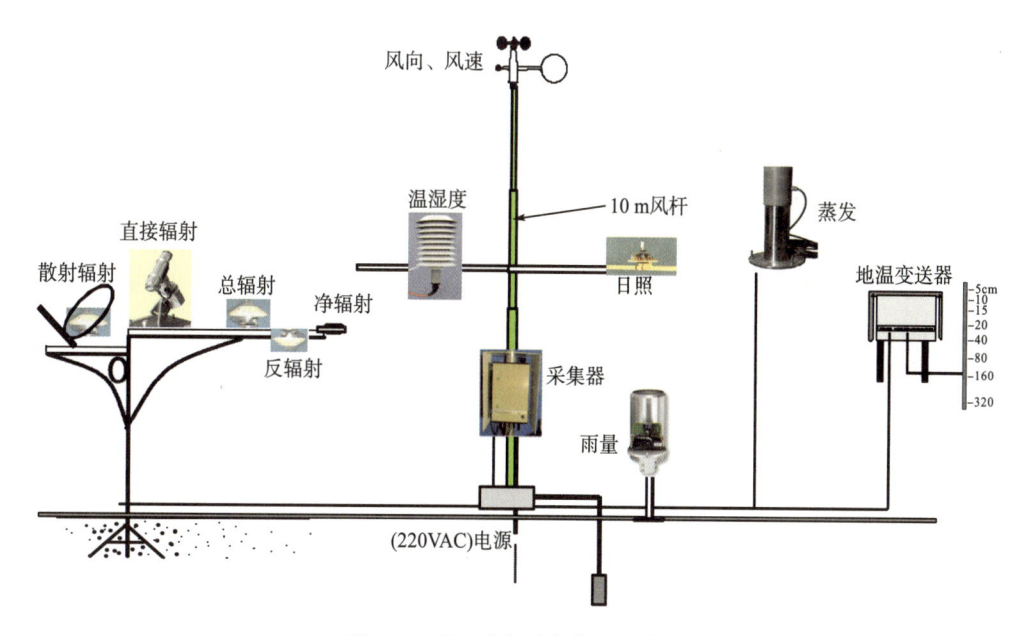

图 2-3　多要素自动气象站示意图

4. 人工观测设备

根据仪器设备的功能，人工观测使用的仪器满足以下要求。

(1) 具有业务主管部门颁发的使用许可证，或经业务主管部门审批同意用于观测业务。

(2) 准确度满足规定的要求。

(3) 可靠性高，保证获取的观测数据可信。

(4) 仪器结构简单、牢靠耐用，能维持长时间连续运行。

(5)操作和维护方便,具有详细的技术及操作手册。

5. 传感器

传感器是气象观测的核心元件,能感受被测气象要素的变化并按一定的规律转换成可用输出信号的器件或装置,通常由敏感元件和转换器组成。主要有以下传感器:气压—振筒式气压传感器,膜盒式电容气压传感器,气温—铂电阻温度传感器,湿度—湿敏电容湿度传感器,风向—单翼风向传感器,风速—风杯风速传感器,雨量—翻斗式雨量传感器,蒸发—超声测距蒸发量传感器,辐射—热电堆式辐射传感器,地温—铂电阻地温传感器,日照—直接辐射表、双金属片日照传感器。

2.3 气象要素随海拔高度的变化规律

通过固定和流动观测点所获取的实测气象资料(2005年全年)以及周边气象站(康定、道孚、甘孜、德格、石渠)气候资料,对雀儿山东侧(迎风坡即阳面)、西侧(背风坡即阴面)各海拔高度(3800~5200m,下同)气象要素的变化规律进行了分析研究,对隧道方案影响较大的气象因素(如气温、气压、风向和风速、地温)随海拔高度的变化规律如下。

1. 气温

(1)气温变化规律。

雀儿山东、西两侧气温随海拔的升高而降低。东、西两侧温度的垂直递减率多在0.55~0.65℃/100m之间。东、西两侧4200m及以下的年平均气温在0℃以上,4300m及以上的年平均气温在0℃以下;最冷月出现在1月,最热月出现在7月。

雀儿山东侧年平均气温在2.7~-5.4℃之间,西侧年平均气温在2.3~-5.7℃之间。东、西两侧同海拔高度上,东侧气温略高于西侧。

(2)推荐方案洞口区的气温情况。

东口:年平均气温为-0.7℃。月平均气温在-9.5~8.8℃之间,年平均最高气温为6.5℃,年平均最低气温为-7.0℃,年极端最高气温为23.7℃,年极端最低气温为-36.2℃。最冷月出现在1月,最热月出现在7月。

西口:年平均气温为-0.3℃。月平均气温在-9.0~8.6℃之间,年平均最高气温为7.2℃,年平均最低气温为-6.0℃,年极端最高气温为23.5℃,年极端最低气温为-34.7℃。最冷月出现在1月,最热月出现在7月。

2. 降水

(1)降水变化规律。

干、雨季分明是雀儿山的主要气候特征之一。降水随海拔高度增加呈抛物线型变化。经分析和调查,东、西两侧最大降水高度在4400~4800m之间。在最大降水高度以下,降水量随高度的升高而增大,最大降水高度以上降水量随高度的升高而减小。

雀儿山东侧年总降水量在726.2~934.8mm之间,最大降水高度为4600m;雀儿山西侧年总降水量在 761.2~897.9mm 之间，最大降水高度也为 4600m。东、西两侧同海拔高度，东侧降水略多于西侧。

(2)推荐方案洞口区的降水情况。

东口：年总降水量为 905.9mm，各月降水量在 5.8~178.9mm 之间；各月一日最大降水量在 10.1~47.2mm 之间，各月一小时最大降水量在 5.0~23.5mm 之间，一日最大和一小时最大降水量均出现在 8 月；全年≥0.1mm 降水日数 232 天，各月≥0.1mm 降水日数在 7~28 天之间，最多降水日数出现在 8、9 月；10~次年 4 月中雪及以上日数为 21 天，全年暴雨日数(≥25.0mm)5 天，主要出现在 5~9 月(见表 5-4)。

西口：年总降水量为 843.2mm，各月降水量在 4.1~164.9mm 之间；各月一日最大降水量在 9.6~46.7mm 之间，各月一小时最大降水量在 5.3~25.7mm 之间，一日最大和一小时最大降水量均出现在 8 月；全年≥0.1mm 降水日数 192 天，各月≥0.1mm 降水日数在 5~24 天之间，最多降水日数出现在 6~9 月；10~次年 4 月中雪及以上日数为 17 天，全年暴雨日数(≥25.0mm)5 天，主要出现在 5~9 月。

年总降水量东口大于西口。

3. 积雪日数及雪深

(1)积雪日数及雪深变化规律。

①积雪日数。积雪日数随海拔高度升高呈准线性增加。经分析，平均递增率为每 100m 增加 1 天左右。

东侧年平均积雪日数在 139~260 天之间，冬半年(11 月至次年 4 月)，3800~4700m 高度，月平均积雪日数在 12 天及以上，4700m 以上高度月平均积雪日数在 20 天及以上；西侧年平均积雪日数在 119~272 天之间，冬半年，3800~4900m 高度，月平均积雪日数在 9 天及以上，4900m 以上高度月平均积雪日数在 20 天及以上。5000m 以下积雪日数东侧多于西侧，5000m 以上积雪日数西侧多于东侧。

年积雪日数东口多于西口，除 7、8 两月无积雪外，其余各月均有积雪。

②雪深。东、西两侧积雪深度随海拔高度的升高而增加。东、西两侧最大积雪深度在 49cm 及以上，在 5200m 高度的最大积雪深度≥78cm。

(2)推荐方案洞口区的积雪日数及雪深情况。

①积雪日数。

东口：全年平均积雪日数为 174 天，最多积雪日数达 245 天，最少积雪日数为 90 天。

西口：全年平均积雪日数为 161 天，最多积雪日数达 228 天，最少积雪日数为 76 天。

年积雪日数东口多于西口，除 7、8 两月无积雪外，其余各月均有积雪。

②雪深。

东口：年最大积雪深度为 61cm，≤10cm 的积雪日数为 111 天，11~30cm 的积雪日数为 51 天，≥30cm 的积雪日数为 12 天。

西口：年最大积雪深度为 55cm，≤10cm 的积雪日数为 106 天，11~30cm 的积雪日数为 45 天，≥30cm 的积雪日数为 11 天。

东、西口≥30cm 的积雪日数多出现在 3、4 月。

4. 气压、气压差及含氧量

(1)气压、气压差及含氧量变化规律。

气压随海拔高度的升高而降低，经实测及分析得出，雀儿山东、西两侧气压递减率为6~8hPa/100m。计算结果表明，东、西两侧同高度的压差在±2hPa之内，东侧年平均气压在642.6~537.5hPa之间，西侧年平均气压在641.1~538.2hPa之间。

含氧量根据气压计算得来，与实测数据基本相符。

(2)推荐方案洞口区的气压、气压差及含氧量情况。

东口：年平均气压为598.4hPa，各月平均气压在592.3~602.5hPa之间，年平均最高气压为600.7hPa，年平均最低气压为596.0hPa。年极端最高气压为607.8hPa，年极端最低气压为586.1hPa。

西口：年平均气压为606.8hPa，各月平均气压在600.4~610.9hPa之间，年平均最高气压为609.1hPa，年平均最低气压为603.7hPa。年极端最高气压为616.9hPa，年极端最低气压为593.9hPa。

由于海拔的原因，西口气压高于东口。东、西口年平均气压差为8.4hPa。

5. 地温

(1)地温变化规律。

东、西口同层地温随海拔高度的升高而降低。各海拔的地温受太阳直接辐射的影响，0~40cm层的地温日、月变化大，尤以日较差为最大，有时日较差达40℃以上。40~80cm层地温的日、月变化均较小。80cm以下层地温相对稳定，日变化不明显。

东口海拔5000m以上、西口海拔4700m以上地面0cm年平均地温在0℃以下，其余各海拔高度、各层年平均地温均在0℃以上。

(2)推荐方案洞口区的地温情况。

东口：0cm年平均地温为2.0℃，各月平均地温在-11.0~12.3℃之间；40cm年平均地温为3.2℃，各月平均地温在-6.6~11.9℃之间；80cm年平均地温为3.3℃，各月平均地温在-5.0~10.7℃之间；160cm年平均地温为3.7℃，各月平均地温在-2.0~11.0℃之间；320cm年平均地温为4.2℃，各月平均地温在1.1~9.1℃之间。

西口：0cm年平均地温为1.8℃，各月平均地温在-11.6~12.6℃之间；40cm年平均地温为3.0℃，各月平均地温在-7.2~12.2℃之间；80cm年平均地温为3.1℃，各月平均地温在-5.6~11.2℃之间；160cm年平均地温为3.6℃，各月平均地温在-2.4~10.7℃之间；320cm年平均地温为4.0℃，各月平均地温在0.8~8.8℃之间。

6. 冻土

(1)冻土变化规律。

东、西两侧最大冻土深度和冻结日数随海拔高度的升高而增加，冻土开始期随海拔高度的升高而提前，解冻期随海拔高度的升高而推迟。

东侧最大冻土深度在115~183cm之间，西侧最大冻土深度在116~184cm之间。5200m高度最大冻土深度可超过200cm，东、西两侧冻结日数均在120天以上，5200m高度冻结日数达 270 天以上。

(2)推荐方案洞口区的冻土情况。

东口：最大冻土深度为 143cm，出现在 3 月。80～160cm 之间有冻土深度日数为 116 天，占冻结日数的 52.0%，41～80cm 之间有冻土深度日数为 59 天，占冻结日数的 26.5%，≤40cm 的冻土深度日数为 48 天，占冻结日数的 21.5%。冻土开始期在 10 月 13 日，结束期在 4 月 13 日，冻结日数 173 天、融化日数 192 天。

西口：最大冻土深度为 138cm，出现在 3 月。80～160cm 之间有冻土深度日数为 108 天，占冻结日数的 55.7%，41～80cm 之间有冻土深度日数为 50 天，占冻结日数的 25.8%，≤40cm 的冻土深度日数为 36 天，占冻结日数的 18.5%，冻土开始期在 10 月 18 日，结束期在 4 月 10 日，冻结日数 180 天、融化日数 185 天。

春季随着气温的回升，在 3 月下旬或 4 月上旬，东、西口浅层开始解冻，且随着温度的变化时冻时融，至 4 月中、下旬土壤全部解冻。进入秋季，随着气温和地温的下降，东、西口于 10 月中旬左右开始冻结。

7. 风速及风向

东口：全年平均风速为 1.9m/s，月平均风速在 1.4～2.5m/s 之间；全年 10 分钟最大风速为 14.0m/s，月 10 分钟最大风速在 8.0～14.0m/s 之间。全年静风日数最多，其频率为 25%，其次是 WNW(西北偏西)风，其频率为 24%，大风日数(瞬间最大风速≥17.0m/s)为 5 天。

西口：全年平均风速为 2.2m/s，月平均风速在 1.8～2.8m/s 之间；全年 10 分钟最大风速为 15.7m/s，月 10 分钟最大风速在 11.0～15.7m/s 之间。全年静风日数最多，其频率为 22%，其次是 ENE(东北偏东)风，其频率为 19%，大风日数为 18 天。

受坡向及地形的影响，东、西两侧盛行不同的风向，西侧平均风速和 10 分钟最大风速均大于东侧，大风日数明显多于东侧，雀儿山东、西口年风向频率玫瑰图如图 2-4 所示。

(a)雀儿山东口年风向频率玫瑰图 (b)雀儿山西口年风向频率玫瑰图

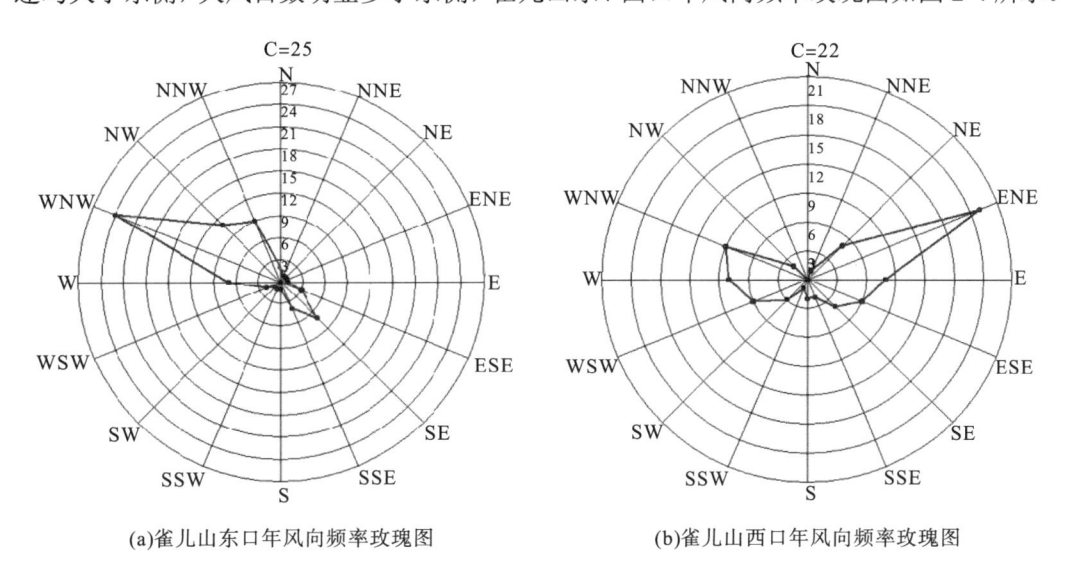

图 2-4 雀儿山东、西口年风向频率玫瑰图

8. 雪线高度及路面积冰

(1) 雪线高度。

雪线高度随季节而变化，海拔 6000m 以上通常可见终年积雪。通过一年实地观测，并结合雀儿山的气候状况，得出雀儿山隧址区 11 月至次年 4 月雪线最低高度均在海拔 4200m 以下。

由于雀儿山东、西两侧分别属于阳坡和阴坡，因此在相同月份西坡的雪线高度低于东坡。

(2) 路面积冰。

冬半年雀儿山东、西两侧因气温低、降雪日数较多、地表水丰富等，路面积冰现象较多，且路面积冰下线常低于雪线高度。海拔 4000m 以上地区路面常有冰冻。

9. 50 年一遇气候值推算分析

应用气候学原理及小概率计算方法，得出雀儿山隧道工程区(海拔 3800～4600m) 50 年一遇气候值。

东口：极端最低气温为-39.8℃，最大积雪深度为 75cm，最大冻土深度为 177cm，最大日降雪量为 29.7mm，最大日降水量为 57.4mm，最大小时降水量为 33.4mm，连续 3 天最大总降水量为 84.2mm，月最多积雪日数为 30 天，月最多雾日数为 11 天，0℃地温线深度为 191cm。

西口：极端最低气温为-39.9℃，最大积雪深度为 74cm，最大冻土深度为 175cm，最大日降雪量为 26.9mm，最大日降水量为 54.2mm，最大小时降水量为 34.6mm，连续 3 天最大总降水量为 81.9 mm，月最多积雪日数为 30 天，月最多雾日数为 10 天，0℃地温线深度为 189cm。

地温 0℃线 50 年一遇变化分析：地温 0℃线自 9 月开始向下逐月加深，3 月达到一年中最深，4 月以后逐月变浅；海拔 3900m 以下，5 月全部解冻，6～8 月无冻土；4000m 及以上，6 月全部解冻，7～8 月无冻土。

2.4 主要气象灾害

雀儿山公路是当年从风化岩堆里抢通的，留下了"先天不足"的后遗症，垮塌沉陷基础弱、地形复杂险要路面窄、坡陡弯急线型差，加上狂风暴雨严寒冰雪的无情摧残，已是"百病缠身"；再加上车流量和载重量的增大，更是"雪上加霜"。在 10km 路段内就有"老虎嘴""鬼招手""老一档"等险要路段，让过往司机、旅客胆战心惊。

由于雀儿山所处的地理位置和复杂多样的地形条件，气候差异明显，气象灾害频发，并呈多样性、突发性特点，大雪、吹雪、雪崩、暴雨、低温寒潮、浓雾(高海拔地段的云雾绕山现象)、路面冰冻等是主要气象灾害。这些灾害出现频数高，突发性、局地性强，且强度大，往往是一种主导灾害发生的同时引发其他次生灾害，形成危害极大的灾害链，给交通运输和人民生命财产造成巨大的损失。以下为部分典型灾害事例。

1999年2月25日、3月9—14日、3月26—28日雀儿山以东地区出现三次降温降雪天气，造成雪灾，直接经济损失2829.2万元。

2001年3月24日德格县降暴雪17.4mm，气象站积雪深度达13cm，雀儿山以东地区平均积雪深度达60cm，造成交通中断3天，直接经济损失379万元。

2003年6月29日至7月2日，德格县境内降大雨，致使德格县城及国道317线雀儿山段发生泥石流灾害，交通中断数日，经济损失严重。

2005年3月12日，雀儿山因降暴雪（日降水量达17.5mm，雪深达20cm），交通中断24小时。

2005年3月17日，雀儿山段曾出现一次冰川崩塌现象。

2005年3月24日，雀儿山因降大雪（日降水量达8.9mm），交通严重堵塞。

2005年4月22日14时左右，雀儿山"老二档"处发生雪崩，造成堵车4.5小时，28日13时左右，"鬼招手""老一档"处发生多次雪崩，造成交通中断，直至晚上21点30分才通车。

据不完全统计，仅1987年至1989年的冬季，雀儿山路段就发生交通事故15起。其中，重大事故9起，17人死亡，11人受伤，6台车辆报废，经济损失惨重。

2.5 气候特点分析

根据一个气象观测年及50年一遇气象资料分析，由于隧道所处的特殊地理位置，复杂多样的地形地貌，以及大气环流的特殊作用，形成了以下独特的气候特点。

1. 高原山地型季风气候明显

干雨季分明，局地天气变化剧烈，是高原山地型季风气候的一大特点，形成的主要原因是大气环流和特殊地形地貌共同影响。据实测资料结合其他历史观测资料综合分析表明：拟建国道317线雀儿山隧道工程区干雨季分明的高原山地型季风气候明显。主要表现在降水的季节分配上具有较强的规律，即：1至2月降水少，进入3月后逐月递增，6至8月达到最大，9月以后又逐渐递减。就一般而言，12月至次年2月为干季，3至4月为干季向雨季的过渡期，5至9月为雨季，10月为雨季向干季的过渡期。

2. 立体气候明显、气象要素的垂直分布规律显著

(1) 气温随海拔高度的升高而降低。雀儿山东、西两侧气温的垂直分布规律为随海拔高度的升高而降低，垂直递减率一般在0.55~0.65℃/100m之间。

(2) 降水随海拔高度升高呈抛物线型变化。雀儿山东、西两侧最大降水出现的海拔高度一般在4400~4800m之间。低于此高度时，降水量随海拔高度的升高而增大，超过此高度后，海拔升高降水量反而减小。降水的空间分布是东侧略大于西侧。

(3) 积雪日数及雪深随海拔高度升高呈准线性增加，其积雪日数平均递增率为1天/100m左右，5200m高度上最大积雪深度超过78cm。

(4) 冻土深度随海拔高度的增加而加深。雀儿山东、西两侧冻土开始期自山顶而下，

解冻期自低海拔至山顶。5200m 高度最大冻土深度超过 200cm。

3. 高寒气候特点突出

由于拟建国道 317 线雀儿山隧道工程区海拔在 4200m 以上，因此高寒缺氧、无霜期短、结冰期长、冻土深度深、冻土期长、积雪日数多、积雪深度厚、路面积冰严重。

2.6 气象专题研究结论

通过监测，收集了雀儿山隧址区两个自动气象观测站和 7 个人工流动观测点的 1 个气象观测年的观测资料，对雀儿山东、西两侧在 3800～5200m 范围的主要气象条件进行分析，主要结论如下。

(1)雀儿山隧址区属典型的高原高寒气候。主要特征为：热量条件不足，气候寒冷，气温的年差较小，日差较大，日照充足，太阳辐射强烈，降水集中，干湿季节分明。

(2)受特殊的地形地貌和气候条件限制，结冰、积雪、冻土成为雀儿山路段最为主要的病害，而且海拔越高，气温越低，积雪、结冰日数越长，积雪厚度越大，气象条件越恶劣。

(3)绕避自然灾害即成为确定洞口高程的重要条件，隧道洞口及路线高程应作为方案选择重要因素。

(4)影响交通安全的主要气象要素，如降雪日数、积雪日数、积雪深度、暴雨、雾日数、雪线高度以及路面冰冻等均随海拔高度的升高而增多，因而就气象条件而言，宜选择较低的越岭海拔，能最大限度地避开降雪、严寒、冰雪、雪阻、雪崩、深冻土、低雪线、多吹雪、低含氧量等影响交通安全和增加施工难度的不利气象条件。

第3章　错坝活动断裂专项勘察

建设团队通过野外实际调查、开挖探槽、测年、甚低频探测、气氡探测等技术手段，取得了丰富的实际资料，确定错坝断裂的展布位置和宽度、活动性及与隧道的关系。在综合分析实际资料的基础上，通过各类资料的分析对比和综合研究，确定了断裂的最新活动时间为晚更新世晚期，并初步估算了活动速率，最后分析了断裂与隧道的关系，为保证隧道的平稳掘进奠定了牢固的基石。

3.1　雀儿山地震地质环境

1. 区域地质构造

本区域分属松潘-甘孜地槽褶皱系（Ⅰ）和三江地槽褶皱系（Ⅱ），两者大体以金沙江断裂（东支）为界。松潘-甘孜地槽褶皱系属印支地槽褶皱系，隧址区位于松潘-甘孜地槽褶皱系的玉树-义敦优地槽褶皱带部位。区内断裂构造发育，以北西西向、北西向、北东向为主，少量近南北向断裂，其中一些规模大，切割深，具有深断裂性质，组成构造单元的分界线，隧址区附近区域地质构造如图 3-1 所示。最醒目的为贯穿全区的甘孜-玉树断裂和鲜水河断裂，晚第四系活动强烈，为地震发震构造。

（1）甘孜-玉树断裂：为川滇菱形块体的东北边界断裂，东南起自四川甘孜南，西北经青海玉树延伸至治多县那王草-曲塘一带，全长约 500km；主要分为三段，彼此呈左阶羽裂。沿断裂发育俄支竹庆、玉隆、绒坝岔-生康等第四纪盆地，断错地貌屡见不鲜，是一条晚第四纪强烈活动的左旋走滑断裂。附近分布的马尼干戈断层为甘孜-玉树断裂中段，长 180km，总体走向 290°～300°，多倾向北东，倾角 60°～80°。

（2）鲜水河断裂：西北起自甘孜县卡苏，东南止于石棉以南，全长约 350km；总体走向北西西，倾角 60°～70°，倾向北东或南西不定。该断裂可划分为北西、南东两大段。北西段由炉霍断裂、道孚断裂、乾宁断裂三条次级剪切断裂左旋左阶羽裂组成。南东段由雅拉河断裂、中谷断裂、色拉哈-康定断裂、折多塘断裂及磨西断裂组成。区内展布为其北西段的炉霍断裂。炉霍断裂西北起自甘孜县卡苏，经侏倭、旦都、虚虚至仁达乡的占堆，全长 90km，发育于二叠系石灰岩及三叠系砂板岩层中，断裂走向 315°，由一系列 2～20km 长度的次级断层呈左阶羽裂组成，地貌上表现为单一的直线形，左旋切断了新、老地质体与山川水系，也为一条晚第四纪强烈活动的左旋走滑断裂。

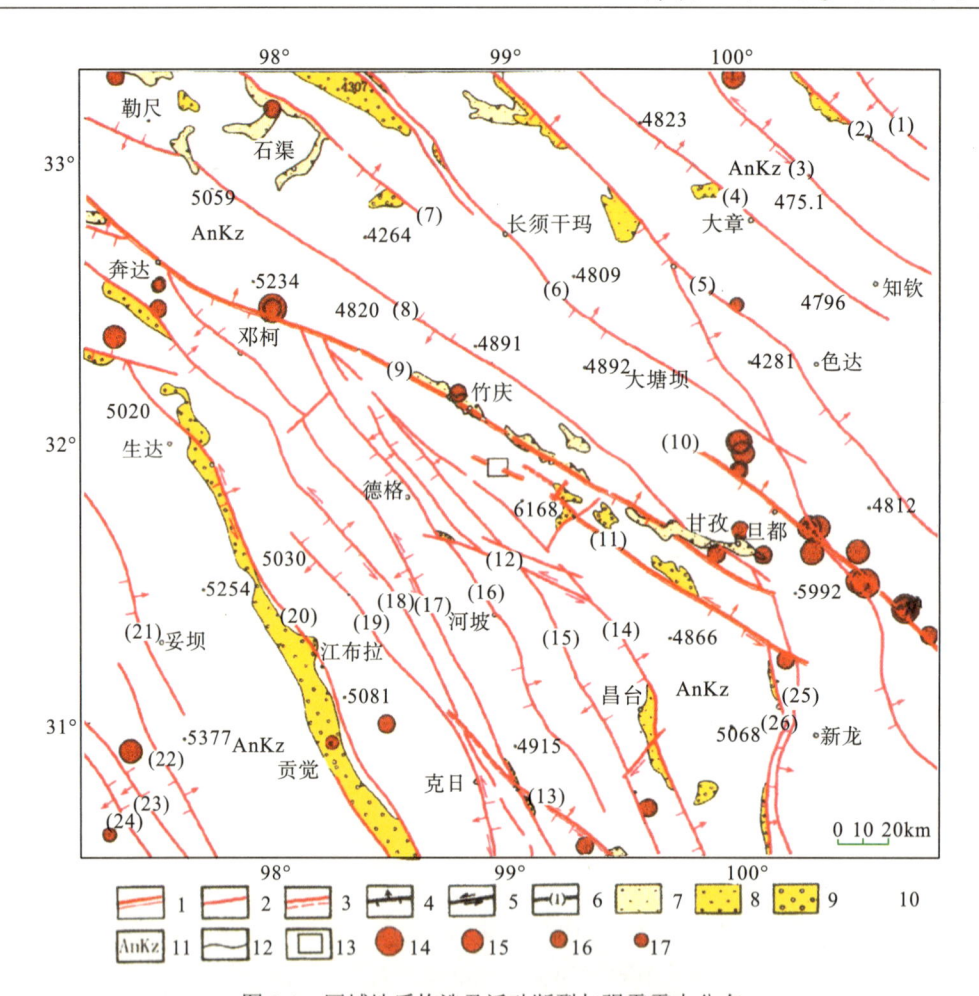

图 3-1 区域地质构造及活动断裂与强震震中分布

1.全新世活动断裂；2.晚更新世活动断裂；3.早中更新世活动断裂；4.逆断层；5.走滑断层；6.主要断裂及编号；7.第四系；8.上第三系；9.下第三系；10.盆地边界；11.前新生界基岩；12.地质界线；13.隧道场地；14.震中 M=7.0～7.9；15.震中 M=6.0～6.9；16.震中 M=5.0～5.9；17.震中 M=4.7～4.9。主要断裂：(1)玛多断裂；(2)班玛断裂；(3)桑日玛北断裂；(4)桑日玛南-大章断裂；(5)玉科断裂；(6)清水河-达曲河断裂；(7)秋智断裂；(8)歇武-浪多断裂；(9)甘孜-玉树断裂；(10)鲜水河断裂；(11)达郎松沟断裂；(12)龙灯断裂；(13)理塘-德巫断裂；(14)赠科-硕曲断裂；(15)德格-乡城断裂；(16)德格-河坡断裂；(17)巴龙-盖玉断裂；(18)德登-巴塘断裂；(19)江达-敏都断裂；(20)白马麦-羊拉断裂；(21)妥坝断裂；(22)察雅东-盐井断裂；(23)吉曲-察雅-碧土断裂；(24)唐古拉山南缘断裂。

2. 新构造运动及地震

(1) 新构造运动。

区内新构造运动表现为强烈的垂向间歇性隆升和以北西西向断裂的左旋位移为代表的断裂活动。

新构造运动在地貌方面，主要表现为多级夷平面及阶地的形成。以北西向甘孜-玉树断裂为界，可划分为两个地貌分区；隧址区的雀儿山山脉属于甘孜-玉树断裂南侧的强烈抬升区，形成了三级夷平面：最高一级夷平面的海拔在 5500m 以上，为新近纪末期形成；第二级夷平面的海拔在 4500～4600m 之间，在海子山口 4600m 高度有古河道砾石层分布，主要是更新世产物；第三级夷平面的海拔 3600~3800m 之间，形成第四纪大型山间盆地，如竹庆坝子，其形成时期为晚更新世。甘孜-玉树断裂北侧山体相对抬升幅度较小，第一级夷平面的海拔在 4700~4800m 之间，形成于新近纪末，第二级夷平面不发育，第三级夷平面在海拔 4000m 左右，形成于晚更新世。此外，近场区的雅垄江支流玉曲河谷发育三级堆积阶地，其支流朝曲河谷多数地段为侵蚀河谷，仅在沟口处发育一级阶地，而朝曲河及汪欠河在玉曲河谷内形成四级阶地；金沙江流域的支流色曲河的多数地段形成侵蚀性河谷，在独木岭-门查寺一段发育 8m 高的一级堆积阶地，阶面堆积物距今 1.9 万年；在柯鹿洞乡以南段河流两岸基岩耸立，为切割深度上千米的峡谷区；在德格县垄垭区色曲河谷发育三级阶地，二、三级阶地为晚更新世沉积物；玉曲河谷的一、二级阶地为全新世产物，高阶地为晚更新世堆积。

新构造运动在内力方面，主要表现为以北西西向断裂的左旋位移为代表的断裂活动。区域断裂及褶皱等构造线主要为北西和北西西向，其形成和演变历史十分复杂，有的形成于华力西期，有的形成于印支-燕山期早期；新构造时期，断裂和断块运动不同程度地继承了先有构造格局和活动方式，断裂和断块活动的新生性表现在新构造时期或某一时段，改变了断裂、断块的运动方式和强度或者产生新的断裂和断块；最醒目的甘孜-玉树断裂和鲜水河断裂，构成了川滇菱形块体的北边界，晚第四纪以来活动强烈，是发生大震的活动构造带，沿断裂带地震活动频繁，最大震级为 7.6~8 级。

(2) 区域断裂活动性及地震。

① 区域断裂活动性。本区区域活动性断裂发育(图 3-2)。场区附近最醒目的是甘孜-玉树断裂和鲜水河断裂，沿断裂带地震活动频繁，近场区及场区内还存在达郎松沟断裂、查门寺沟断层及错坝断层等。

甘孜-玉树断裂带：全长约 500km；在断裂西北段，1876 年发生过 7 级地震，沿断裂在地表出现由地裂缝、滑坡、边坡脊、陡坎、断塞塘和断错山脊、洪积扇组成长度约 70km 的地震形变带；在中段、东南段也发现分布有近代的地震地表破裂遗迹，其中沿断裂中段的破裂长度约 180km，最大同震左旋位移达 9m，是一次近 8 级地震的破裂。沿东南段的破裂长度约 65km，最大同震左旋位移量为 5.3m，估计为一次 7.3 级左右的地震破裂。另据《错坝活动断裂专题研究报告》："马尼干戈断裂是甘孜-玉树断裂中段，过去 5 万年期间左旋走滑速率达到 12.8±1.7~13.9±1.4mm/a，垂直活动速率 0.6±0.1~1.2±0.2mm/a，断裂的同震左旋位移 3.8~9m 及 9~13m 并认为曾于 1854 年发生了一次接近 8 级的地震。"

鲜水河断裂带：全长约 350km；近两万年来炉断裂的平均滑动速率为 13mm/a，在晚更新世晚期以来发生过 13 次古地震事件。最新一次为 1973 年 7.6 级地震，沿断裂出现长达 90km 的地表形变带，最大水平位错为 3.6m。

达郎松沟断裂带：全长约 155km；隧址区内错坝断裂带属于该断裂带的向西延伸。活动时代为晚更新世，错通沟-野马沟一带造成三叠系逆冲在第三系之上。

查门寺沟断层：断层的活动性分为东西两段，南东段为晚更新世活动，变位地形展布在雀儿山南西侧多浦沟的依诺支沟、帛杂库沟上游及依诺沟的分水岭，显示鼓梁及断层陡坎，左旋走滑速率约 2.5mm/a，垂直活动速率约 0.2mm/a；断裂北西段沿捉佛沟北侧通过，

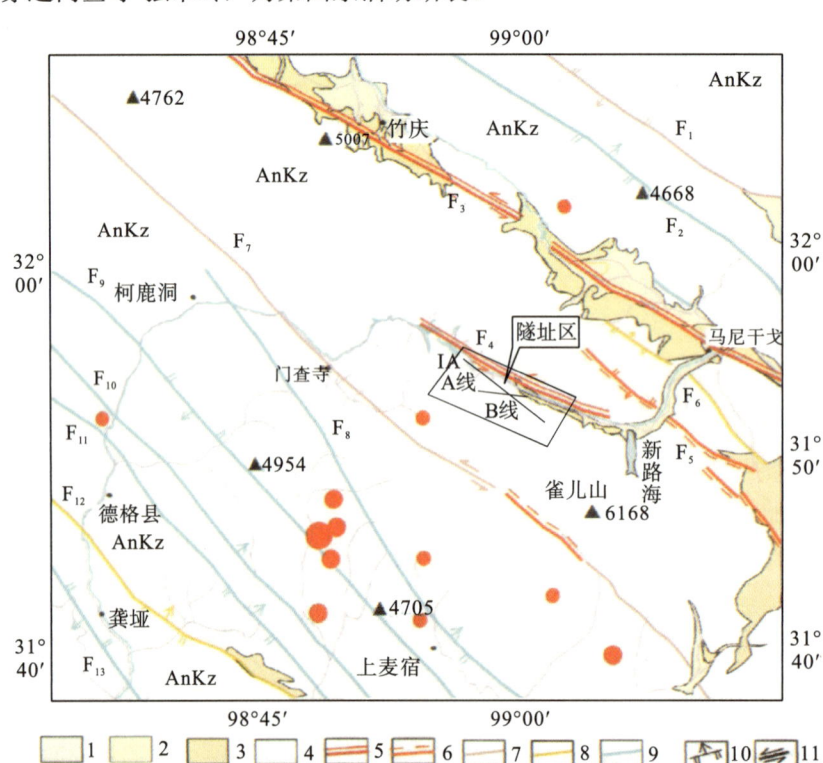

并向北西穿过门查寺-独木岭，为第四系活动断裂。

图 3-2 近场区活动断裂与地震震中分布图

1.全新统；2.更新统；3.第三系；4.前新生界；5.全新世活动断裂；6.晚更新世活动断裂；7.第四纪活动断裂；8.新生代断层；9.中生代断层；10.逆断层；11.左旋走滑断层；12.断层及其编号；13.公路；14.隧道；15.水系分布；16.海拔(m)；17.震中 M=4.0～4.9；18.震中 M=3.0～3.9；19.震中 M=2.0～2.9。断裂名称：F_1 错西卡断层；F_2 老坎-马尼断层；F_3 马尼干戈断层；F_4 错坝断层；F_5 错通沟-野马沟断裂；F_6 安巴多拉断裂；F_7 门查寺断裂；F_8 马东断裂；F_9 协庆龙断裂；F_{10} 杨海断裂；F_{11} 八里达断裂；F_{12} 龙悠断裂；F_{13} 白荣弄巴断裂。

错坝断层(F_4)：据《错坝活动断裂专题研究报告》成果资料，依据地层热释光测年及断错地貌综合分析，错坝断裂的最新活动时代为晚更新世晚期；依据冲沟的左旋扭错、断层陡崖的高度，获得错坝断裂晚更新世晚期的左旋活动速率约为 1.4mm/a，垂直活动速率为 0.3～0.7mm/a；根据错坝断裂不同时期形成的断崖及断面上的水平擦痕，判断错坝断裂在晚更新世时期至少有过 3 次活动。

②地震。据《地震安全性评价报告》，隧址区位于鲜水河-滇东地震带内，并受巴颜喀拉山地震带的影响；鲜水河-滇东地震带是一条强震发生带，位于青藏高原中部地震区，本带地震不仅强度大，而且频率高；该带有史以来共发生 Ms≥8 级地震 1 次，Ms7.0～7.9 级地震 29 次，Ms6.0～6.9 级地震 111 次，Ms5.0～5.9 级地震 396 次；巴颜喀拉山地震带的地震活动性相对较弱，自 1900 年以来共记录 Ms6.0～6.9 级地震 8 次，Ms7.0 级以上地震 3 次。

根据地震部门资料，区域内历史 150 年来地震活动震级为 4.7～7.6 级，地震活动性较强，至 2002 年 9 月共发生 Ms≥$4\frac{3}{4}$ 级地震 36 次，其中 4.7～4.9 级地震 7 次，5.0～5.9 级地震 14 次，6.0～6.9 级地震 12 次，7.0～7.9 级地震 3 次。区域中最早的地震记录为 1747 年 3 月四川炉霍发生的 Ms=$6\frac{3}{4}$ 级地震，其震中烈度大于Ⅷ度。3 次 7 级以上大震为：1816 年四川炉霍 $7\frac{1}{2}$ 级，震中烈度达到Ⅹ度；1896 年四川石渠 7 级地震，震中烈度为Ⅸ度；1973 年四川炉霍 7.6 级地震。对隧址区均有一定影响。近场区自 1970 年以来共发生 Ms≥2.0 级地震 12 次，其中 Ms2.0～2.5 级地震 0 次，Ms2.6～2.9 级地震 6 次，Ms3.0～3.5 级地震 2 次，Ms3.6～3.9 级地震 3 次，Ms4.0～4.5 级地震 1 次。这些地震在本区域最大的烈度达Ⅵ度。但隧址区内历史上无大震记载，弱震也少有。

(3) 区域构造应力场。

地震是地壳运动的一种表现形式，地壳运动是构造应力场作用地壳的结果。根据地震安全性评价报告，几条主要断裂反映现代构造应力场情况如下。

甘孜-玉树断裂带(F_9)：为川滇菱形块体的东北边界断裂，全长约 500km，总体走向 NW60°～70°，倾向 NE，倾角 60°～80°，晚第四纪以来左旋水平滑动速率达 11～13mm/a，是一条晚第四纪强烈活动的左旋走滑断裂。其活动方式和活动性质反映该断裂受到 NEE 向挤压的应力场作用。

鲜水河断裂带(F_{10})：全长约 350km，区内长 130km，总体走向 NWW，由几条左阶羽裂的次级断裂组成，是一条中更新世以来强烈活动的断裂，左旋水平走滑速率平均为 10mm/a。其活动方式和活动性质反映该断裂受到 NEE 向挤压应力场的作用。

达郎松沟断裂带(F_{11})：全长 155km，走向 NWW，倾向 NE，陡倾角。其活动方式和活动性质反映该断裂受到 NEE 向挤压应力场的作用。

理塘-德巫断裂带(F_{13})：全长约 400km，区内长 85km，总体走向 NW，倾向 NE，陡倾角。由几条左阶羽裂的次级断裂组成，为晚第四纪以来有明显左旋走滑活动的断裂。其活动方式和活动性质反映该断裂受到 NEE 向挤压应力场的作用。

图 3-3 所示为 P 轴方位玫瑰图和震源断层倾角频率图，图 3-4 所示为区域部分地震震源机制 P 轴方位及应力场示意图，从图中可以看出以下几方面。

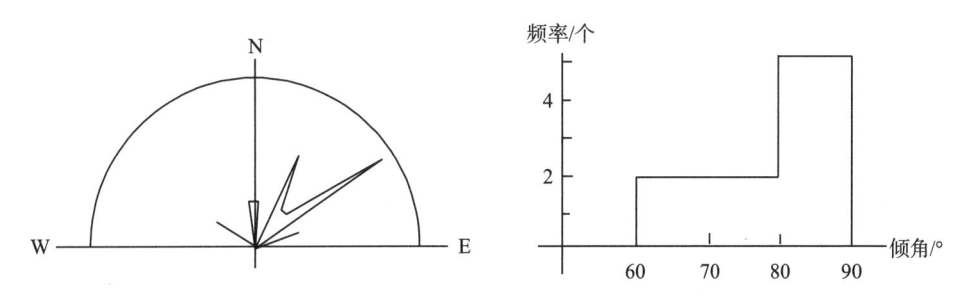

图 3-3 区域部分地震震源机制 P 轴方位及震源断层倾角频率图

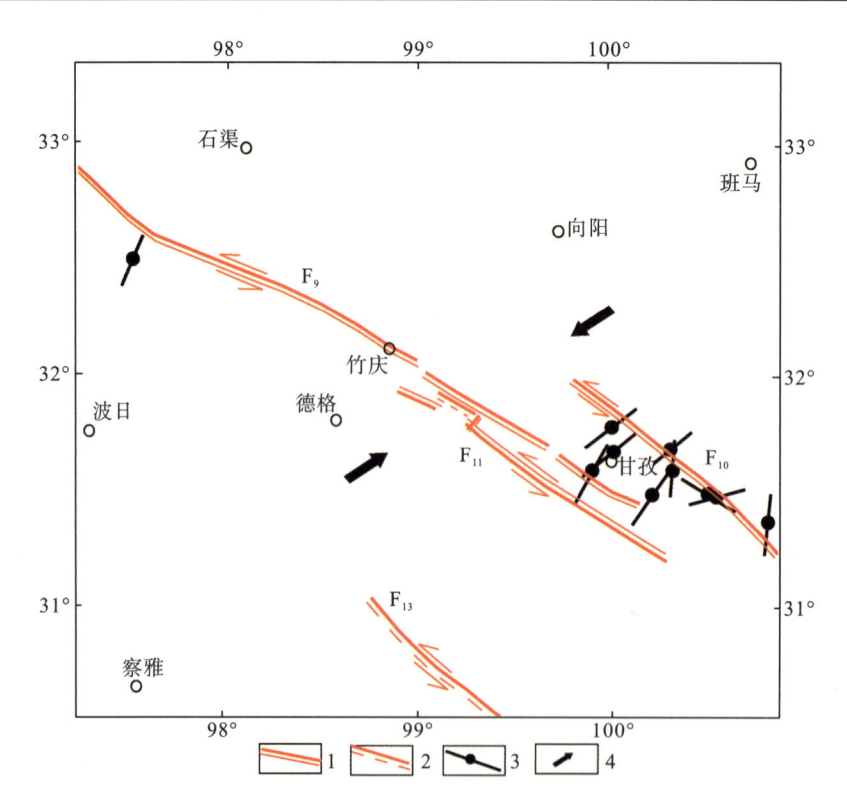

图 3-4　区域部分地震震源机制 P 轴方位及应力场示意图

1.全新世活动断裂；2.晚更新世活动断裂；3.震源机制 P 轴方位；4.应力场方向；F9 甘孜-玉树断裂带；F10 鲜水河断裂带；F11 达郎松沟断裂带；F13 理塘-德巫断裂带。

(1)发生在甘孜-玉树断裂带和鲜水河断裂带的地震震源机制 P 轴方位以 NEE 向为主，个别还有 NNE 和 NWW 向。

(2)发生这些地震的震源断层面倾角一般很陡，以大于 80°的为主，表明这些断层主要为剪切性质。

(3)区域范围内晚更新世以来活动断裂的断面倾角一般很陡，均为逆走滑活动，也表明这些断层主要为剪切性质，反映了该区域的现代构造应力场为 NEE 方向。

3.2　错坝断裂地表展布

为获得错坝断裂地表展布首先通过 TM 卫星图像上的线性显示初步了解到其分布情况，然后在实地采取了地面观察和开挖探槽的方法得以确认。

1. 错坝断裂卫星图像显示

从近场区卫星图像上的线性显示(图 3-5)、航片上显示出的断错地形(图 3-6)上了解到错坝断裂大体东自新路海北侧，经干通，藏村沟、涅依隆沟，穿雀儿山公路 5050m 的垭口，过雀儿山五道班、六道班温泉，至多朗隆沟东山梁。错坝断裂的断错地形主要表现为断层陡坎、断层谷、断坪及坡中谷。沿错坝断裂的东部、中部及西端均可见到断层陡坎的分布。

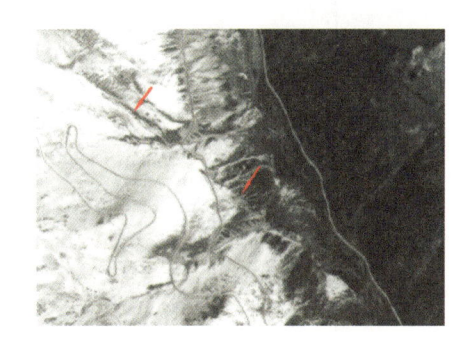

图 3-5　错坝断裂卫星影像

图 3-6　错坝断裂航片

2. 错坝断裂地表调查

错坝断裂沿线的断错地貌、断面观测点、野外取样点及断层图件分别标注在图 3-7 中，地表观察点的地点如表 3-1 所示，共 13 处。

表 3-1　错坝断裂地表观察点

序号	编号	地点	断裂部位	观测现象	备注
1	G1	二道班洪积扇后缘	东段	基岩陡崖	
2	G2	二道班东侧洪积扇前缘	东段	地层取样	
3	G3	藏村洪积扇后缘	东段	基岩陡崖	
4	G4	涅依隆沟沟口	东段	左旋扭曲	
5	G5	央格托沟与涅依隆沟之间	东段	断层陡坎，水平擦痕	
6	G6	四道班南错柯河西侧山体	中段	坡中谷，冲沟水平断错	
7	G7	四道班南错柯河西侧山体	中段	1号探槽，断面	
8	G8	四道班南错柯河西侧山体	中段	断面，水平擦痕	
9	G9	雀儿山 5050m 垭口东侧	中段	断层沟，2号探槽	
10	G10	雀儿山五道班	中段	基岩陡崖，断层沟	
11	G11	隆章热沟东侧	中段	断层沟	
12	G12	六道班温泉西侧	西段	断层陡崖，3号探槽	
13	G13	多朗隆沟东侧	西端	04-TL-4、5取样点	

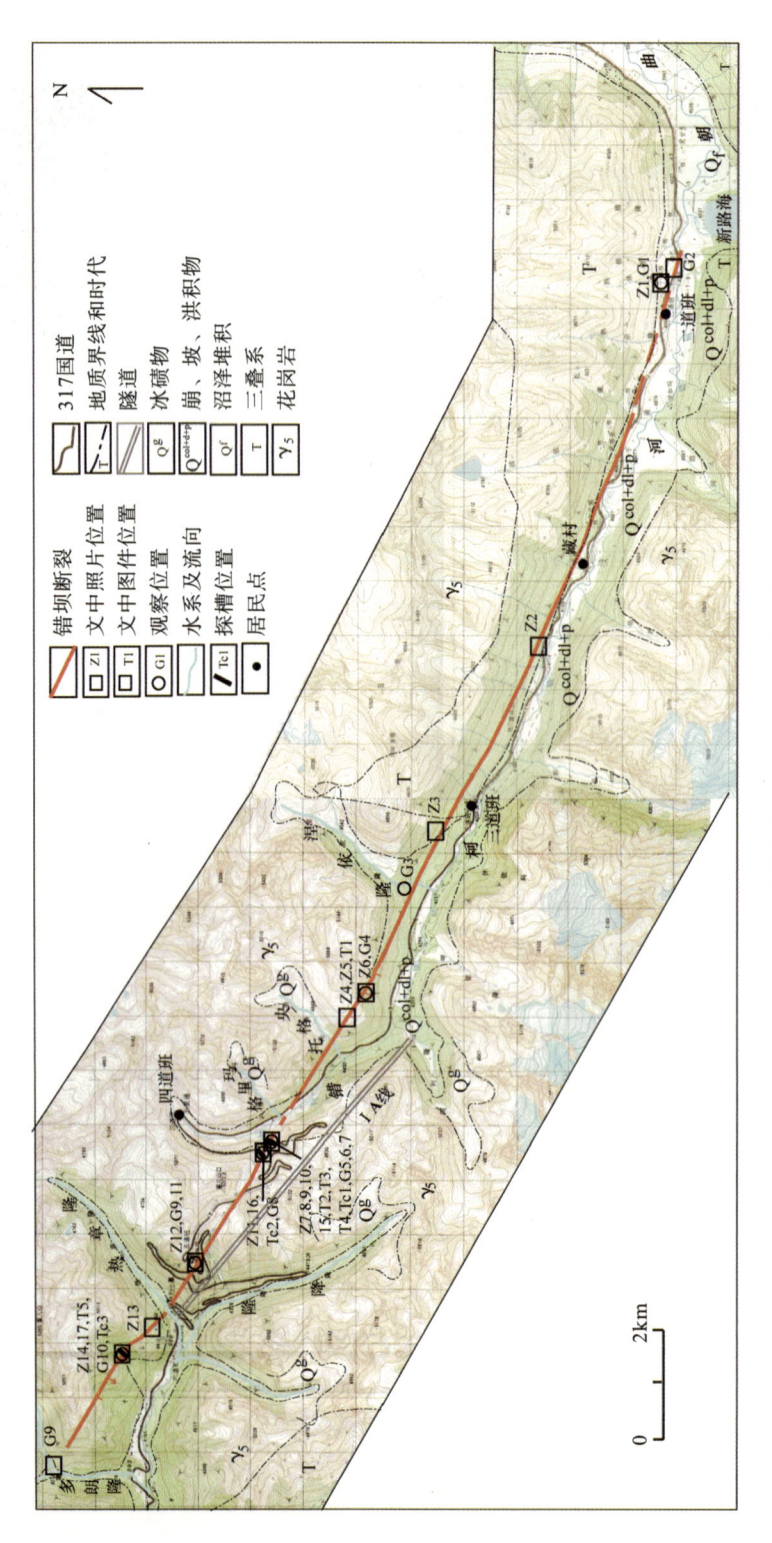

图3-7 错坝断裂地表调查工作点分布图

3. 错坝断裂探槽开挖

错坝断裂整体展布部位较高,在六道班温泉以西的西段、雀儿山 5050m 垭口及央格托沟东侧的断层陡坎均位于 4800m 以上的裸露基岩区,位于错柯河西侧的坡中谷一段,断层展布的海拔在 4500m 以上。本项研究在错坝断裂的中部及西端开挖了 3 个探槽,其中 1、2 号探槽沿错柯河西岸的坡中谷及其西北断层沟布设,两个探槽相距 300m;3 号探槽布设在六道班温泉西侧无名沟陡坎前缘。其探槽情况如表 3-2 所示。

表 3-2 探槽开挖情况数据

序号	项目	1 号探槽	2 号探槽	3 号探槽	备注
1	方向	NE40°	NE65°	NE30°	
2	大小	6×4	6×2	15×2	(长×宽)
3	断层走向	NW45°	NW50°		
4	断层倾向	SW	SW		
5	断层倾角	87°	79°		
6	热释光样品号	04-TL-8	04-TL-9	04-TL-6 04-TL-7	表层 底层
7	测年结果	(39370±3350)a	(51860±410)a	(35980±3060)a (18970±1610)a	
8	对应地表观察位置	G7	G9	G12	

3.3 错坝断裂活动特征

1. 活动时代

为了获取错坝断裂的活动时代,在错坝断裂开挖的探槽中及沿断层展布的相邻地貌部位取了 9 个热释光年代样品。中国地震局地壳应力研究所(2003 年)曾在该区实测了 8 个热释光样品。以下对这 17 个热释光测年样品的结果进行讨论(表 3-3)。

表 3-3 错坝断裂及周边地层样品测年结果

序号	样品编号	岩性	取样地点	测年结果/a	地貌或构造含义	资料出处
1	04-TL-1	中、细砂	隆章热沟冰碛堤上	69680±5920	晚更新世冰碛物	[3]
2	04-TL-2	中、细砂	隆章热沟东侧张福林烈士墓北东洪积锥上部	40820±3470	应是断层盖样,但测值偏老	[3]
3	04-TL-3	中、细砂	隆章热沟东侧张福林烈士墓北东洪积锥下部	57330±4870		[3]
4	04-TL-4	中、细砂	色曲河谷多朗隆沟冰碛堤下部	46170±3920	晚更新世冰碛物	[3]
5	04-TL-5	中、细砂	色曲河谷多朗隆沟冰碛堤上部	32410±2760	晚更新世冰碛物	[3]
6	04-TL-6	中、细砂	六道班温泉西 3 号探槽	35980±3060	断层断错地层年代	[3]

续表

序号	样品编号	岩性	取样地点	测年结果/a	地貌或构造含义	资料出处
7	04-TL-7	中、细砂	六道班温泉西3号探槽	18970±1610		[3]
8	04-TL-8	中、细砂	雀儿山错柯河西侧1号探槽	39370±3350		[3]
9	04-TL-9	中、细砂	雀儿山错柯河西侧2号探槽	51860±4410	断层断错地层年代，测年值偏老	[3]
10	03-TL-1	黄色亚砂土	色曲河门查寺一级阶地	19190±1630	冲沟中低阶地年代	[1]
11	03-TL-2	黄色亚砂土	色曲河门查寺一级阶地之上洪积锥	16850±1420	冲沟中低地貌面年代	[2]
12	03-TL-3	黄色中砂	雀儿山错柯河西侧洪积锥a_1	27310±2320		[1]
13	03-TL-4	褐黄色中砂	雀儿山错柯河西侧洪积锥a_2	23740±2020	断层走滑活动断错年代	[1]
14	03-TL-5	黄色中砂	雀儿山错柯河西侧洪积锥a_4	17550±1490		[1]
15	03-TL-6	黄色中砂	雀儿山错柯河西侧洪积锥a_0	5250±470	断层盖层年代	[1]
16	03-TL-7	黄色中砂	二道班洪积扇前缘	14710±1250	冲沟中低地貌面年代	[2]
17	03-TL-8	黄色亚砂土	朝曲河马尼干戈西海子口洪积扇	15960±1350		[1]

注：[1]：中国地震局地壳应力研究所，2003，国道317线川藏公路雀儿山隧道工程场地地震安全性评价报告；[2]：中国地震局地壳应力研究所，2003；[3]：本次研究。

测年结果如下。

(1) 来自冰碛堤的3个样品(04-TL-1、4、5)位于色曲河谷上游支沟，其测年结果分别距今(69680±5920)a、(46170±3920)a、(32410±2760)a。其中隆章热沟04-TL-1样品的年代较多朗隆沟样品的年代偏老，为晚更新世中期，多朗隆沟样品的年代为晚更新世晚期。

(2) 来自错坝断裂探槽开挖有4个样品(04-TL-6～9)，其测年结果分别距今(35980±3060)a、(18970±1610)a、(39370±3350)a和(51860±4410)a。这4个年代样品，被视为断错地层的年代或接近断层活动的年代。

(3) 区内10个来自一级阶地、洪积锥的地层样品可分为3组。第一组两个样品(04-TL-2、3)来自隆章热沟东侧洪积锥的上部及下部，其测年结果分别距今(40820±3470)a、(57330±4870)a。第二组4个样品(03-TL-1、2、7、8)均为宽缓沟谷一级阶地、洪积锥、洪积扇的年代样品，其测年结果分别距今(19190±1630)a、(16850±1420)a、(14710±1250)a和(15960±1350)a。这4个样品的年代较接近，大体反映了雀儿山两侧河谷的最新地貌面的年代。第三组4个样品(03-TL-6～3)取自位于四道班南错柯河西侧分布的相互独立的小洪积锥近地表的部位。其测年结果距今(5250±470)a、(17550±1490)a、(23740±2020)a、(27310±2320)a。这4个测年样品的年代向北依次递增，有可能反映这4个洪积锥的形成年代新老顺序。这4个小洪积锥的上游是前述错坝断裂坡中谷通过之处。前人曾论述这4个小洪积锥的分布与错坝断裂的左旋走滑有关，本项研究在坡中谷发现的近水平方向的擦痕证实了断裂的走滑活动。

综合上述可知，在17个热释光测年样品中，有9个地层样品与断层活动年代有关。在这9个样品中，有4个探槽样品，为断错的地层年代，其中2号探槽的04-TL-9样品较其他样品偏老，可能与该探槽部位较高有关，另3个样品的年代为晚更新世晚期；位于隆章热沟东侧由断层沟形成的洪积锥的两个样品应是断层的盖样,其年代应接近 03-TL-2～5 样品的年代,但这两个样品的测年结果明显偏老,与其物源有关。与断层活动年代有关的 9 个样品中的另 3 个样品是断层走滑活动影响的地层,其年代距今有 2.73 万～1.75 万年。

综合上述,从错坝断裂断错的地层热释光测年结果及断裂展布的地貌部位分析,得到错坝断裂的最新活动时代为晚更新世晚期。

2. 活动速率

由于雀儿山地域特殊的地貌环境,目前仍缺少有效的地层年代限定错坝断裂的活动时代。以下为依据目前已知资料的分析获得的活动速率,具有相当的不确定性。

错坝活动断裂是以走滑活动为主、兼具倾滑活动的高角度断层。在地表,沿错坝断裂有 4 个观察点显示了走滑位移。涅依隆沟沟口的左旋扭曲约 100m,四道班南错柯河西坡中谷处小冲沟不对称的水平距离也达到上百米。出现这种量级的冲沟初始堆积,在侵蚀性的错柯河河谷上游有可能未被保存下来。目前得到的这些小洪积锥上部地层较老的年代为 2 万～3 万年,这些小洪积锥底部的地层年代将大于 3 万年。在这些小冲沟上游错坝断裂坡中谷底部的堆积物的年代有可能接近断错地形形成的初始年代。参照本区冰碛物测定的最老年代,为位于隆章热沟的冰碛物,距今 6.9 万年。如果以此作为错坝断裂百米位移量的活动时代,由此得到错坝断裂晚更新世中、晚期的左旋活动速率为 1.4mm/a。

有关错坝断裂的倾滑位移,有实测断层陡坎高度数据的地表观察点分别位于错坝断裂东段央格托沟东侧及错坝断裂西段六道班温泉以西,陡坎高度为 22.7m 及大于 50m。其中,央格托沟东侧的陡坎高度为地表两条陡坎高度之和。因陡坎下降盘有碎石堆积,该地表陡坎高度小于断层的实际垂直位移。在断层陡坎的活动年代方面,仍取距今 6.9 万年为该断层陡坎的形成年代,得到的断裂的最小垂直位移的活动速率为 0.3～0.7mm/a。

3. 断裂多期活动

由于错坝断裂展布在雀儿山极高山区,区内的风化、崩积及侵蚀作用十分强烈,在其他地域研究活动断裂古地震活动期次时经常采用在识别探槽中崩积楔的方法,在此遇到困难。但错坝断裂的地表断错现象已经显示出断裂的多期活动。例如,在央格托沟东侧的基岩陡崖上显示的近水平方向的擦痕,即反映了两次断层活动。近水平的擦痕反映了纯走滑的活动,而基岩断坎的存在显示了断层北东盘抬升的倾滑活动。从断面上走滑擦痕未受到倾滑活动的影响分析,应是伴有倾向滑动的断层活动在先,纯走滑活动在后。在四道班南面错柯河西侧错坝断裂形成的坡中谷见到的断面上的水平擦痕,与上面所述现象相同,即水平擦痕代表一次纯走滑的活动,坡中谷的存在代表了断面东盘上升的倾滑的活动。

此外,央格托沟东侧两个平行分布的断层陡坎,从断层陡坎保留的完整程度来看,其形成时代不同。下面陡坎的断面平整,保存相对完好,其形成时代相对较新;上面陡坎的连续性及断面的完整性不如下面的陡坎,其形成时代相对来说较早。六道班温泉西侧的断层陡坎也存在同样的现象,南西侧陡坎断面保存较好。这些断层陡坎均能在地貌上留下痕迹,说明其活动时代均是第四纪晚期。由此,错坝断裂至少在第四纪晚期显示了 3 次活动。

3.4 错坝断裂甚低频电磁波探测和土壤气氡探测

1. 探测原理及测线布设

甚低频电磁法是利用通信电台发射频率为 15~35kHz 的电磁波作为场源的地球物理勘探方法。采用的仪器为重庆地质仪器厂生产的 DDS-3 型甚低频电磁仪。该项仪器含两个工作频率，分别为 17.4kHz、22.3kHz；测量参数分别为磁场水平分量 NH、磁场垂直分量 HZ、极化椭圆倾角 D 及电场水平分量 NE（以下简称水平电场）。

本项研究共布设 22 条甚低频电磁法测线，测线总长度达到 6800m，观测点位达到 7000 个。测线内的点距为 10m，单条测线的长度最短 100m，最长 670m，多数在 120~300m 之间。其测线从西至东的编号及相关数据分别如表 3-4 所示。

表 3-4 跨错坝断裂甚低频探测相关数据

序号	测线编号	地点	测线方向	测线长度/m
1	N11	多朗隆沟西侧	NE	180
2	N10	多朗隆沟东侧	NE	100
3	N12	六道班温泉西	SN	180
4	N18	六道班温泉	NE	290
5	N2	隆章热沟东侧	NE	670
6	N6	隆章热沟东侧	NE	370
7	N4	隆章热沟东侧	NE	290
8	N5	隆章热沟东侧	NE	380
9	N22	五道班东面	NE	160
10	N23	雀儿山公路垭口西	NE	130
11	N19	雀儿山垭口东	NE	170
12	N20	雀儿山垭口东	NE	250
13	N21	雀儿山垭口东	NE	160
14	N24	错柯河西侧	NE	230
15	N25	玛里格沟沟口	NE	410
16	N26	玛里格沟沟口	NE	320
17	N27	央格托沟沟口	NE	170
18	N28	央格托沟东侧	NE	420
19	N29	涅依隆沟口	NE	360
20	N30	错柯河藏村	NE	450
21	N31	错柯河新路海东北	NE	440
22	N32	错柯河新路海东	NE	670

甚低频电磁法测线和土壤气氡测线分布如图 3-8 所示。

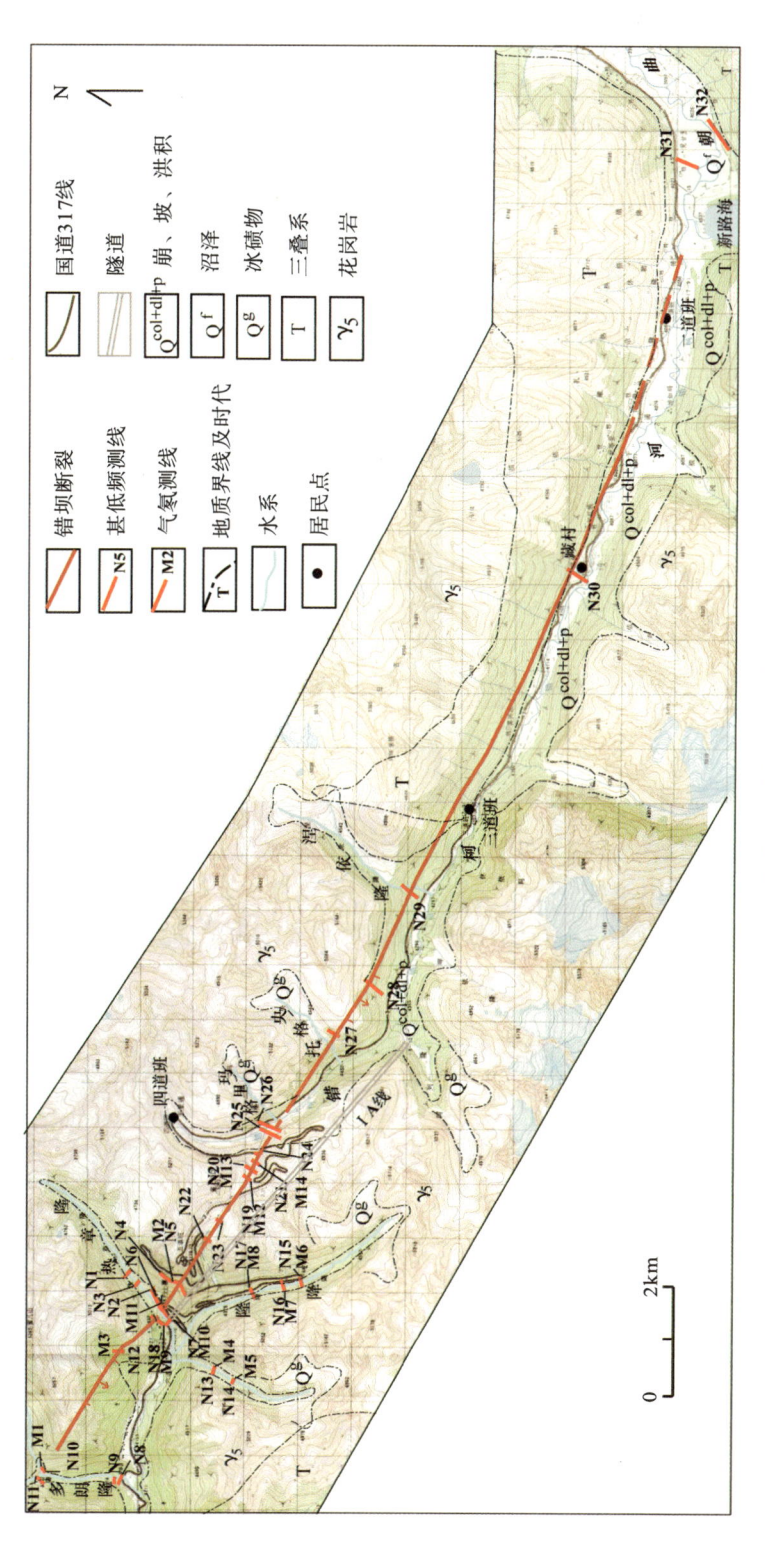

图3-8 工区甚低频和气氡测线分布图

土壤中的氡及其子体测量是一种常规的放射性勘探方法，其原理是地壳深部的气体通过断层破碎带的通道上升到地表，沿活动断裂带释放的氡气较远离断裂带的地域明显增高。研究使用的气氡测量仪器是中国核工业总公司上海电子仪器厂生产的FD-3017RaA测氡仪。

本项研究共布设 14 条土壤气氡测线，测线累积总长度达到 3100m，观测点位 169 个。其中沿错坝断裂测线 8 条，其测线从西至东的编号及相关数据分别如表 3-5 所示。

表 3-5 跨错坝断裂土壤气氡测线相关要素

序号	测线编号	地点	测线方向	测线长度/m	探测对象	与甚低频重合测线
1	M1	多朗隆沟东侧	NE	180	错坝断层	N10
2	M3	六道班温泉西侧	SN	180	错坝断层	N12
3	M9	六道班温泉	NE	280	错坝断裂	N18
4	M11	隆章热沟东侧	NE	300	错坝断层	N2
5	M2	隆章热沟东侧	NE	260	错坝断层	N5
6	M12	雀儿山垭口东侧	NE	160	错坝断层	N19
7	M13	雀儿山垭口东侧	NE	240	错坝断裂	N20
8	M14	雀儿山垭口东侧	NE	160	错坝断裂	N21

2. 探测结果

在跨错坝断裂布设的 22 条甚低频测线中，有 16 条测线出现低电阻率或水平电场低值异常(表 3-6)，其中在测线 N6、N12、N22、N27、N29 中，水平电场的异常明显，而电阻率异常不明显。此外，另有两条测线出现高电阻率及水平电场高值，4 条测线异常显示不明显。

表 3-6 跨错坝断裂甚低频电磁波探测曲线异常简表

序号	测线编号	地点	测线长度/m	电阻率/Ω·m 异常	形态	幅度	宽度/m	水平电场/(μv/m) 异常	形态	幅度	宽度/m
1	N11	多朗隆沟西侧	200	—	—	—	—	—	—	—	—
2	N10	多朗隆沟东侧	120	√	下凹	6000	50	√	下凹	60	70
3	N12	六道班温泉西	250	—	上升	400	—	√	下凹	13	100
4	N18	六道班温泉	300	√	下降	50	—	√	下凹	10	100
5	N2	隆章热沟东侧	700	√	下凹	130	300	√	下凹	1.5	200
6	N6	隆章热沟东侧	370	—	—	—	—	√	下凹	15	70
7	N4	隆章热沟东侧	300	√	下凹	2000	100	√	下凹	4.0	70
8	N5	隆章热沟东侧	410	√	下凹	1500	—	√	下凹	50	100
9	N22	五道班东面	170	—	—	—	—	√	下凹	20	80

续表

序号	测线编号	地点	测线长度/m	电阻率/Ω·m 异常	形态	幅度	宽度/m	水平电场/(μv/m) 异常	形态	幅度	宽度/m
10	N23	雀儿山公路垭口西	140	—	上凸	600	50	—	上凸	25	60
11	N19	雀儿山垭口东	180	√	下凹	70	100	√	下凹	30	100
12	N20	雀儿山垭口东	260	√	下凹	200	100	√	下凹	40	100
13	N21	雀儿山垭口东	170	√	下凹	150	100	√	下凹	20	80
14	N24	错柯河西侧	240	—	上凸	6000	60	—	—	—	—
15	N25	玛里格沟沟口	410	√	下凹	1000	—	√	下凹	4.5	150
16	N26	玛里格沟沟口	320	—	—	—	—	—	—	—	—
17	N27	央格托沟沟口	250	—	—	—	—	√	下凹	13	70
18	N28	央格托沟东侧	440	√	下凹	500	70	√	下凹	3	60
19	N29	涅依隆沟口	400	—	—	—	—	√	剧变	30	—
20	N30	错柯河藏村	460	√	下凹	40	50	√	下凹	7.0	60
21	N31	错柯河新路海东北	450	—	—	—	—	—	—	—	—
22	N32	错柯河新路海东	480	—	—	—	—	—	—	—	—

在跨错坝断裂布设的 8 条土壤气氡测线中, 8 条测线均出现高值异常, 异常的相对幅度最小为 20 次脉冲, 最大达到 1000 次脉冲。异常的宽度为 50~150m。从表 3-7 可见, 这些曲线的背景值大体相当, 小于脉冲 36 次以下; 而高峰值的大小有所不同。

表 3-7 跨错坝断裂土壤气氡测线相关数据

序号	测线编号	地点	气氡测线 异常	形态	最大峰值	宽度/m	甚低频测线 背景值	测线	异常	可否对比
1	M1	多朗隆沟东侧	√	高值	749	100	<20	N10	√	√
2	M3	六道班温泉西侧	√	高值	1034	150	<10	N5	√	√
3	M9	六道班温泉	√	高值	637	>70	20	N12	√	√
4	M11	隆章热沟西侧	√	高值	660	130	<30	N18	√	√
5	M2	隆章热沟东侧	√	高值	23	>30	<20	N2	√	√
6	M12	雀儿山垭口东侧	√	高值	43	80	<20	N19	√	√
7	M13	雀儿山垭口东侧	√	高值	27	60	<20	N20	√	√
8	M14	雀儿山垭口东侧	√	高值	20	>50	<10	N21	√	√

从气氡测线与甚低频测线异常出现位置的对比可以看到, 在 8 条出现气氡异常的测线中, 有 7 条测线的气氡异常出现的位置较同条测线上甚低频异常出现的位置偏向南西, 这有可能是断面向北东方向倾斜的反映。

3.5 主 要 结 论

1. 本次研究工作量

本次研究沿错坝断裂地表设有 13 个观察点，开挖了 3 个探槽，其中有 6 个点位是断层陡坎，2 个点位是断层沟，4 个点位存在断层走滑现象，2 个点位是地层取样点。沿错坝断裂垂直断层布设了 22 条甚低频测线和 8 条气氡测线。如表 3-8 所示，为错坝断裂空间展布以及活动性提供了依据。

表 3-8 错坝断裂地表观察点及物化探测线分布

类别 地段		地表观察点			探槽	甚低频测线		土壤气氡探测	
		总数	断层陡坎	断层沟	走滑现象		测线数目	相关异常数目	测线数目	相关异常数目
错坝断裂	总体	13	6	4	4	3	22	16	8	8
	西段	2	1	—	—	1	3	3	3	3
	中段	6	2	4	2	2	12	9	5	5
	东段	5	3	—	2	—	4	4	—	—
	端点	—	—	—	—	—	3			

2. 错坝断裂空间展布

(1) 断裂平面展布。

综合前面所述，错坝断裂走向北西 50°，长 26km，东端起自新路海，穿过雀儿山 5050m 垭口，西端延至多朗隆沟东侧，线性展布。

在错坝断裂展布范围内，北西方向的错柯沟及北东方向的隆章热沟将该断裂分为 3 段。断裂东段自二道班东至玛里格沟，长约 19km；中段自玛里格沟处的错柯河西向西北方向过雀儿山垭口至隆章热沟，长约 4km，西段自隆章热沟六道班温泉至多朗隆沟东侧，长约 3km。

(2) 断裂宽度。

确定错坝断裂宽度主要依据地表出露及甚低频与气氡探测。错坝断裂宽度的地表显示有 4 个点位。

通过地表 4 个点位及跨错坝断裂 16 条甚低频测线和 8 条土壤气氡测线显示了错坝断裂的宽度达到 50～100m。个别点的破碎带的宽度达到 200m。

(3) 地表及地面以下断裂产状。

在地表，错坝断裂以高倾角向南西方向倾斜；跨错坝断裂的甚低频与气氡异常点的偏移，显示地下断裂以高倾角向北东方向倾斜。

(4) F_4 断裂特点。

上述现象说明错坝断裂是一条高倾角、以走滑活动为主的断裂。

3. 错坝断裂活动特征

(1) 依据地层热释光测年及断错地貌综合分析，错坝断裂的最新活动时代为晚更新世晚期。

(2) 依据冲沟的左旋扭错、断层陡崖的高度，获得错坝断裂晚更新世晚期的左旋活动速率约为 1.4mm/a，垂直活动速率为 0.3~0.7mm/a。

(3) 根据错坝断裂不同时期形成的断崖及断面上的水平擦痕，判断错坝断裂在晚更新世时期至少有过 3 次活动。

4. 错坝断裂与拟建雀儿山隧道的关系

(1) 错坝断裂走向 NW50°，长 26km，位于拟建雀儿山隧道 A 线、D 线北东侧分布，两者不相交。通过图上测得，错坝断裂与隧道 A 线、D 线进口端相距 1200m，与 A 线出口端相距 410m，与 D 线出口端相距 620m。隧址区相对稳定，错坝断裂对隧道的影响较小，相对而言 D 线方案更有利。

(2) 错坝断裂的地表出露及甚低频和气氡探测表明，该断裂破碎带的宽度达到 50~100m。

(3) 在地表错坝断裂向南西方向倾斜；甚低频及气氡探测表明该断裂在地下向北东方向倾斜。

(4) 位于隆章热沟东侧，甚低频及气氡探测显示了约 200m 宽的异常。该异常有可能反映了北西向错坝断裂与北东向隆章热沟断裂在此交会。

第4章 隧道综合地质勘察

在隧道建设之前应进行充分的综合地质勘察,本次勘察的目的是在充分收集分析前人勘察成果的基础上,补充、校对原有地质资料、加强工程地质调绘和多种勘察手段,对隐蔽的地质问题予以查明。对隧道围岩工程地质特征、洞口边、仰坡稳定性和洞身稳定性、冻土等不良地质现象进行工程地质评价。对隧道进行水文地质调绘,进行水文地质单元的划分,涌水量的预测,对地下水的影响进行分析评价,全方位地对雀儿山隧道的地质条件进行勘察,为隧道的施工建设提供地质情况基础。

4.1 隧道总体勘察要求

四川西部山区高海拔隧道具有气象条件复杂,且小区域气候条件多变,地质构造复杂,断裂和褶皱发育规模大,地震烈度高,岩体风化程度高的特点,岩石多以变质岩(板岩、千枚岩等)居多,岩组、岩性变化频繁且无明显重复规律,水文地质条件复杂,普遍具有地下水丰富的特点(且变质岩区域内地下水普遍具有滞后出露现象),因此在高海拔隧道勘察中尤其要重视气象条件、水文地质条件的勘察,并应重点使用物探、钻探验证、地应力测试等有效勘察方法,注重各种勘察方法获取的地质资料的综合分析研判。

(1)隧道勘察应编制勘察大纲。编制大纲前应收集隧址区的气象、水文、区域地质等相关资料,对收集的资料进行分析和现场踏勘后,根据地形地质条件、勘察方法的适用性,综合选择勘察方法和布置勘察工作量。

(2)针对变质岩及地质构造复杂的隧道应重点调查隧址区水文地质情况,包括地表水分布、地下水位及变化范围、地下水出露等。调查时间宜在不同季节分别调查,评价隧道总涌水量,预测可能的集中涌水段。同时,海拔低于 4500m 路段应对最大冻结深度进行调查评价。

(3)高海拔隧道工程地质勘察工作应采用资料收集、工程地质调绘、水文地质调绘、物探、钻探、现场测试、室内试验等手段,综合评价隧址区工程地质条件。

4.2 勘察手段及工作内容

雀儿山隧道穿越构造剥蚀极高山地貌,地貌以构造作用为主,并且有强烈的冰川剥蚀切割作用。针对雀儿山隧道地表露头好、岩性单一、高寒高海拔的特点,若采用传统的勘察方法而大量布置钻探工作,不仅效率低,而且勘探费用很高,工期较长。在广泛资料收集的基础上,以现场调绘为主,进行遥感解译、贯通性物探探测工作,辅以钻探验证以及综合测井、地应力测试等手段，确定隧址区的地质构造、岩体结构、地应力、地温特征，并综合分析、评价隧址区不良地质问题。

雀儿山隧道开展的工程地质勘察工作除满足《公路工程地质勘察规范》(JTG C20-2011)中隧道勘察技术要求外，还开展了气象条件专项勘察和活动性断层专项勘察。

4.3 现场调绘

1. 地形地貌

雀儿山隧道地处青藏高原东部的川西高原，位于川西藏东横断山系沙鲁里山脉西北主峰部，在四川省甘孜藏族自治州北部德格县境内，东距成都900km左右，西距西藏地界150km。隧道区域内山峦叠嶂，气势雄伟，地形起伏大，自然横坡陡，相对高差大。隧址区位于青藏高原北东边缘的沙鲁里山脉北部山系雀儿山，山体呈北西南东走向，主峰海拔6168m，隧址区地处主峰北西地域；隧址区内雀儿山山脊有山峰多座，峰顶海拔在4984～5194m之间。

区内北西走向的雀儿山山脉构成金沙江和雅砻江两支水系分水岭，山脉西侧的色曲河谷为金沙江水系，隆章热沟、隆降沟、多朗隆沟为色曲河谷上游，色曲河及雀儿山南麓的水系为金沙江水系，其支流多呈北西方向，色曲河呈近南北的方向注入金沙江；雀儿山周边展布的玉曲河、朝曲河为雅砻江水系，错柯河属于朝曲河谷上游，总体呈北西方向流向。

区内主要地貌类型有粒雪盆、冰斗、冰蚀U形槽谷、冰蚀冲沟、坡洪积扇裙及冰碛较为发育，在雪线以上冰斗发育，角峰耸立，岩石裸露。

2. 气象条件

雀儿山东西两侧3800～5200m标高年平均气温在3.2～-15.2℃之间，平均最高气温在12.6～-0.2℃之间，平均最低气温在-3.2～-16.0℃之间，极端最高气温在27.2～14.4℃之间，极端最低气温在-28.6～-41.4℃之间，年较差为18.2℃。雀儿山东西两侧4000m海拔平均年降水量为726.9mm，降水主要集中在5月上旬至10月中旬，占全年总降水量的80%以上；全年降雪天数一般在81天左右，积雪天数为83天，结冰天数为236.5天，雷暴天数为8天，大风天数为19.5天，日最大风速为24m/s，全年蒸发量为1493.1mm。海拔4000m高度的年平均气压为634.0hPa；年平均湿度为60%；年日照时数为2306.7小时；最大冻土深度大于150cm，30cm深冻土平均从11月14日开始至翌年4月17日解冻，达154天。

受特殊的地形地貌和气候条件限制，结冰、积雪、冻土成为雀儿山路段最为主要的病害。因此，绕避自然灾害即成为确定洞口高程的重要条件。

总体而言，隧址区属典型的高原高寒气候。主要特征为：热量条件不足，气候寒冷，气温的年差较小，日差较大，日照充足，太阳辐射强烈，降水集中，干湿季节分明。而且海拔越高，气温越低，积雪、结冰日数越长，积雪厚度越大，气象条件越恶劣。因此，隧道洞口及路线高程应作为方案选择条件之一。

3. 地层岩性

隧道通过地层主要有：第四系(Q)和燕山期的花岗岩体($\gamma\beta53$)。其岩性如下。

(1)第四系松散堆积层(Q)。

主要有全新统(Q_4)、中上更新统冰积及冰水堆积层(Q_{2+3}^{gl+fgl})及中更新统冰积层(Q_2^{gl})等地层。

①第四系全新统(Q_4)：崩坡积层(Q_4^{c+dl})、洪积层(Q_4^{pl})、泥石流堆积层(Q_4^{sef})、沼泽沉积层(Q_4^{f})及冰碛层(Q_4^{gl})等。①崩坡积层块(碎)石质土(Q_4^{c+dl})广泛分布在较大的冰蚀"U"形槽谷两岸高山山麓斜坡区，如图4-1所示，多呈灰褐-黄褐色，稍湿，稍密状。②洪积层碎(块)石夹土(Q_4^{pl})分布于冰蚀槽谷两侧岸坡的微冲沟沟口的洪积扇部位。多呈黄褐-灰褐色，稍湿，稍密状。③泥石流堆积层碎(块)石质土(Q_4^{sef})多分布于区内现代冰川槽谷前缘沟口下侧的坡脚处；主要分布在D线出口左侧。④沼泽沉积层低液限黏土(Q_4^{f})主要分布于错柯河、隆降沟等冰蚀"U"形槽谷内终碛垄上游侧开阔平坦的谷底地带，呈深灰-黄灰色，饱和，软塑-流塑状，孔隙比大，含水率高，表层富含植物根系，其下富含腐殖质等有机质；冬季多形成冰冻沼泽。⑤冰碛层块石夹土(Q_4^{gl})分布在标高4500~5000m的现代冰川冰蚀槽谷前缘谷底部位，呈黄灰色，稍湿-湿，稍密状。

图4-1 分布于山麓斜坡区的崩坡积层

②中上更新统冰积及冰水堆积层(Q_{2+3}^{gl+fgl})。分布于错柯河、隆降沟等较大的"U"形槽谷谷底；A线方案和D线方案隧道进口前和出口后均会遇到该层。岩性为漂石质土，如图4-2所示；呈黄褐色，多饱和，稍密-中密；石质成分多为花岗岩，质地坚硬，微风化状；略具磨圆，多呈次棱角。粒径及含量分布不均：粒径较悬殊，局部边缘地带砂砾和少量黏土，漂卵石含量较少。厚度多大于10m。

图 4-2　中上更新统冰积层及冰水堆积层及中更新统冰积层

③中更新统冰积层(Q_2^{gl})。分布于错柯河、隆降沟等较大的"U"形槽谷的终碛垄和侧碛垄地段，终碛垄多构成河流坡降陡变地形，侧碛垄形成高出河谷约 10～50m 的缓坡或台地。岩性主要为漂石质土；呈黄褐色，稍湿-饱和，稍密-中密；石质成分多为花岗岩，质地坚硬，微风化状；略具磨圆，呈次棱角-次圆状，个别漂砾表层见"一"字形方向无序的擦痕；粒径悬殊较大，局部黏土富积，厚度为十几至几十米。

(2) 燕山期的花岗岩体($\gamma\beta53$)

从区域地层方面而言，雀儿山复式花岗岩体由 1 个岩基（雀儿山岩基）和 3 个岩株（热胀沟岩株、玉里通岩株及三道班岩株）构成，岩基岩株长轴呈北西-南东走向，并受到反"S"形构造的控制，总体略呈弧形展布。隧址区岩层属雀儿山复式花岗岩体的组成部分——雀儿山岩基。岩性特征如下。

①中-粗晶（黑云母）二长花岗岩($\gamma\beta53^a$)分布于雀儿山垭口以南的隧址区绝大部分地区。岩性以中-粗晶黑云二长花岗岩为主，局部段中-粗晶二长花岗岩呈不等厚状互层；呈麻灰-灰白-浅灰白色，主要矿物成分为长石、石英、云母、角闪石等，不等粒半自形中-粗晶结构，块状构造，质地坚硬。据本次勘察 CK1 钻孔揭露，见花岗岩中晶及细晶岩脉产出；花岗岩中晶岩脉呈灰白-麻灰色，个别段呈蓝灰色；花岗岩细晶岩脉呈蓝灰-灰绿色，个别段呈灰白色；主要矿物成分为长石、石英、云母及角闪石等，等粒半自形中晶或细晶结构，块状构造。地面调查还见石英脉产出于 CK1 钻孔北东侧约 500m 处至垭口延伸，厚度为 3～15m，北西-南东走向，倾向北东，倾角为 65°～80°。

②细晶黑云花岗岩($\gamma\beta53^a$)分布于雀儿山垭口北侧，隧道工程区内无分布。该岩类侵入于雀儿山岩体之中，呈不规则的椭圆状。岩性为黑云母花岗岩、黑云母二长花岗岩，有石英脉、花岗细晶岩脉产出。

上述花岗岩体其物理力学性质大体相似，故统归为花岗岩类。

4. 地质构造及地震基本烈度

(1) 地质构造。

场区附近存在的活动性断层，如甘孜-玉树断裂带、鲜水河断裂带、达郎松沟断裂带、查门寺沟断层等，断裂带长度均在 155～500km 之间，活动时代均为晚更新世，沿断层多发生过6级以上地震。区内的错坝断层(F_4)属于达郎松沟断裂带的向西延伸,全长约155km,最新活动时代为晚更新世晚期,在晚更新世时期至少有过3次活动。按活断层判断法评价,区域稳定性属次稳定区。

(2)地震基本烈度。

按《中国地震动参数区划图》(GB18306—2001,1:400万),隧址区地震动峰值加速度为0.20g,地震动反应谱特征周期为0.4s,对应地震基本烈度为Ⅷ度。根据中国地震局地壳应力研究所《国道317线川藏公路雀儿山隧道工程场地地震安全性评价报告》对隧道工程场地进行了地震危险性分析(结果见表4-1),本工程各方案隧道均为特长隧道,应按表4-1中所示数据进行地震设防。

表4-1 工程场地地震危险性分析

工程选线方案	分析项目	50年超越概率				基本烈度
		10%	5%	3%	1%	
甘孜端	地震烈度值	7.9	8.4	8.7	9.1	Ⅷ
	基岩水平加速度峰值/g	196	289	365	563	
德格端	地震烈度值	7.9	8.4	8.7	9.1	Ⅷ
	基岩水平加速度峰值/g	189	280	357	556	

注:本表摘自《地震安全性评价报告》。

5. 水文地质

按含水岩组不同,主要划分为松散岩类孔隙水及基岩裂隙水两大类型。其特征如下。

(1)松散岩类孔隙水:按含水层成因类型,可划分为全新统崩坡积块(碎)石质土含水层(Q_4^{c+dl})、全新统洪积碎(块)石夹土含水层(Q_4^{pl})、全新统泥石流堆积碎(块)石质土含水层(Q_4^{sef})、全新统沼泽沉积低液限黏土含水层(Q_4^{f})、全新统冰碛块石夹土含水层(Q_4^{gl})、中上更新统冰积及冰水堆积漂石质土含水层(Q_{2+3}^{gl+fgl})和中更新统冰积漂石质土含水层(Q_2^{gl})。区内普遍分布,主要赋存于第四系松散土体孔隙之中;地下水多由大气降水、融雪水等地表水体补给,垂直下渗至地下水位面后,水平径流就近排泄;因场区地形起伏,切割深度大,一般无法形成大片的补给径流区,主要以上层滞水或潜水形式表现;地下水富水性一般弱-中等,且多受季节及气候的影响较大。

(2)基岩裂隙水:主要赋存于岩层裂隙之中。分为风化裂隙水和构造裂隙水两类。①风化裂隙水主要赋存于近地表岩层段的岩层风化带内的风化裂隙之中;含水层厚度几十至近百米。因地形起伏切割,其含水性也不均匀,透水性及富水性弱。地下水以浅循环为主,主要以潜水形式表现。主要受大气降水、融雪等地表水体补给,垂直缓慢下渗,沿中风化面向坡下径流,以蒸发方式或在陡坎地段以浸水形式排泄,少数补给下伏含水层。地下水位埋深一般几米到十余米;单泉流量一般为0.01~0.1L/s。②构造裂隙水主要赋存于较深部岩层的构造裂隙(及层间裂隙)之中;含水层厚度大。其含水性一般与所处构造部位不同而差异较大。断层破碎带及其附近一般形成80~200m的构造裂隙密集发育带,为地下水的存储、径流提供了有利条件;其透水性及富水性中等-弱;地下水受大气降水、融雪、邻区地下水等水体补给后，根据地势顺构造裂隙带向深部或坡下径流，深循环后以泉排泄出地表(如六道班及七道班温泉等)，或就近渗出于陡崖脚部；单泉流量一般为0.1～10L/s。其他地段因构造裂隙发育程度较弱，且多为高龄石充填的闭合裂隙，构成微透水-极微透水层，富水性微弱，地下水主要受上覆含水层补给后，向下缓慢径流排泄。

(3)地下热水：地下热水相当丰富，温(热)泉分布四处。地下热水主要分布于甘孜-理塘反"S"形构造带内，其出露与断裂构造密切相关。①六道班泉群：隧址区内六道班存在六道班泉群1处共5个泉点；泉群正处于错坝断裂带(F_4)上，属断裂带型热泉，水温在50～75℃之间，属中高温热水泉。出露地层为燕山晚期花岗岩，岩体节理发育，走向近东西向、北东向。泉水呈股状涌出；最大流量为7.7L/s，最小流量1.4L/s。泉点处泉华发育，以硅质华为主，钙华次之。该泉群距A线隧道出口约550m。②七道班泉群：位于隧址区以外的七道班东约4km 317国道线路基下边坡5m处。共有4个泉眼，呈股状溢出，最大流量为3.4L/s，出露标高在4100m左右。水温在40～45℃之间，属中温热水泉。含水地层主要为砂板岩，构造位置处于花岗岩与砂板岩的接触带上，属接触带型热水泉。

(4)隧道涌水量预测：根据目前掌握的资料，本阶段采用降水入渗法初步预测两个隧道方案的正常涌水量在6100～6300m^3/d之间，施工期间最大涌水量可能在12000～15000m^3/d之间。但是地下水涌出不均匀分布，大部分段落可能处于无水状态，地下水会在节理裂隙带、构造破碎带涌出，单点涌水量可能较大，隧道逆坡施工应加强排水，并采取可靠的预防措施。

(5)隧道集中涌水灾害分析：根据前面隧道水文地质结构分析，隧道岩体主要为网络状裂隙脉状含水岩体，且局部发育的构造破碎带及次级断层有可能沟通主断裂F_4断层富水岩体内的地下水，因此在隧道通过构造破碎带或次级断层时，有可能发生集中涌水灾害。

(6)隧道开挖沟通温泉水可能性分析：六道班泉群为渗部地下水沿F_4断裂带上升，根据前面隧道水文地质结构分析，隧道发育次级破碎带及断裂构造有可能沟通F_4断层，因此隧道开挖形成新的集水廊道，也有可能沟通沿F_4断层上升的温泉水，从而导致温泉水进入隧道。

6. 沿线路况现状及不良地质病害

(1)沿线路况不良地质病害特征

根据遥感勘察、工可勘察及初勘阶段勘察成果资料，区内发育的不良地质主要有涎流冰、崩塌、滑坡、泥石流、积雪、雪崩等。其特征如下。

①涎流冰：主要存在于原有公路沿线，是该区主要不良地质，常造成交通中断，甚至形成车毁人亡的恶性事故。在隧址区及附近的公路沿线共发现涎流冰32处，影响现有公路长度占总长度的34.4%。本区涎流冰均属山坡涎流冰；一般发育在12月至次年3月，越岭路段发育在11月至次年3月；厚度一般在1.7m左右，最大可达3～4m，春节前后最厚。本区涎流冰沿河路段比越岭路段发育，主要原因为在高寒环境下该地段泉点、溪流发育，地表水冻结且冰层不断增高形成涎流冰，现有公路段因涵洞数量少且较狭小，冰体堵塞涵洞漫上公路造成灾害。隧道工程的建设将会避开大部分涎流冰对线路的影响，但仍有

部分存在，且后期工程建设还可能新形成的涎流冰，会对引线等工程造成影响；在进出口、后期引线跨河处等地段，着重考虑加强地表和地下排水，防止涎流冰危害。

②崩塌及滚石：区内岩体主要为花岗岩，其力学强度较高，大规模的崩塌灾害不发育；但由于地形起伏较大，河流深切，节理裂隙发育，加之公路切坡等形成陡崖，滚石普遍发育。滚石分布一般较零散，主要发育在山麓陡崖陡坡地段，堆积于其坡脚处，形成该区广泛分布的崩坡积层；新近灾害主要发育在越岭段现有公路沿线，主要受人类活动所控制。目前隧道进出口地形较缓，受崩塌灾害影响不大。

③滑坡：隧址区附近滑坡灾害主要有两种类型，其一为主要分布在山麓等崩坡积层发育区中上部地段现有公路沿线的土体滑坡类型；其二为在第四系崩坡积层等松散堆积物发育的坡脚冲沟沿线发育的土体滑坡类型，多为因河流洪水冲刷坡脚形成的滑坡。目前隧道方案已绕避，故对隧道进出口影响不大。

④泥石流：区内泥石流较发育，以坡面型泥石流为主，主要发育在斜坡区的微冲沟地段。该区斜坡陡峻，植被稀少，微冲沟发育，坡面松散堆积物丰富且以粒径较小的碎石为主，加之降雨、融雪等地表水体多集中在6—8月；多数时间松散堆积物在重力等外力作用下，缓慢向微冲沟沟心汇集，当遇降雨或融雪天气，受地表水体动力携带，形成泥石流。D线出口左侧发育一处泥石流灾害，下阶段将进行重点勘察。

⑤积雪及雪崩：本区冬季漫长寒冷，全年降雪天数一般在81天左右，积雪天数83天，刮风天气较多，风向以西北风为主，且山脊线为北西南东向，地形陡峻，区内积雪及雪崩灾害普遍发育。积雪类型包括自然降雪积雪和风吹积雪两种；自然积雪全区发育，一般最厚为0.5～1.0m；风吹积雪主要分布于背风的较缓斜坡区（东坡及东南坡）及陡崖坡脚处，尤其以雀儿山越岭段最甚，厚度最深可达4～5m；较厚积雪区多因车辆震动、日晒消融等，产生雪崩；积雪及雪崩时间一般从10月开始到次年5月达7月之久，常造成现有公路交通中断甚至车毁人亡等危害；拟建各方案隧道进出口均不同程度地遭受积雪的危害，设计时应予以考虑。

⑥冻土及冰冻沼泽：本区地处高寒区，冬季漫长寒冷，结冰天数236.5天，存在季节性冻土；根据气象资料，本区季节性冻土最大深度约1.2m（三道班）、0.9m（六道班）及1.5m（垭口）。在错柯河及隆降沟等河流的隧址区下游侧有沼泽地发育，其堆积物含水率极高，冬季会产生多冰-饱冰冻土，甚至含土冰层，形成冰冻沼泽。冻土在各隧道方案进出口等处将影响到工程建设，应引起注意。

(2) 沿线路况不良地质病害统计

G317线雀儿山路段路面为砾石土路面，尤其是三道班（K859+568）至六道班（K891+618）雀儿山路段长32km翻越雀儿山垭口路段，地面横坡陡峭，高差十分悬殊（最大高差可达850m），道路崎岖、坡陡弯急，路面狭窄、平纵线形差。该段公路最大纵坡达14%，平曲线最小半径16m，局部路段路基宽度仅4.5m左右，并且回头弯道多，尤以垭口西坡最为突出，仅从垭口至六道班长约7km（平面相距不足3km）路段内就有回头弯道13个，垭口东坡虽缓于西坡，但从四道班至垭口也有4个回头弯道；由于气候恶劣，坡陡，坡面多为风化堆积体，因此夏季泥石流频繁，交通受阻及飞石、崩塌，损坏车辆、伤及人员的交通事故时常发生；公路垭口地段每年积雪、冰冻时间长达6～8个月，冬季雪崩严重，时有因冰雪阻车、交通中断而造成高山缺氧致死事故发生。

G317 线从三道班至六道班由于地处高原高-中山深切割区，地形均较陡峭，河谷、冲沟强烈下切，呈"V"形，边坡坡角大多在 40°以上，岩体卸荷裂隙发育，受区域地质构造影响强烈以及公路通过地段因开挖施工而形成陡坎边坡，故而经常产生泥石流、崩塌、滑坍现象。据初步调查，线路存在泥石流 16 处，多为坡面泥石流，泥石流冲沟宽度大多为 10~15m，最大宽度可达 30m；崩塌 16 处，崩塌长度多在 200~500m 之间，最长可达 2km 以上；在"老一档"(K883+970~K884+170)覆盖层堆积层厚的斜坡地带有小型滑坍现象。沿线经过处海拔高程均在 4200m 以上，最高垭口高程为 5050m，积雪、雪崩、涎流冰严重，积雪、雪崩以雀儿山山体东西两侧及西阴坡最为突出，积雪深度达 2~3m，一般积雪 0.4~1m，雪崩处积雪可达 5m 以上，山顶雪期达 8 个月以上，积雪、雪崩尤其严重，涎流冰较为发育，影响该段公路长度约 13km，冬季积冰厚度可达 0.4~1.0m。三道班至六道班段存在不同程度冻土翻浆，整个路面凹凸不平，高差一般在 20cm 以上。雀儿山三道班至六道班公路沿线的不良地质调查情况统计如表 4-2 所示。

表 4-2 雀儿山三道班至六道班公路沿线的不良地质调查统计

	序号	里程桩号	规模/m	成因	现状	对公路影响程度
涎流冰	1	K859+500~K869+170	9670	山坡泉水结冰堵塞涵洞，充填水沟后漫流至路面形成	冬季涵洞堵塞、边沟充填、道路结冰	影响较大
	2	K869+170~K872+070	2900	坡面水较小，部分段落水流受冻	部分段落冬季边沟充填、道路结冰	有一定影响
	3	K872+070~K875+570	3500	坡面水沟水流受冻，充填水沟后漫流至路面形成	冬季涵洞堵塞、边沟充填、道路结冰	影响较大
	4	K875+570~K877+570	2000	处于阳坡地段，道路较直，雪厚受冻但流入路面较少	道路积雪厚度大，但结冰较少	有一定影响
	5	K877+570~K883+070	5500	坡面水沟水流受冻，充填水沟后漫流至路面形成	冬季涵洞堵塞、边沟充填、道路结冰	影响较大
	6	K883+070~K885+570	2500	道路较直，坡面水沟水流受冻，但流入路面较少	道路结冰较少	有一定影响
	7	K885+570~K892+326	6650	坡面水沟水流受冻，充填水沟后漫流至路面形成	冬季涵洞堵塞、边沟充填、道路结冰	影响较大
	合计/(m/处)		32758/7			
冰川泥石流	1	K861+170~K861+570	400	处于涅依隆沟，沟谷内冬季结冰后堆积物下滑形成	春雪融化时坡面掉危石，影响行车安全	影响较大
	2	K863+370~K863+670	300	山坡泉水结冰后推移堆积体下滑形成	春雪融化时坡面掉危石，影响行车安全	影响较大
	3	K865+020~K865+420	400	处于托格央沟，沟谷内冬季结冰后堆积物下滑形成	春雪融化时坡面掉危石，影响行车安全	影响较大
	4	K866+620~K867+120	500	处于玛里格沟，沟谷内冬季结冰后堆积物下滑形成	春雪融化时坡面掉危石，影响行车安全	影响较大
	5	K884+420~K884+770	350	处于西面坡沟，沟谷内冬季结冰后堆积物下滑形成	春雪融化时坡面掉危石，影响行车安全	影响较大

续表

序号	里程桩号	规模/m	成因	现状	对公路影响程度
	6	K886+920～K887+170	250	处于西面坡沟，沟谷内冬季结冰后堆积物下滑形成	春雪融化时坡面掉危石，影响行车安全	影响较大
	7	K887+420～K887+870	450	处于西面坡沟，沟谷内冬季结冰后堆积物下滑形成	春雪融化时坡面掉危石，影响行车安全	影响较大
	8	K891+920～K892+190	270	处于西面坡沟，沟谷内冬季结冰后堆积物下滑形成	春雪融化时坡面掉危石，影响行车安全	影响较大
	合计/(m/处)		2920/8			
崩塌（雪崩）	1	K865+770～K865+970	200	坡面陡、堆积基岩风化块碎石，沿陡坡面下滑形成	陡坡面堆积块碎石崩塌，影响行车安全	影响较大
	2	K875+570～K877+570	2000	海拔高、坡面陡、积雪厚，坡面积雪下滑形成	坡面厚积雪崩塌，影响行车安全	影响很大
	3	K883+070～K885+570	2500	坡面陡、阴坡、积雪厚，坡面积雪下滑形成	坡面厚积雪崩塌，影响行车安全	影响很大
	合计		4700			
积雪	1	K859+500～K863+870	4370	海拔4200～4400m，冬季路面积雪	平均积雪厚度0.5m	影响较小
	2	K863+870～K868+370	4500	海拔4400～4600m，冬季路面积雪	平均积雪厚度0.8～1m	有一定影响
	3	K868+370～K873+920	5550	海拔4600～4800m，冬季路面积雪	平均积雪厚度1.5～2m	影响较大
	4	K873+920～K881+020	7100	海拔东面4800m，西面4700m以上，冬季路面积雪	最大积雪厚度5m，平均积雪厚度2～4m	影响很大
	5	K881+020～K885+830	4810	海拔4700～4500m，冬季路面积雪	平均积雪厚度2～1.5m	影响较大
	6	K885+830～K892+220	6390	海拔4500～4200m，冬季路面积雪	平均积雪厚度1～0.8m	有一定影响
	合计		32720			
其他	1	K883+970～K884+170	200	阴坡，崩坡积土、土层厚，坡面积冰，长年不融化	路面沉陷，称为"老一档"	影响很大
	2	K884+420～K884+770	350	坡面沟谷崩坡积土层厚，随春雪融化形成滑坡	坡面较陡，路面随地层滑动、沉陷	影响很大
	合计		550			

7. 建设材料与运距

隧道建设所需要的天然建设材料砂卵石料、条石料、碎石料、黏土料及片块石料等，在施工区附近均有产出，通过调查后选择以下选料场地。

(1)砂卵石料：主要分布在马尼干戈的朝曲河沿岸和柯洛洞一带的色曲河的漫滩地带，为第四系全新统冲积砂卵石层，两处料场均在G317线旁。马尼干戈(砂)卵石料场距隧道甘孜端洞口28km，估算蕴藏量为100万立方米，柯洛洞砂卵石料场距隧道德格端洞口

28km，估算蕴藏量为 4 万～5 万立方米。

(2) 条石料：主要分布在马尼干戈和柯洛洞一带的灰岩出露区，两处料场均在 G317 线旁。马尼干戈条石料场距隧道甘孜端洞口 29km，估算蕴藏量为 20 万立方米。柯洛洞条石料场距隧道德格端洞口 29km，估算蕴藏量为 10 万立方米。

(3) 碎石料：可在柯洛洞和马尼干戈条石料场内采掘灰岩经破碎后利用，也可就近采掘花岗岩质的漂卵石破碎后利用，或直接利用风化程度较弱的花岗岩隧道弃渣。

(4) 黏土料：可采集马尼干戈附近的碳酸盐岩残坡积土，为黄色黏性土，含约 5%碎石；分布相对较集中，开采方便，厚度为 0.5～2m，储量约 0.5 万立方米。距离隧道甘孜端洞口约 30km。

(5) 片块石料：隧址区广泛分布的花岗岩体岩质坚硬，单轴抗压强度为 50～90MPa，均可在洞口附近就近采取。

(6) 其他材料：本工程所用的其他主要建设材料(水泥、钢材、防水板等)均来源于成都市，运距约 900km。

(7) 运输费用：据调查，当地材料统一运输单价在 0.8 元/t·km 左右。

8. 用电及供电方式

项目所在地属缺电地区，无多余电力供工程使用；四川省第二批"送电到乡"工程中的"八一桥水电站"(装机容量 2×3500kW)已建成发电，故隧道施工用电考虑部分采用自行发电，部分施工和隧道营运用电可与地方政府协调采用八一桥水电，供电采用 35kV 的高空架线至隧道洞口，从八一桥电站至洞口需架约 100km 高压线。

4.4 遥感解译

1. 地貌解译

隧址区位于青藏高原的东部边缘的沙鲁里山山脉北部雀儿山。地势总趋势是北高南低，中间高，向东西两侧渐低，东缓西陡。雀儿山主峰海拔 6168m，处于工作区东南外围，不在工作区内。区内最高山峰为雀儿山一支峰，海拔 5613m，坐落于工作区南部边缘。区内 5000m 以上山头较多，5500m 以上山头主要位于工作区东南部，顶峰上白雪皑皑，终年不化，为终年积雪区，面积较大。最低海拔为工作区西部门查寺一带色曲河河谷，海拔 3670m，区内地形切割深度大多在 1500～2000m 之间，本区地貌明显受区域构造的控制，山脊一般沿构造线延伸，呈北西向、北东向或近于南北向。

根据地形地貌特征及其成因，可将区内地貌划分为两大类型：冰川地貌和构造侵蚀地貌。冰川地貌进一步分为现代冰川及冰蚀地貌和冰蚀及冰碛地貌，如图 4-3 和图 4-4 所示；构造侵蚀地貌划分为深切割高山峡谷地貌和冲洪积河谷平原。

图 4-3　现代冰川及冰蚀地貌

图 4-4　冰碛地貌

2. 构造解译

区内构造以断裂为主，未见褶皱。

区内断裂构造在遥感影像上反映较为清晰，主要影像特征可归结为：直线状沟，如 F_8、F_4 断裂；色界面线，如 F_4 断裂雀儿山垭口段；对头状冲沟，如 F_1 断裂，垭口、陡坎等微地貌的线状排列，如 F_8、F_3 断裂。本次共解译断裂 12 条。按方向共分三组：北西向、近南北向和北东向。

区内构造的形成和发展与印度板块的俯冲挤压有关，工作区所处区域挤压方向是由南西向北东挤压。因此，北西向断裂规模较大，延伸较远。朝曲河断裂可能是东部的玉树-甘孜-理塘断裂的一个分支，二者有成因上的联系。北东向断裂和近南北向断裂则是次级断裂,规模较小,在影像上的特征也没有北西向断裂明显,其展布受其控制。北东向断裂可能具有张性性质,南北向断裂可能扭性较强,如图 4-5 所示。

图 4-5　国道 317 线雀儿山隧道及连接线卫星遥感影像图

4.5　物探解译

1. 物探工作方法与技术

(1)物探方法选择。

根据本次物探工作的技术和任务要求及地形、地质情况,采用了 EH-4 大地电磁测深法进行勘探。

大地电磁测深法可以基本查明整条隧道地段岩层分布、断层和构造破碎带的位置及延伸情况、含水情况等,能较好地完成本次物探任务。

(2)EH-4 大地电磁测深。

根据电磁学理论,地面电磁波发送到地下,电磁波在岩土中的传播遵循 Maxwell 方程,如果假设大多数地下岩土为无磁性物质,并且宏观上均匀导电,不存在电荷积累,大地电磁法(EH-4)连续电导率成像系统勘探基本原理就是基于以上基本理论,通过采集天然电磁场和人工建立的可控电磁场系统,结合测区地质(包括测区地层岩性、构造)情况进行分析计算目的体的范围和深度,判断目的体的性质及形态,以达到勘测地下目的体的一种较为特殊的勘探方法,其勘探深度可达上千米。

(3) 野外工作方法。

EH-4 连续电导率成像系统勘探野外工作分两部分采集单元(即人工场电磁波采集和天然场电磁波采集)。进行人工场电磁波采集时，首先在远离测线 300～500m 的位置(测线中心的垂直方向上)布设场源，发射人工电磁场，然后采集布设在地面上相隔一定距离、两个正交的电磁场信息。本次工作点距为 20m，在地质条件较为简单地区调整为 30m，发射电磁场频率在 800～64000Hz 之间。本次勘探控制深度在 1000m 范围内，EH-4 大地电磁现场剖面布置如图 4-6 所示。

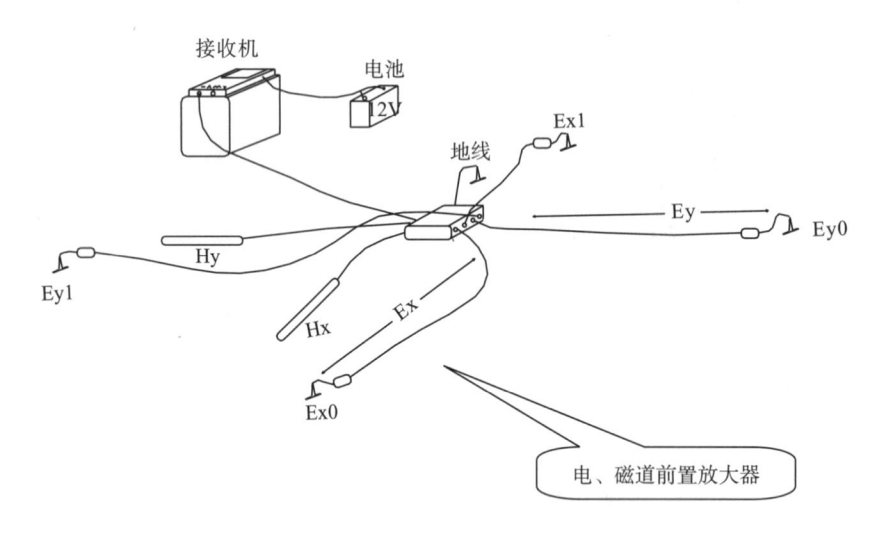

图 4-6　EH-4 大地电磁布线示意图

(4) 资料处理。

大地电磁法首先对原始数据进行编辑，剔除明显的干扰点，对存在静态影响的数据进行空间滤波，形成频率-视电阻率等值线图，再通过二维反演，绘出二维反演断面图；分析以上图件，划分出异常段；把异常和其他辅助物探方法取得的资料作对照，结合地质资料做出初步地质推断(断层带和岩性分界以及岩溶发育区的位置)。

对上述初步物探成果进行现场地质调查和异常核对，并结合已知的地质资料进行综合推断，形成最后地质结果，绘制物性地质断面图，并得出各地质构造(本次物探主要为断层和岩性分界)的特征和性质，填绘综合成果平面图。

2. 物探成果分析

(1) 岩性解释。

隧道穿越的地层相对较为简单，主要为燕山期的花岗岩体($\gamma\beta 53$)，隧道进出口端有第四系地层分布。表层深度 50m 范围内电阻率较低，$\rho_s < 1000\ \Omega \cdot m$，为岩体风化的电性表现；中深部电阻率分布零乱，高、低阻团块和条带相互穿插，分布不均匀，表明围岩总体上破碎、软弱，裂隙较为发育，含水性较好。

(2) 破碎带解释。

物探在隧道通过地段共发现具有断裂构造特征的低阻异常带 4 处，分别编号为 Fw1、Fw2、Fw3、Fw4，现分别解释如下。

①Fw1：洞身 DK7+880～950 段电阻率呈自上而下的带状低阻反应，推测为挤压破碎带，电阻率为 50～2000Ω·m，根据电性特征判断，倾向进口方向，宽度约 70m，地表及洞身附近位置电阻率较低，$\rho s<1000$Ω.m，推测较为破碎，含水性好，受破碎带影响，周围岩体完整性差，工程地质条件也较差，且附近可能发育有其他小型断层破碎带。

②Fw2、Fw3：在地表 DK9+360 至隧道洞身 DK9+680 附近，电阻率变化较大，ρs 由大于 2000Ω·m 突变为小于 1000Ω·m，推测为受构造影响所致，而洞身 DK9+680～720 段电阻率较低且梯度变化大，推测为断层破碎带 Fw2；DK10+140～170 段电性特征与 Fw2 较为相似，推测为破碎带 Fw3；根据电阻率断面图反应，受 Fw2、Fw3 影响，洞身 DK9+600～DK10+300 段之间电阻率均较低（$\rho s<1000$Ω·m），推测岩体较为破碎，含水性好，且局部有小断裂或裂隙密集发育，岩体工程地质条件较差。

③Fw4：根据电性特征反应，Fw4 断层在地表的位置为 DK11+210～+290，洞身位置为 DK11+120～+200，断层带内围岩电阻率为 500～3000Ω·m，但是洞身位置 $\rho s<1000$Ω·m，推测洞身位置岩体完整性差，含水性较好，根据电性特征判断，Fw4 影响范围较宽，影响带内裂隙较为发育。

(3) 地质验证。

根据物探解释成果，地质人员重点对物探推测 Fw1、Fw2、Fw3、Fw4 附近位置进行地面地质调查工作(图 4-7)，均有断层的地质反应，与物探推测结果基本吻合，只有局部细节存在差异(图 4-8)。

图 4-7　地质调绘

图 4-8 物探

4.6 钻 探

1. 勘察方案的制定

雀儿山隧道洞口海拔高，雀儿山原 317 线垭口高程为 5050m。月平均最低气温在 -12.0～5.4℃之间变化，除 6—9 月在 0℃以上外，其余各月的平均最低气温均在 0℃以下，根据雀儿山隧道地表露头好，岩性单一，并且位于高寒高海拔地区的特点，若采用传统的勘察方法而大量布置钻探工作，不仅效率低，而且勘探费用很高，工期较长。在广泛资料收集的基础上，以现场调绘为主，辅以钻探验证、贯通性物探探测以及综合测井、地应力测试等手段，确定隧址区的地质构造、岩体结构、地应力、地温特征，并综合分析、评价隧址区不良地质问题。其中地表测绘、贯通性综合物探深孔钻探、洞口浅孔钻探（图 4-9）是地质勘察的关键环节。

图 4-9 钻探

2. 主要勘察工作

隧址区地质勘察分为工可、初勘、详勘 3 个阶段依次完成了钻探工作，如表 4-3~表 4-5 所示。

(1) 工可阶段。

表 4-3　雀儿山隧道前期工可利用钻孔一览表

钻孔编号(原报告)	钻孔深度/m	相关试验测试工作
CK1	390.75	岩石物理力学性质试验(10 组岩样) 注水试验、综合测井、地应力测试

(2) 初勘。

表 4-4　雀儿山隧道初勘工作一览表

勘察方法			工作量	目的	完成时间
钻探	SZK1	K340+930 右 19.6m	62.99m	进口岩性、覆盖层厚度	2010 年 7 月
	SZK2	K341+020 右 6.5m	60.10m		
	SZK3	K346+211.26 右 19.9m	186.65m	洞身岩性特征	
	SZK4	K347+963.46 右 38.65m	52.07m	出口岩性、覆盖层厚度	2010 年 7 月
	ZK5	K347+994.06 右 25.33m	50.60m		
物探		大地电磁法(EH-4)贯穿物探	7.6km	岩体变化特征	2010 年 8 月
		声波测井(m)	129		
调绘		1∶10000 工程地质调绘	24km²		2010 年 8 月
断面测绘		1∶10000 断面测绘	14200m		2010 年 8 月
		1∶2000 断面测绘	14200m		
		1∶200 断面测绘	1300m		
岩石试验		天然抗压/件	11	岩石物理、力学性质	2010 年 8 月
		饱和抗压/件	95		
		抗剪断	2		
		变形试验	8		
水化学试验		水质简分析	1	水化学分析	

(3) 详勘。

表 4-5　雀儿山隧道详勘工作一览表

勘察方法			数量	目的	完成时间
钻探	SZK6	PK340+992 左 14m	22.80m	洞身岩性特征	2011 年 9 月
	SZK7	PK341+020 左 14m	43.10m	洞身岩性特征	
	SZK8	PK347+958 右 16m	51.20m	洞身岩性特征	
	SZK9	PK347+991 右 16	41.20m	洞身岩性特征	
	SZK10	PK348+022 右 15m	22.40m	洞身岩性特征	

续表

勘察方法		数量	目的	完成时间
调绘	1:10000 工程地质调绘	22km²	岩体特征及主要不良地质变化特征	2011年8月
断面测绘	1:10000 断面测绘	15380m		2011年8月
	1:2000 断面测绘	15380m		
	1:200 断面测绘	1790m		
岩石试验	天然抗压(件)	4	岩石物理、力学性质	2011年10月
	饱和抗压(件)	27		
	变形试验	3		

4.7 综合地质勘察结论

1. 地形地貌

隧址区位于青藏高原北东边缘的沙鲁里山脉西北部山系雀儿山，山体呈北西南东走向，主峰海拔6168m，隧址区地处主峰北西地域；隧址区内雀儿山山脊有山峰多座，峰顶海拔4984.8~5194.4m。隧址区内山势陡峻，沟谷切割深度最大在1000m以上，且有现代冰川和古冰川遗迹分布，总体属高山-极高山冰川地貌。进出口地貌为山麓斜坡堆积与河流侵蚀堆积共同影响而成，斜坡下部残留有第四系晚~中更新统冰水堆积垄。雀儿山隧道所穿越的地貌多属于构造剥蚀极高山地貌，地貌以构造作用为主，并且有强烈的冰川剥蚀切割作用。隧址区典型地质剖面和地貌图片如图4-10~图4-13所示。

2. 气象与水文条件

(1)气象。

总体而言，隧址区属典型的高原山岭高寒气候。主要特征为：热量条件不足，气候寒冷，气温年差较小，日差较大；日照充足，太阳辐射强烈，降水集中，干湿季节分明，气候垂直分带明显，山顶与河沟谷中温差大；而且海拔越高气温越低，积雪及结冰日期越长，积雪厚度越大，气象条件越恶劣。

雀儿山东西两侧3800~5200m标高年平均气温在3.2~-15.2℃之间，平均最高气温在12.6~-0.2℃之间，平均最低气温在-3.2~-16.0℃之间，极端最高气温在27.2~14.4℃之间，极端最低气温在-28.6~-41.4℃之间，年较差18.2℃。雀儿山东西两侧4000m海拔平均年降水量为726.9mm，降水主要集中在5月上旬至10月中旬，占全年总降水量的80%以上；全年降雪天数一般在81天左右，积雪天数83天，结冰天数236.5天，雷暴天数8天，大风天数19.5天，日最大风速24m/s，全年蒸发量1493.1mm。海拔4000m的年平均气压为634.0hPa；年平均湿度为60%；年日照时数2306.7h；最大冻土深度大于150cm，30cm深冻土平均从11月14日开始至翌年4月17日解冻，达154天，如图4-14所示。

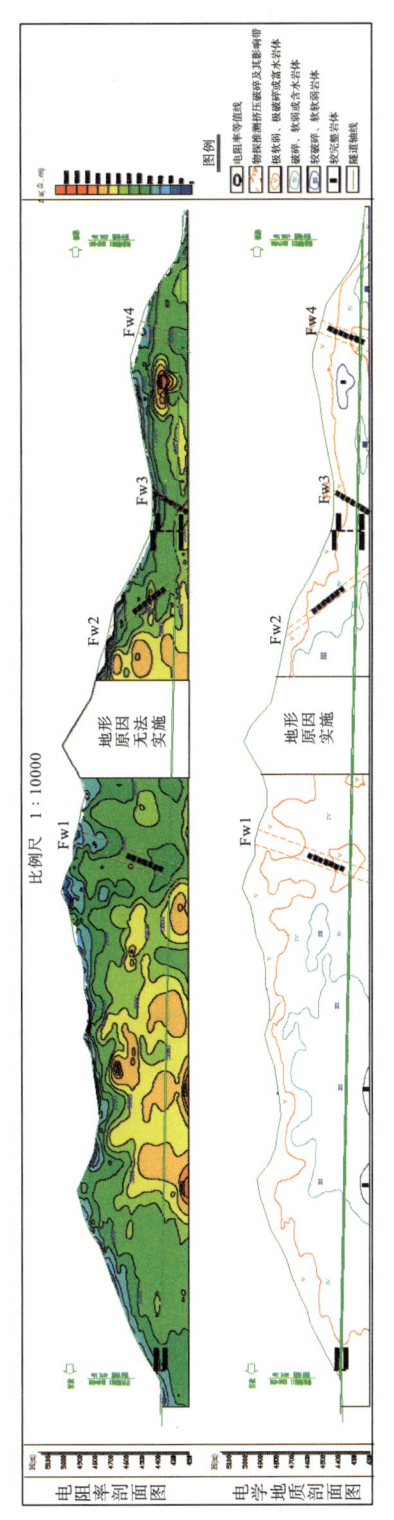

图4-10 物探解译剖面

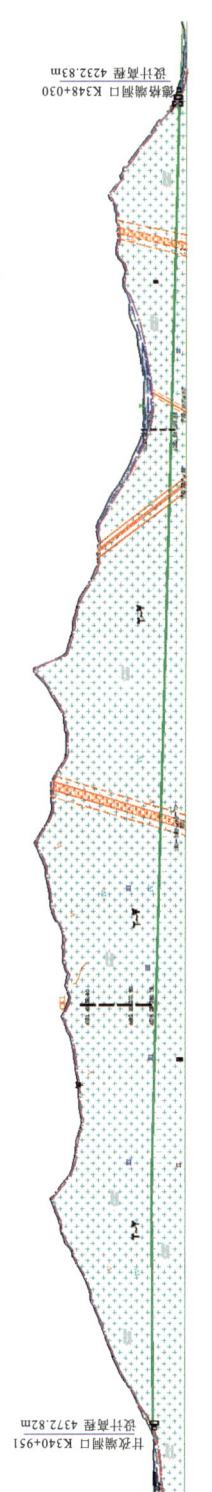

图4-11 地质纵断面

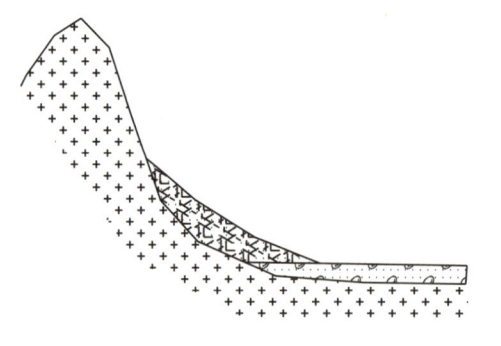

图 4-12　雀儿山典型地质剖面 　　　　　　图 4-13　雀儿山典型地貌露头

(a) 拟建隧道工程区地形地貌特征 　　　　　(b) 因大雪造成交通阻塞

(c) 雀儿山东口夏季 　　　　　　　　　　　(d) 雀儿山东口冬季

(e) 雀儿山西口夏季 　　　　　　　　　　　(f) 雀儿山西口冬季

图 4-14　雀儿山隧道进出口

(2) 水文及植被。

隧址区内水系呈树枝状发育，以北西-南东走向的雀儿山脉为界分成两大水系，北东部错柯河(图 4-15)及其支流阿列隆等为雅砻江水系，南西部隆降沟及章隆热沟为色曲河水系，雅砻江和色曲河(图 4-16)均为金沙江水系的一级支流。

测区植被稀少，在季节性冰川以上，无植被，坡表堆积有松散块石土或基岩裸露。在季节性冰川以下，坡表有低矮灌木或杂草。

图 4-15 错柯河 　　　　　　　　　图 4-16 色曲河

3. 地质概况

隧址区地质构造分属松潘-甘孜地槽褶皱系和三江地槽褶皱系，北西和北西西向构造线发育。隧址区内影响最大的断层为错坝活动性断裂(F_4)；该断层位于隧址区北东侧，为活动性断层，区域上全长 26km，断面走向 310°，倾向南西，倾角 76°～87°，为左旋走滑断裂；虽然该断层与隧道轴线不相交，但受区域构造以及 F_4 断裂影响，隧址区发育一系列次级和分支 NE 向断裂，与隧道大角度相交，其中较大的有 Fw1～Fw4，造成隧址区岩体较破碎。

隧址区附近最醒目的是甘孜-玉树断裂和鲜水河断裂，沿断裂带地震活动频繁，近场区及场区内还存在达郎松沟断裂、门查寺沟断层及错坝断层等，如图 4-17 所示。

隧址区地震动峰值加速度为 0.2g，地震动反应谱特征周期为 0.4s，对应地震基本烈度为Ⅷ度。

4. 地层岩性

隧道围岩主要由燕山期花岗岩($\gamma\beta5_3^a$)组成，进出口为厚度较大的冰积块碎石土层，如图 4-18 和图 4-19 所示。隧道围岩级别以Ⅲ、Ⅳ级为主，进出口段以及断层破碎带为Ⅴ级围岩，隧道围岩级别划分见勘察报告及总剖面图。隧道进出口均为漂石土或碎石，透水性好，结构中密，隧道走向与地形线交角小于 45°，存在土体偏压，施工开挖易垮塌、滑动，需加强支护。

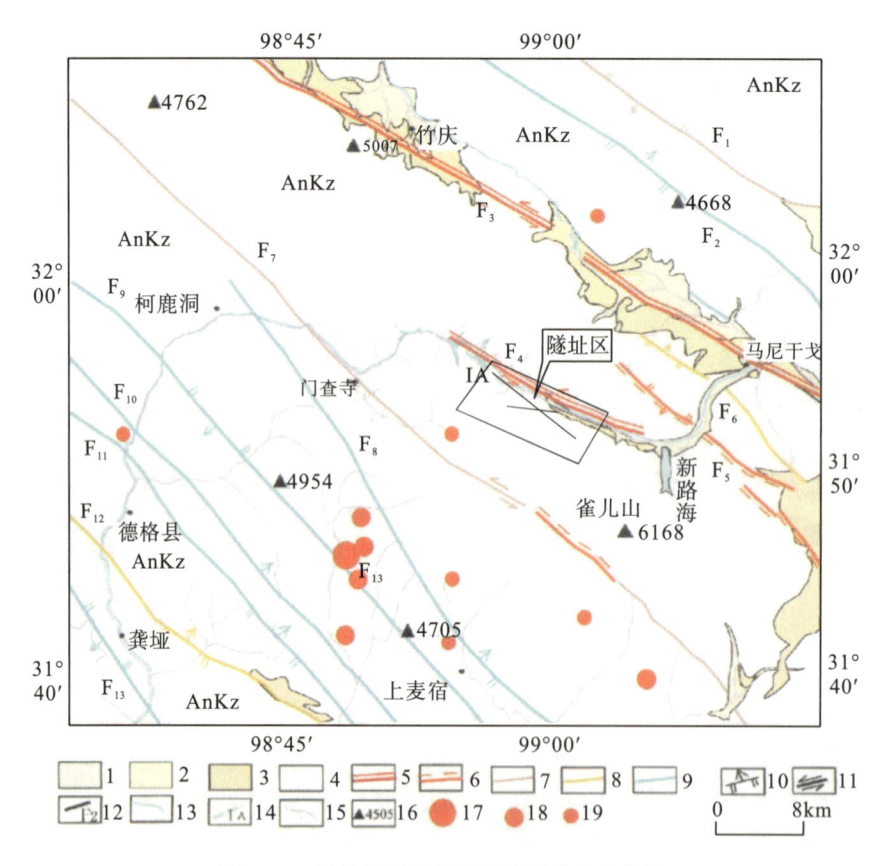

图 4-17 近场区活动断裂与地震震中分布图

1.全新统；2.更新统；3.下第三系；4.前新生界；5.全新世活动断裂；6.晚更新世活动断裂；7.第四纪活动断裂；8.新生代断层；9.中生代断层；10.逆断层；11.左旋走滑断层；12.断层及其编号；13.公路；14.隧道；15.水系分布。断裂名称：F_3马尼干戈断层；F_4错坝断层；F_5错通沟-野马沟断裂；F_7门查寺断裂

图 4-18 洞口覆盖层

图 4-19 洞内花岗岩

5. 岩爆分析评价

隧道内花岗岩体 Rc=42～104.8MPa，一般情况下 Rc<80MPa 发生岩爆的可能性不大，并且隧道穿越两侧均有深切冲沟影响，对隧址区地应力会有减弱调整作用，在 K344+510～K345+635 段中局部岩体完整部分有高地应力现象，可能发生轻微至中等岩爆，主要表现为开挖过程中的闷响、侧壁剥落、偏帮和小型岩块的弹射等，如图 4-20 所示。

图 4-20 洞内岩爆弹射照片

6. 水文地质条件

(1) 水文地质概况。

隧道穿越雅砻江水系和金沙江水系两大水系的分水岭，隧址区内水系呈树枝状发育。隧道穿越雀儿山山脊东部错柯河及其支流阿列隆等为雅砻江水系，其西部隆降沟及章隆热沟为色曲河上游支沟，属金沙江水系，雅砻江和色曲河均为金沙江水系的一级支流。

隧址区地下水主要为第四系松散层孔隙水和基岩裂隙水，接受大气降水、融雪水的补给，在松散层孔隙、基岩裂隙中富集、运移，在溪沟两侧排泄。

(2)水文地质单元及赋水区的划分。

结合隧址区的水文地质单元的划分,根据隧址区的岩体结构,结合补、径、排情况,将隧址区的各部分赋水程度分为:浅部次强赋水区、深部次强赋水区、中等赋水区以及弱赋水区,如图 4-21 所示。

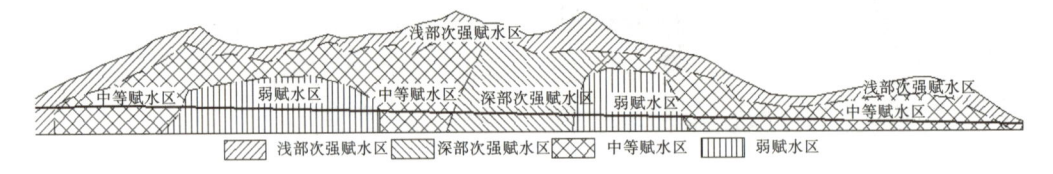

图 4-21 隧址区赋水程度分区简图

(3)隧道涌水量预测评价。

结合地下水补、给、排特征,地下水主要为松散岩类孔隙水及基岩裂隙水两大类型,如图 4-22 所示,正常涌水量为 7000~10000m³/d,施工阶段最大涌水量约为 25000m³/d。

图 4-22 洞内涌突水

第4章　隧道综合地质勘察

7. 综合地质勘察结论

在充分利用前期勘察资料的基础上，本阶段采用物探、调绘、钻探、综合测井、室内试验等勘察手段，对外业成果进行综合分析，主要有如下地质结论。

(1) 隧址区位于青藏高原北东边缘的沙鲁里山脉北部山系雀儿山区，属高-最高山冰川地貌，区内涎流冰、崩塌、滑坡、泥石流、积雪、雪崩等不良地质作用发育。隧道进出口均位于古冰川遗迹之冰蚀"U"形槽谷与中更新世冰积层之侧碛垄斜坡交接部位，未见较大规模的滑坡、崩塌、泥石流等；主要不良地质作用为冰冻沼泽、积雪、涎流冰等。适宜修建隧道。

(2) 隧址区地质构造分属松潘-甘孜地槽褶皱系和三江地槽褶皱系，北西和北西西向构造线发育。隧址区内影响最大的断层为错坝活动性断裂(F_4)，如图 4-23 所示；该断层位于隧址区北东侧，为活动性断层，区域上全长 26km，断面走向 310°，倾向南西，倾角 76°～87°，为左旋走滑断裂；虽然该断层与隧道轴线不相交，但受区域构造以及 F_4 断裂影响，隧址区发育一系列次级和分支 NE 向断裂，与隧道大角度相交，其中较大的有 Fw1～Fw4，造成隧址区岩体较破碎。

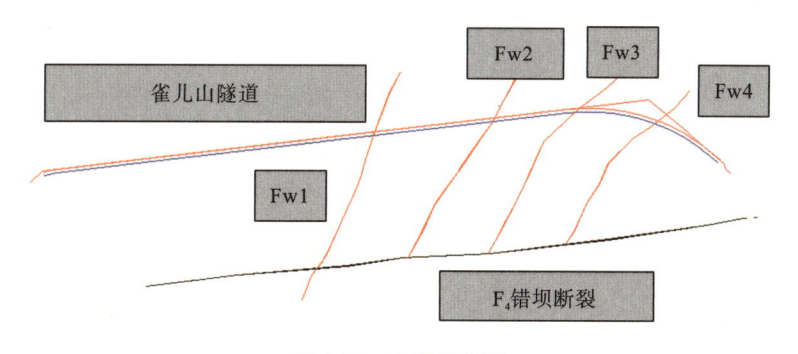

图 4-23　F_4 错坝断裂

(3) 根据《中国地震动参数区划图》(GB18306—2001)，隧址区地震动峰值加速度为 0.2g，地震动反应谱特征周期为 0.4s，对应地震基本烈度为Ⅷ度。

(4) 隧道围岩主要由燕山期花岗岩($\gamma\beta53^a$)组成，如图 4-24 所示，进出口为厚度较大的冰积块碎石土层。隧道围岩级别以Ⅲ、Ⅳ级为主，进出口段以及断层破碎带为 V 级围岩，隧道围岩级别划分见勘察报告及总剖面图。隧道进出口均为漂石土或碎石，透水性好，结构中密，隧道走向与地形线交角小于 45°，存在土体偏压，施工开挖易垮塌、滑动，需加强支护。

(5) 在 CK1 孔测试：地温值为 4.5～9.7℃，地温梯度每百米 1℃左右，洞体温度 9.7℃左右，最高温度约 15℃，考虑到局部地温梯度的差异，隧道最大埋深段的地温可达到 20℃，不存在热害影响。

(6) 根据《国道 G317 线雀儿山隧道放射性环境评价报告》，现场采集了隧址区岩石、钻孔岩芯、土壤共 20 组进行了测试，根据测试结果，隧道洞身及路线通过区材料的放射性核素限量均合格［依据《建筑材料放射性核素限量》(GB 6566—2002)］，花岗岩体材料的放射性问题对隧道建设无影响，隧道渣体和路线挖方材料均可用于工程建设。

(7) 隧道深埋段处于高应力-极高应力区，在 K344+510～K345+635 段以及 K343+000～K343+860 靠近山脊段中局部岩体完整部分有高地应力现象，可能发生轻微等岩爆，主要表现为开挖过程中的闷响、侧壁剥落、偏帮和小型岩块的弹射等。在施工中需要加强喷锚支护，加强侧壁和拱肩的稳定性。

(8) 在隧道进、出口段及断层破碎带附近，地下水发育，隧道穿越时，存在涌突水可能。主要涌突水位置为地下水，主要为松散岩类孔隙水及基岩裂隙水两大类型，具体涌突水位置见主洞地质纵断面图，初步预测正常涌水量为 7000～10000m³/d，施工阶段最大涌水量约为 25000m³/d。

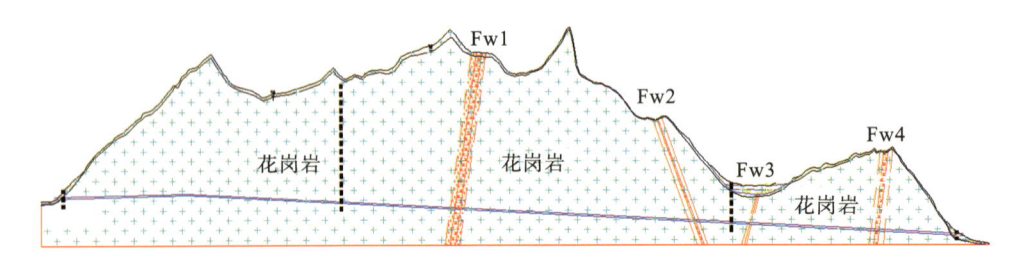

图 4-24 隧道围岩组成

第5章　雀儿山隧道方案研究

经过对川藏境内现有公路交通网的调研，考察了现有高海拔隧道公路网的处治方式，从投资规模、隧道运营条件、隧道工程对环境的影响程度以及政治经济等方面进行比较选择，并根据气象方案、隧道的综合地质情况，选择最终的推荐方案，确定了隧道的走廊带和隧址，并在此基础上，进行了轴线方案的确定，设计了隧道的救灾方案，且形成了总体设计方案，对隧道的总体建设情况进行规划设计。

5.1　隧道走廊带方案研究

1. 区域走廊研究

本区域地处青藏高原东部边缘沙鲁里山脉，川藏公路南线与北线之间是连绵不断的雀儿山(主峰海拔 6168m)、卓达纳山(主峰海拔 5694m)和海子山(主峰海拔 5833m)，构成金沙江与雅砻江的分水岭。

川藏公路北线是四川省通往西藏的重要公路，该公路甘孜—昌都段与国道 317 线共用，主要以甘孜、德格和西藏江达与昌都为主要控制点，沿途翻越雀儿山(公路垭口海拔 5050m)、矮拉山(公路垭口海拔 4245m)、雪齐拉(公路垭口海拔 4460m)和宗拉衣山口(公路垭口海拔 4481m)四座大山。由于地处青藏高原，高山峡谷纵横交错，气候恶劣，地形及地质条件复杂，现有公路技术等级低，地质病害多，致使该走廊现有公路通行能力低、交通状况差。若要改变交通运输现状，一是改造现有公路(如目前正在实施的四川省三州通县油路工程建设)或对高山垭口实施隧道方案；二是另辟走廊，尽量减少翻越高海拔山口和高海拔区公路长度。

经过对四川、西藏境内现有公路路网的调查了解，从昌都至与四川省交界处(岗托)的公路已经或即将进行改造，故选择甘孜—白玉—察雅走廊与雀儿山隧道走廊可定在四川省范围内进行比较即可。经过白玉的南走廊为甘孜—白玉—岗托走廊；经过雀儿山的北走廊为甘孜—雀儿山—岗托走廊，起点定为甘孜，终点定为岗托，具体详见"川藏公路北线甘孜至岗托段路线走廊地理位置图"。

南走廊白玉为主要的中间控制点。该走廊现有公路全长为 307km，由两条公路组成，即甘孜—白玉公路和白玉—岗托公路，其中甘孜—白玉公路起于距甘孜县城西约 5km 的国道 317 线 K747，止于白玉县，建成于 1975 年，全长 228km，岗托至白玉公路起于岗托，沿金沙江左岸顺流而下至白玉，属于等外公路，全长 79km。此两条公路现运行状况极差，冰冻、涎流冰、积雪、雪崩、泥石流和滑坡等不良地质病害严重。

走廊初选路线方案时，采用三级公路技术标准，计算行车速度 30km/h，双车道。如图 5-1 所示，在 1∶10 万地形图上拟订路线方案，经实地调查和现场调研，初步确定有 A、B、C 3 个方案可供选择。

图 5-1 走廊初选路线

A 线方案：路线起于距甘孜县城以西约 5km 的甘白路起点（国道 317 线 K747），利甘白路 23km 设隧道穿卓达纳山，此后基本利用甘白路经昌台、安孜至白玉，沿岗白公路至金沙江边沿江而上至岗托。全线设隧道一座，长度为 3000m，隧道洞口标高为 4400m，全线海拔 4000m 以上路段长约 105km，其中 4400～4600m 路段长约 23km，公路最高海拔约 4600m，位于章纳，可利用甘白路 160km 进行改扩建，新建 133km，路线全长 293km，该方案较原路线缩短里程 14km。

B 线方案：路线起于甘白路起点，利用 G317 线约 25km 至岔拉，沿打柯沟经怕鸟白母设玛察切隧道，经辽西至安孜与 A 方案相接。设隧道一座，长度为 5900m，洞口标高为 4400m，全线海拔 4000m 以上路段长约 32km，公路最高海拔约 4600m，位于格支玛，可利用 G317 线现有公路 25km 和甘白路 79km 进行改扩建，新建 157km，路线全长 261km，该方案较原路线缩短里程 46km。

C 线方案：路线起于甘白路起点，沿 B 线至怕鸟白母（BK43）后偏离 B 线，继续沿打柯沟向西北行至达郎松翻垭口，经色肤、赠科，沿赠曲经革学桥至金沙江边，沿岗托至白玉公路沿金沙江而上至岗托。路线最高处位于达郎松垭口，未考虑设隧道（如设隧道，进出口以海拔 4400m 计，隧道长度将达 10km 以上，仅能缩短里程约 12km；进出口以海拔 4500m 计，隧道长度将达 4km 以上，仅能缩短里程约 7km），全线海拔 4000m 以上路段长约50km，公路最高海拔约4580m，可利用G317线现有公路25km和岗白公路50km进行改扩建，新建141km，路线全长216km，较原路线缩短里程91km。

随着国道317线鹧鸪山隧道的建成，妥坝—岗托段三级油路的建成，"十一五"实施的昌都—那曲三级油路改建工程，雀儿山已成为阻碍国道317线成都—昌都—那曲保持常年畅通的唯一瓶颈。在与南走廊比较时，北走廊除雀儿山三道班至六道班地段需进行改造外，其他路段可直接利用国道317线，由于通线油路工程的实施，该路段基本达到三级公路标准，因此通过隧道工程的实施，可以认为从北走廊的里程可缩短20km左右，该方案路线全长209km，与南走廊工程规模的比较如表5-1所示。

表5-1 南、北走廊主要工程规模比较

方案	项目	原路长/km	新路长/km	改建/km	新建/km	隧道/m	线路高程>4000m路段/km	大滑坡/处
北走廊	IA方案	229	209	201	1.4	6830	30	—
南走廊	A线		293	160	133	3000	105	6
	B线	307	261	98	157	5900	32	6
	C线		216	75	141	—	50	1

通过表5-1可以看出：南走廊三方案中C线方案进程最短、地质病害相对较少，具有较为明显的优点，但C线方案将翻越4580m的公路垭口，所遇的雪害问题最为严重，公路的运营条件较差，确保公路畅通较为困难。

南走廊(甘孜—白玉—岗托走廊)与北走廊(甘孜—雀儿山—岗托走廊)相比较，可以得出北走廊具有以下优点。

(1) 投资规模小：工程主要集中在国道317线三道班至六道班路段，新建里程短，仅为12km(含隧道工程)，经过隧道方案可解决绝大多数的地质病害，打通该路段"瓶颈"问题，且不留后患，而南走廊的各方案新建里程均在130km以上，工程规模巨大。

(2) 运营条件好：实施隧道工程后，海拔4000m以上的路段和走廊路线均最短，路线的运营条件良好，既可解决该路段冬季交通管制，实现全年交通畅通，又可大大改善现有的行车条件和公路运输状况，避免灾难性交通事故的发生，而南走廊的各方案实施后仍遗留一些地质病害，确保公路畅通较为困难。

(3) 工程对环境的影响小：由于新建里程较小，且为隧道方案通过，对周边的植被等所产生的破坏相对较小，而南走廊的各方案新建里程长，对沿线自然环境的破坏相对较大。

(4) 政治及经济等方面：北走廊已经形成了一个政治、经济、文化和交通运输的较完善体系，走廊通过德格县，德格作为藏区三大文化中心之一，在康巴地区历史发展中，无论是在民族团结、政治稳定、国防建设方面还是在经济发展、文化进步方面都起着至关重要的作用，将德格作为川藏公路北线的重要控制点是必要的。而南走廊在政治、经济文化等方面的作用均弱于北走廊。

根据以上分析比较，可以认为甘孜—白玉—岗托走廊由于新建里程长、工程投资大、地质病害严重,在现有的经济、技术条件下实施难度较大,故选择甘孜—雀儿山—德格—岗托走廊作为甘孜至岗托段的国道 317 线的建设走廊是合理的。

2. 雀儿山走廊明线改造方案研究

由于国道 317 线的三道班至六道班段海拔高,地质病害、自然病害严重,是川藏北线的运输瓶颈,解决此瓶颈可采用新建隧道穿越雀儿山和整治雀儿山越岭段两个方案。整治雀儿山越岭段虽可在一定程度上降低地质病害的影响,但由于三道班至六道班段海拔均在 4200m 以上,垭口高程更是达到 5050m,雪害、冰冻等自然灾害不可避免,每年封路及交通管制时间达半年以上,因此,老路整治改建方案工程十分艰巨,投资大,且不能避免上述灾害,仍无法保障道路的畅通。所以该方案无比较价值,可予以舍弃。

从根本上解决上述问题的唯一方案即为修建隧道方案。

5.2 隧址方案研究

根据雀儿山区域(1/50000 和 1/10000)地形图纸上定线结果,提出了两个隧道越岭走廊共 9 个方案,经现场踏勘、不良地质调查和工程地质遥感解译,并会同甘孜州有关人员研究和论证,最终确定为 7 个隧道轴线方案。

Ⅰ走廊起点为雀儿山三道班(K859+568),各方案在六道班(K892+227)封闭,原路线长 32.659km,Ⅰ走廊各方案可在此范围内进行比较,从六道班至门查寺(K907+068)还有 14.841km 路线为Ⅰ走廊共同改建线路,在与Ⅱ走廊进行比较时,可将各方案起点定为雀儿山三道班(K859+568),终点定为门查寺(K907+068),原路线长 47.5km,要求无论新建还是改建线路达到三级公路标准(隧道为二级公路标准),各隧道方案如图 5-2 和图 5-3 所示。

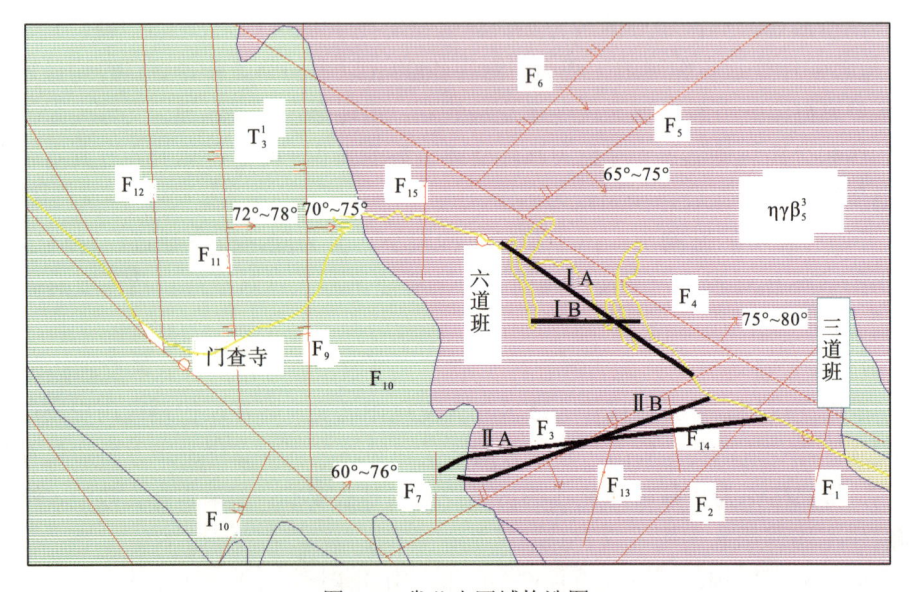

图 5-2 雀儿山区域构造图

第 5 章　雀儿山隧道方案研究

图 5-3　雀儿山轴线方案示意图

根据各方案气象、地质、隧道标高、隧道长度、营运里程、投资成本、运营条件及对原路线地质病害的解决程度等因素的综合比较和技术经济评价，由此确定可选择的方案和最终的推荐的方案，具体如表 5-2 所示。

表 5-2　影响雀儿山隧道方案的因素汇总

序号	内容	方案比较（好→差）	可否定的方案	可选择的方案
1	隧道地质条件	ⅠD＞ⅠB＝ⅠC＝ⅠE＝ⅠA＞ⅡB＞ⅡA	Ⅱ走廊	Ⅰ走廊
2	接线地质条件	ⅠA＞ⅠE＞ⅠC＞ⅠB＞ⅠD＞ⅡB＞ⅡA	Ⅱ走廊	Ⅰ走廊
3	路线改良情况	ⅡA＞ⅡB＞ⅠA＞ⅠE＞ⅠC＞ⅠB＞ⅠD	ⅠD	除ⅠD外
4	缩短里程情况	ⅠA＝ⅡA＞ⅡB＝ⅠE＞ⅠB＝ⅠC＞ⅠD	ⅠD	除ⅠD外
5	投资比较	ⅠD＞ⅠB＞ⅠC＞ⅠA＝ⅠE＞ⅡB＞ⅡA	Ⅱ走廊	Ⅰ走廊
6	隧道营运、管理费用	ⅠD＞ⅠB＞ⅠC＞ⅠA＝ⅠE＞ⅡB＞ⅡA	Ⅱ走廊	Ⅰ走廊
7	工程施工条件及工期	ⅠD＞ⅠB＞ⅠC＞ⅠE＞ⅠA＞ⅡB＞ⅡA	Ⅱ走廊	Ⅰ走廊
8	工程对环境的影响	Ⅰ走廊＞Ⅱ走廊	Ⅱ走廊	Ⅰ走廊
推荐走廊	Ⅰ走廊	可选择的方案	ⅠA、ⅠB、ⅠE	最优方案　ⅠA

综上所述，从地质、隧道高程、隧道长度、缩短里程、工程实施的条件、投资成本以及运营条件上综合比较，可得出以下结论。

1. 不推荐Ⅱ走廊的理由

(1) 工程投资巨大：工程投资高达 11.49 亿～16.76 亿元。

(2) 项目工期长：工期至少 7 年以上，不利于实现解决雀儿山地段早通、快通的需求。

(3) 运营成本高：新建的隧道里程和路线里程均较长，所需的隧道机电费用和路线的维护费用均较高。

(4) 工程实施困难：隧道方案出口进洞实施需新修建十几千米的施工便道，施工便道长、工程量大，进一步加长了本项目施工工期。

(5) 工程对环境的影响大：目前Ⅱ走廊的植被相对Ⅰ走廊好，由于新建路线和新建的施工便道对现有植被的破坏均较大，不利于环境保护的要求。

2. 不推荐ⅠD方案的理由

(1)隧道及路线的海拔高，隧道洞口标高4600m，隧道洞身的结构抗冻措施实施困难，机械及人员工作效率低。

(2)隧道方案实施后道路改良情况差，未避开"老一档"冻地地段，路面积雪在出口段厚度达4~5m，对其他不良地质病害的解决情况也较差，在隧道出口较长的地段属交通事故多发地带，未从根本上解决国道317线雀儿山地段交通"瓶颈"问题。

(3)在海拔4600m建立隧道管理所，环境十分恶劣，长驻于此的隧道管理人员工作与生活十分不便，管理难度大。

3. 不推荐ⅠC方案的理由

ⅠB方案和ⅠC方案相比较，ⅠC方案隧道长，工程施工投资和运营成本均高于ⅠB方案，而两方案对路线改良情况基本相似，两方案比较ⅠB方案优于ⅠC方案，可不推荐ⅠC方案，但在对不良地质病害的解决程度上ⅠB方案不如ⅠA方案和ⅠE方案，ⅠB方案可作下阶段的比较方案。

4. 不推荐ⅠB方案的理由

从表5-2可知，解决了部分不良地质病害问题，解决涎流冰34.3%、泥石流63.8%、积雪63.3%，在路线上避开了崩塌(雪崩)和冻土地段，但隧道出口段路线最大积雪深度可达2~4m，且仍存在4个回头弯道坡度陡、弯道急，需进行处治，在一定程度上给冬季行车带来安全隐患；但该方案较ⅠA方案造价低，施工工期也较短(预计工期为3年)，建议可作为比较方案在下阶段与ⅠA方案作同精度比较。

5. 不推荐ⅠE方案的理由

从表5-2可知，解决了部分不良地质病害问题，解决涎流冰58.5%、泥石流80.9%、积雪80.6%，避开了崩塌(雪崩)和冻土地段，该方案采用高架立交桥解决隧道出口段路线高原地区积雪、冰冻等特殊不良地质病害，从解决的程度上看不如ⅠA方案解决彻底；但该方案较ⅠA方案造价低，施工工期也较短(预计工期为4年)，建议作为比较方案在下阶段与ⅠA方案作同精度比较。

6. 推荐ⅠA方案的理由

(1)解决了大部分不良地质病害问题，据统计解决涎流冰69.8%、泥石流80.9%、积雪83.6%，避开了崩塌(雪崩)和冻土地段，最大限度地解决或避开了危及行车安全的原路不良地质病害。

(2)隧道及接线条件好，隧道岩石为花岗岩，避开了活动断层，隧道外接线短，路线上需解决的不良地质病害少，运营条件好。

(3)工程造价适中(8.95亿元)，工期也适中(5年)，隧道及路线海拔相对较低，施工条件好，施工期间与原路干扰最少。

(4)隧道及路线海拔相对最低，路线运行条件最好，并且隧道修建后，在隧道东西口

第 5 章 雀儿山隧道方案研究

设立隧道管理所，长驻于此的隧道管理人员工作与生活相对较为方便，管理条件好，能充分体现以人为本的理念。

7. 推荐方案工程概况

推荐方案（ⅠA 方案）起止点为雀儿山三道班至六道班，起点为国道 317 线雀儿山三道班（K859+568），将原路改建至 K863+568，跨错柯河（设一小桥），于 IAK4+800 进洞，隧道东口高程 4380m，隧道长 6830m，于张福林烈士墓附近（IAK11+530）出洞，隧道西口高程 4250m，跨章隆热沟（设一小桥），在雀儿山六道班（K892+227）接上老路，为方案止点，ⅠA 方案从三道班至六道班长 12.176km，与原线路 32.659km 比较缩短里程 20.483km。

5.3 轴线方案研究

根据前期研究，在雀儿山区域（1/50000）地形图纸上定线结果，本阶段对国道 317 线公路走廊（Ⅰ走廊）隧道方案进行了细化，在 1/10000 地形图上拟订 4 个隧道轴线方案。

1. 方案简述

承接本项目预可行性研究阶段成果，本阶段研究范围主要为国道 317 线雀儿山三道班（K859+568）至六道班（K891+618）地段，长约 32km 的雀儿山区。根据预可行性研究报告专家意见"重点围绕ⅠA 方案优化隧道轴线设计"，在隧道进口 4350～4400m 高程区域、出口 4250～4300m 高程区域，本阶段初步拟定了 A、B、C、D 4 个方案进行研究。无论新建还是改建，起点定在三道班即国道 317 线 K859+566，止点定在六道班即 K892+326 附近，道路标准引道为三级公路标准，隧道为二级公路标准。

综合现场踏勘、工程地质勘探、工程地质遥感解译及气象、施工等专题研究，拟定 D（推荐方案）、A、B、C 4 个方案，基本情况如表 5-3 所示。

表 5-3 雀儿山隧道各方案基本情况

比选项目	D 线	A 线	B 线	C 线
路线长度/km	12.441	12.30	13.692	13.148
隧道长度/m	7060	6905	7155	7435
连接线长度/km	5.381	5.395	6.537	5.713
隧道东口高程/m	4378.72	4378.56	4378.27	4376.57
隧道西口高程/m	4239.50	4240.12	4273.69	4216.25
较老路缩短里程/km	20.3	20.5	19.6	20.2

通过统计表和图纸平纵研究（图 5-4）：①B 线方案出口顺线国道 317 线，隧道内设曲线半径为 600m，且需要设桥两座，曲线使隧道增长、接线增长，施工场地布置与国道 317 线干扰较大。②C 线路线、隧道过长，使工程规模增加较多，通过统计表和图纸平纵研究，将 C 线方案经优化为 D 线方案。③本阶段 B 线、C 线方案仅作纸面比较，将 A 线、D 线作为同精度比较。

2. 方案综合比选

隧道各方案地形、地貌基本一致,工程地质、水文地质条件随隧道的长度、埋深的不同而有所差异。各方案隧道均为特长隧道,都要穿越较多的区域构造,地层岩性基本一致。因此本隧道方案比选的重点在于隧道规模,绕避 G317 线病害路段长度,绕避 G317 线小弯道、大纵坡长度等因素。

图 5-4　方案图

(1) 气象条件比较。

A、D 方案接线一致,隧道洞口标高及隧道轴线与风向的交角均基本一致,方案所绕避的雀儿山地段最为严重的气象灾害(如多年冻土、冰雪、高山缺氧等)是相同的,同时接线公路及隧道需要处理的气象灾害也是一致的。隧道施工期所采取的防冻融质量控制、严寒缺氧条件下制氧及设备要求是一致的,隧道运营期间要求的保温防冻结构型式、长度以及所需要配备的管理人员的生活疗养场地要求是一致的。总体而言,两方案的气象条件基本相同。

(2) 隧道地质情况比较。

①F_4 断层对隧道的影响:F_4 断层距离 A 线方案进出口分别为 1200m 和 410m,距 D 线方案进出口分别为 1200m 和 620m,由于 D 线在隧道出口段设了曲线,因此隧道洞身大部分均距离 F_4 断层较 A 方案更远,D 线方案具有明显优势。

②隧道围岩情况:通过地质勘察,A 线方案隧道 V、IV、III 级围岩分别占 9.2%、34.2% 和 56.6%,D 线方案隧道 V、IV、III 级围岩分别占 4.4%、35.4% 和 60.2%,D 线方案隧道围岩相对较优。

③进出口围岩稳定性:进口位置几乎一致,稳定性也较好;A 线出口覆盖层相对较厚,

对洞口稳定性影响也较大,需要进行处理方可保证隧道进洞安全,施工期对原路有一定干扰,D线方案出口洞口基岩裸露,施工场地较为开阔。相对而言,D线方案较优。

④隧道地应力的影响:A、D线隧道最大埋深分别为770m和700m,经推测A线隧道最大主应力较D线大4MPa,受地应力影响程度及段落A线均大于D线。相对而言,D线方案较优。

(3) 各隧道方案通风比较。

根据《公路隧道通风照明设计规范》(JTJ026.1-1999),虽然本路段交通量小,但隧道海拔高、特长隧道且为对向行车,隧道采用平导压入式通风。

风机数量:A方案和D方案隧道射流风机台数分别为44台和46台。

洞内风速:A方案隧道内风速近期约为2.9m/s、远期为3.6m/s,D方案隧道内风速近期为2.94m/s、远期为3.67m/s。

用电量:A方案和D方案隧道通风功率分别为1584kW和1652kW。

A、D方案通风方案基本相当。

(4) 各方案隧道机电设施设置比较。

按《高速公路隧道监控系统模式》(GB/T18567—2001)中的规定和计算方法,根据各方案隧道长度及路段交通量,计算出各隧道监控等级均为A级。

隧道机电设施:根据上述等级的确定,并结合相关隧道的设计经验,确定隧道机电设施主要有照明系统、通风系统、CO/VI检测器、交通监控系统、紧急呼叫系统、火灾报警系统、隧道管理站和变电所等。

隧道机电设施供配电方案及负荷统计如下。

①根据远景机电设施设置等级及设备选型,本路段隧道用电负荷统计如表5-4所示。

表5-4 隧道洞口变电所负荷统计(每个洞口一个变电所,共计两个)

隧道名称	长度/m	2034年(远景)用电总负荷/kVA			
		通风/kW	照明/kW	其他/kW	合计/kVA
雀儿山隧道A方案	6905	1590	150	300	2040
雀儿山隧道D方案	7060	1660	160	320	2140

②供配电方案。按隧道机电远景设置规模用电负荷统计,A、D隧道方案用电负荷均很大,除需在隧道两端设置10kV变电所,在隧道内需设置洞内变电所或埋地式变压器,容量为400~500kVA,变电所另设有柴油发电机和UPS作为自备电源。

(5) 工程规模比较。

A线方案路线总长12.30km,其中隧道长6905m;D线方案路线总长12.441km,较A线方案增加141m,其中隧道长7060m,较A方案增加155m,工程主要增加在隧道的建设规模上。通过本阶段估算,D线方案投资较A线方案高约400万元。总体而言,两方案的情况基本相当。

根据各方案隧道及路线长度、隧道及路线所需处理不良地质情况、隧道运营通风情况及机电工程的要求,各方案主要工程数量估算情况如表5-5所示。

表 5-5 雀儿山隧道工程主要工程数量估算情况

工程项目		单位	A 方案	D 方案
隧道长度		m	6905	7060
平导长度		m	6905	7060
连接线长度		km	5.395	5.381
路基工程	土方	m³	100618	96681
	石方	m³	49082	47864
	平均运距	m	100	100
挡防工程	M7.5 浆砌片石	m³	50237	54105
	C20 砼	m³	5565	6370
	沥青混凝土路面	m²	86990	88081
桥涵工程	小桥	m/座	48/3	48/3
	涵洞	m/道	306/22	306/22
	平面交叉	处	2	2
	征用土地	亩	211.80	211.85
隧道机电工程	高压外线	km	100	100
	照明灯具	套	1400	1500
	射流风机	台	54	56
	轴流风机	台	2	2
投资估算		万元	119451	119777

由表 5-5 可知，从工程投资上比较，D 线较 A 线高 326 万元，仅高 0.27%，即 A、D 线造价基本相当。

(6) 综合比选结论。

将影响方案的因素归纳汇总，由此确定可选择的方案和最终的推荐方案，具体如表 5-6 所示。

表 5-6 影响方案的因素汇总

序号	内容	方案比较(好→差)
1	隧道地质条件	D＞A
2	接线地质条件	D＞A
3	路线改良情况	D＞A
4	缩短里程情况	相当
5	工程规模及投资比较	相当
6	隧道营运、管理费用	相当
7	工程施工条件及工期	相当
8	工程对环境的影响	相当
9	气象条件	相当
10	通风方案及用电负荷	相当

综上所述，推荐 D 方案。具有以下特点：①顺接原路，连接线短，引道工程量小，且处于阳山坡，减少了对自然坡体的大规模挠动；②隧道洞身地质条件较好，F₄断层对隧道影响较小，洞身不良地质少；③绕过了雀儿山垭口冰雪灾害最严重的 20km 路段，缩短了 20.317km 的里程，将公路最高点海拔标高降至 4380m，降低约 700m；④绕避原越岭路段半径 16～20m 的弯道 13 处、纵坡 6%～14%的路段长 4843m，雪崩地段 3 处共 4700m、泥石流 6 处共 2220m；冻土、滑坡全部绕避；道路雪害（冰害）得到极大改善，冬季积雪厚度大于 1.5m 的路段减少了 21.9km。

5.4 轴线方案深化研究

影响轴线方案的因素主要包括气象、地质接线、投资等。气象因素：尽量减少积雪和冰冻对运营的影响，选择适当的隧道设计高程；地质因素：隧址区应避开大型不良地质，尽可能避开或大角度穿越断裂构造带，轴线方案从单一地层中穿过；接线条件：接线公路地质病害对行车影响最小；投资因素：投资小，维护费用低。

初步设计阶段在工况可研究基础上，拟定了 K 线和 A 线两个隧道轴线方案，K 线与上阶段 D 线相近，A 线接近上阶段 A 线，如图 5-5 所示。

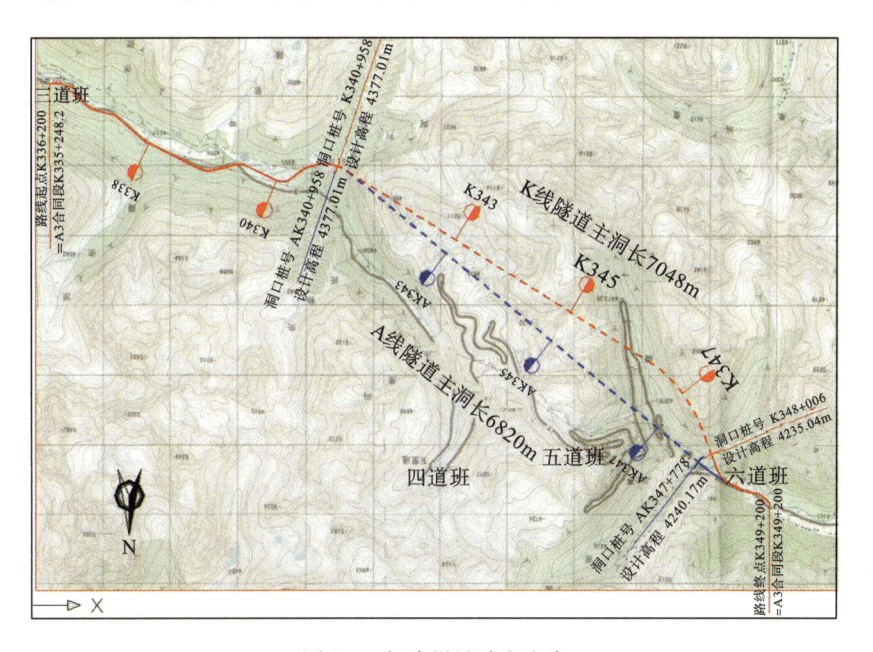

图 5-5 初步设计阶段方案

K 线方案长 12.995km，其中隧道主洞长 7048m，隧道东西引道长 5.947km。路线起自国道 317 线三道班，路线顺沟前进，K340+958 进洞，隧道东口高程 4377.01m，在隆降沟左侧 100m 左右 K348+006 出洞，隧道西口高程 4235.04m，于 K349+200 与 A3 合同段相接。隧道设平行导坑，平导与主洞线间距为 38m，平导长 7081m。隧道最大埋深 700m。

A线方案长12.818km,其中隧道主洞长6820m,隧道东西引道长5.998km。路线起自国道317线三道班,路线顺沟前进,隧道于AK340+958进洞,隧道东口高程4377.01m,在张福林烈士墓附近AK347+778出洞,隧道西口高程4240.17m,于K349+200与A3合同段相接。隧道设平行导坑,平导与主洞线间距为38m,平导长6825m,为本阶段比较方案,隧道最大埋深770m。

综合隧址区气象、地质及接线方案等对隧道方案进行了更深入、细化的研究和比较,所做的工作如下。

(1) 总体方案：由于本路段为国道317线海拔最高段,海拔均在4200m以上,路线纵坡控制在5%以内,且在隧道洞口附近控制在3%以内,总体线形得到了较大优化,更有利于该路段的行车安全。

(2) 气象研究：结合气象观测成果（气温、地温、风向）,对隧道进出口线形及方向进行了进一步优化,其中推荐方案（K线方案）出口与风向垂直,有效地避免了隧道风吹雪病害,图5-6所示为洞口风向示意。

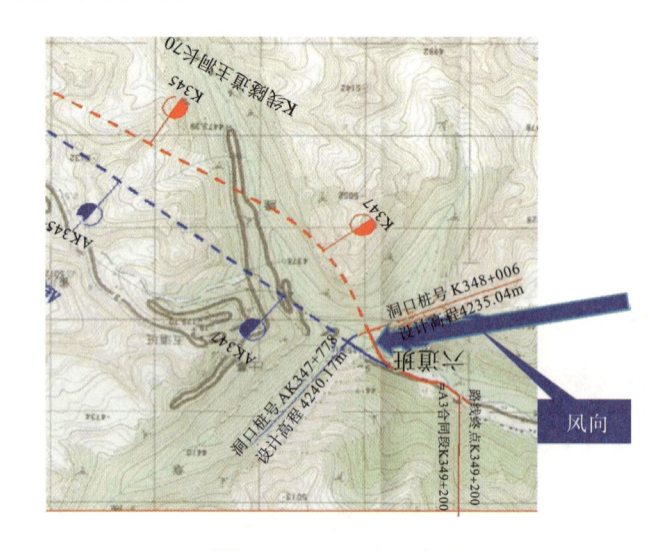

图5-6 洞口风向示意图

(3) 地质方面：通过综合地质勘察研究,结合前期所做的地质工作（地震安全性评价、地质勘察及其他专项测试）,进一步查明了隧道影响范围内地质构造（次级断裂）、地层岩性及类别（分段围岩级别及建议支护措施）、水文情况（施工涌突水的可能性及涌水量判定）,为方案比较提供了基础资料。

(4) 隧道纵面：在前期研究的基础上,结合气象研究成果,确定了隧道（含平导）保温设防形式及长度,同时对隧道纵面进行了进一步优化,主要体现在将原单向坡（进口段纵坡1.0%、长度610m）调整为人字坡（进口段纵坡1.0%、长度1102m）,更有利于提高原隧道洞口排水,减少隧道冻害。

(5) 方案比较：从气象、地质、经济以及施工等方面对推荐方案（K线）和比较方案（A线）进行比较,如表5-7所示。

表 5-7 影响方案的因素汇总

序号	比较内容	K 线方案	A 线方案	结果
1	气象(风向)	进口采取措施、出口垂直	进口采取措施、出口采取措施	K 线优
2	地质(围岩级别)	花岗岩(V、IV、III级各为 7%、60%、33%)	花岗岩(V、IV、III级各为 7%、75%、18%)	K 线优
3	施工干扰	进出口无干扰	进口无干扰、出口下穿国道,干扰大	K 线优
4	经济比较(估算)	隧道略长、地质略好、接线相当	隧道略短、地质略差、接线相当	相当
5	施工工期	4年隧道贯通、5年通车	4年隧道贯通、5年通车	相当
6	综合比较			K 线优

综合比较推荐 K 线。

5.5 隧道救灾方案

1. 概述

雀儿山隧道位于海拔 4200m 以上的高海拔、高寒地区,交通量较小,道路等级低,对于如此高海拔、低等级、恶劣环境条件下的特长公路隧道机电设施的设置,国内尚缺乏相应的设计规范,也没有实际的建设及运营经验可资借鉴,只能参考《高速公路隧道监控系统模式》(GB/T 18567—2010)中的一些要求和规定,参考国外的一些特长、低等级单洞隧道的经验,结合本隧道规模及等级,考虑其运营、救灾及管理方面的需要,设置必要的交通安全及机电设施。

本隧道 2033 年远景交通量为 3934 辆/日(小客车)。

2. 救灾方案及平导的设置

隧道机电设施的设置是以保证行车安全及舒适,并具有一定防灾救灾能力为目的,基于本工程的特殊性,拟订了以下 3 个方案。

★方案一:贯通车行平导

紧靠主隧道贯通设置车行平导(兼作轴流风机风道)。主隧道内设置较完备的机电设施,隧道采用单洞双向通行模式。发生火灾或交通事故时,司乘人员可及时报警,隧道管理人员经确认后及时按预定的救灾方案采取救援措施,洞内人员通过车行平导疏散。

(1)隧道机电设施设置。

①照明系统:主隧道设置营运照明及应急照明等,救灾平导设置足够照度水平的照明。

②通风系统:本方案采用分段式半横向通风方式,当主洞内污染空气浓度超标时,开启大功率轴流风机,通过车行平导及横洞(兼作通风道)向主隧道送风。同时,应通过隧道结构及风压调节等措施,确保在火灾情况下,主洞内火灾烟气不得进入车行平导,确保洞内人员通过车行平导疏散是安全的。

③消防和给水系统：洞内设置水消防及供水系统，配置便携式灭火器等。

④监控系统：以中控系统为核心，设置火灾报警、闭路电视、交通信号、照明和通风控制等完善的监控系统。

⑤供配电系统：在隧道洞口及隧道内按需要设置变电所，另设柴油发电机作为自备电源，对应急照明、监控系统等特别重要的负荷，采用 EPS、UPS 系统作为应急电源。

⑥安全设施：洞内外设置必要的标志、标线、轮廓标等，增强行车的引导及诱导性。

(2) 本方案的防灾救灾方案。

①在隧道营运过程中，通过隧道交通工程提供良好的照明、通风条件，并通过交通信号、标志、标线的引导，在隧道内提供良好的行车环境，尽可能降低灾害发生的概率。

②在发生灾害时，通过火灾报警、闭路电视等现场监控系统，及时发现、确认灾害发生的位置、规模及发展情况。通过交通信号、有线广播等设施引导背离灾害点行驶的车辆自行驶出隧道，脱离危险，使面向火灾点行驶的车辆靠右停车，人员在广播和避灾引导灯的引导下，逃离现场，通过就近的横洞到达车行平导避灾，自行或借助救援车辆逃到洞外。

③隧道管理人员及救灾车辆通过车行平导和横通道接近灾害发生点，进行灭火及救灾作业。

④本方案的优点：能提供良好的行车环境、保证自由的双向行车，一般火灾发生时，仅有少量财产损失，人员可以通过车行平导顺利逃生；隧道通风营运费用比全纵向射流通风方式低，通过远期和发展上看，具有较好的实用性。

⑤本方案的缺点：土建及机电一次性投入较大。

★方案二：不设置救灾平导

本方案主要考虑通过交通组织，在车流高峰期控制车辆以车队方式，按一定间距单向行驶通过隧道，把发生火灾和交通事故的概率降到最低。

(1) 隧道机电设施设置。

①安全设施：通过在洞内外设置尽可能完善的交通标志(如靠右行驶、保持车距、限速、严禁超车等)、标线及反光轮廓标(加密设置)。尽可能提高行车的诱导性，降低灾害发生的概率。

②照明系统：设置大致相当于应急照明水平的全洞照明。

③通风系统：根据隧道长度等因素计算确定通风所采用的风机型及风机台数。

④紧急电话系统：全洞设共线式紧急电话系统。

⑤避灾引导灯：按适当间距全洞设置。

⑥供配电系统：在隧道洞口及隧道内按需要设置变电所，另设柴油发电机作为自备电源。

(2) 本方案的防灾救灾方案。

①在正常营运时，在高峰期通过交通管制，使车辆在洞口排队，然后按车队方式以一定间距单向行驶通过隧道。在洞内交通标志、标线、轮廓标的引导和警示下安全有序地行驶，把发生灾害的概率降到最低。

②在火灾发生时,背离火灾点行驶的车辆自行脱离危险驶出洞外。洞外管理人员得到报警后,立即封闭洞口,禁止车辆驶入。洞内火灾点以后的车辆立即停车,在避灾引导灯引导下,人员弃车背向火灾点方向逃生。

③本方案的优点:土建及机电投资均较小,适用于灾害发生概率低、交通量较小的隧道,由于滞留在洞内的车辆和人员不多,相对损失不会很大。

④本方案的缺点:发生严重火灾时,救灾及逃生均较为困难,特别是火灾的发生可能引起隧道风向的改变,导致火灾上游方向的车辆损失无法避免、人员逃生困难,因此从理论上无法完全避免会有车辆、人员损失与伤亡,不符合以人为本的原则。

★方案三:贯通设置逃生人行平导

紧靠主隧道贯通设置逃生人行平导(供人员避灾逃生用,不能通行机动车辆)。主隧道内设置较完备的机电设施,隧道采用单洞双向通行模式。发生火灾或交通事故时,司乘人员可及时报警,隧道管理人员经确认后及时按预定的救灾方案采取救援措施,必要时洞内人员可通过逃生平导疏散。

(1)隧道机电设施设置。

①照明系统:主隧道设置营运照明及应急照明等,逃生平导设置足够照度水平的照明。

②通风系统:根据隧道长度等因素计算确定通风方式及风机台数,应通过隧道结构及风压调节等措施,确保在火灾情况下,主洞内火灾烟气不得进入逃生平导。

③消防和给水系统:洞内设置水消防及供水系统,配置便携式灭火器等。

④监控系统:以中央控制器为核心,设置火灾报警、闭路电视、交通信号、照明和通风控制等完善的监控系统。

⑤供配电系统:在隧道洞口及隧道内按需要设置变电所,另设柴油发电机作为自备电源,对应急照明、监控系统等特别重要的负荷设置在线式UPS供电。

⑥安全设施:洞内外设置必要的标志、标线、轮廓标等,增强行车的引导及诱导性。

(2)本方案的防灾救灾方案。

①在隧道营运过程中,通过提供良好的照明、通风条件,以及交通信号、标志、标线的引导,在隧道内提供良好的行车环境,尽可能降低灾害发生的概率。

②在发生灾害时,通过火灾报警、闭路电视等现场监控系统,可及时发现、确认灾害发生的位置、规模及发展情况。背离灾害点行驶的车辆自行驶出隧道,脱离危险。通过交通信号、有线广播等设施引导面向火灾点行驶的车辆,就地停车,人员在广播和避灾引导灯的引导下,逃离现场,通过就近的行人横通道到达逃生平导,在避灾引导灯的引导下,逃出洞外。

③隧道管理人员及救灾车辆通过主隧道接近灾害发生点(火灾时应从上风端),进行灭火及救灾作业。

(3)本方案的优点。

能提供良好的行车环境,保证自由的双向行车,一般火灾发生时,仅损失少量车辆,人员基本可以逃生。

(4)本方案的缺点。

机电投资较大,土建投资介于方案一与方案二之间,由于隧道通风采用全纵向射流通风方式，机电营运费用比方案一高，隧道管理难度大，在经济文化水平较低、专业技术人员缺乏的地方采用，其适应性较差。

★推荐方案：贯通车行平导方案

鉴于本隧道属于长度达到 7000m 的特长隧道，一旦发生火灾，灾害将十分严重，隧道范围内人员逃生及救灾均较为困难，加上为单洞双向行车隧道，发生交通事故的概率也将增大，本着以人为本的设计理念，采用贯通设置车行平导为救援通道(方案一)作为推荐方案是合适的，因为如果隧道内发生交通事故，救援车辆和人员可迅速通过车行平导到达出事地点实施救灾，可提高隧道的防灾救灾能力。另外，采用车行平导兼作轴流风机风道通风方式，与全纵向射流通风方式相比较，可大大降低隧道营运通风费用，减低隧道管理难度；参照已建成的二郎山隧道、鹧鸪山隧道及相应条件下的国内外其他公路隧道通风与救灾特点，采用主隧道加设车行平导(兼作通风风道和救援通道)是单洞双向行车隧道主要结构形式。故利用紧靠主隧道贯通设置车行平导结构形式作为隧道通风与救灾推荐方案。

5.6 总体设计

1. 雀儿山隧道平纵面设计

本项目以隧道工程为主，平纵方案主要由隧道方案控制。施工图阶段对平面、纵面进行了局部调整。最终确定：路线全长 12.997km，其中隧道长 7079m，通风救援平导长 7108m，隧道进口海拔 4373m，出口海拔 4232m。

雀儿山隧道为单洞对向行车隧道，平面总体布置为主洞+平导的模式，主洞与平导轴线大致平行，两者中线距离为 33m，如表 5-8 所示。

表 5-8 隧道平纵指标

隧道名称		隧道长度/m	平曲线半径/m	线间距/m	设计纵坡及坡长/(%/m)
雀儿山	主洞	7079	R=600/∞/2000/∞	33	+0.67%/1353；−2.60%/5726
	平导	7108	R=300/∞/2000/∞		+0.63%/1342；−2.585%/5766

2. 雀儿山隧道停车带及横通道

由于雀儿山隧道具有严寒缺氧的特点，设计阶段优化了车行横通道及人行横通道，使得火灾工况下行车组织更合理、人员逃生更便捷。

(1) 车行横通道。

初设：车行横通道垂直主洞与平导，如图 5-7 所示。

施设：车行横通道与主洞布置为"八"字形，如图 5-8 所示，利于车辆转弯导向，救援逃生工况下易于组织行车，提高救援效率，如图 5-9 所示。

(2) 人行横通道。

雀儿山隧道采用"三人一车"模式布置车人行横通道，即 2 处车行横通道之间布置 3

处人行横通道，减少了人行横通道的间距，缩短了高原缺氧环境下逃生人员的救援距离，体现"以人为本"的设计理念。

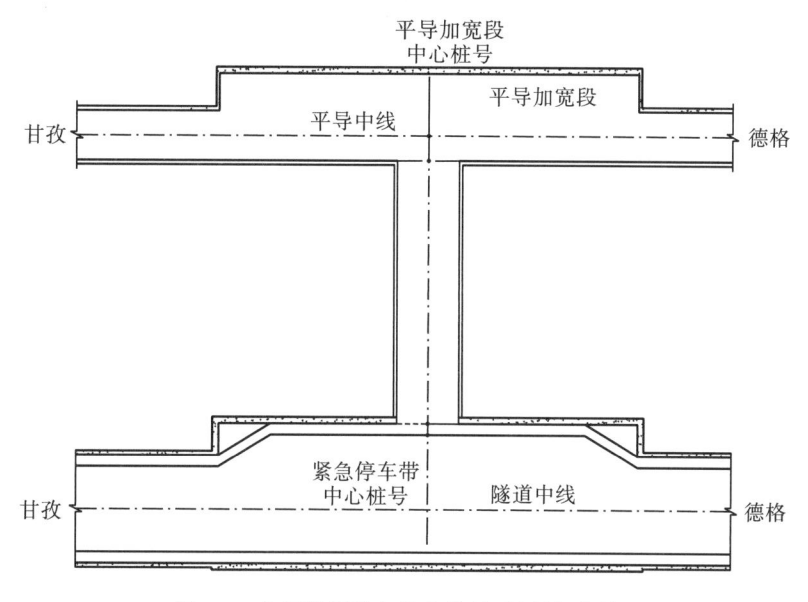

图 5-7 车行横通道与停车带关系图(优化前)

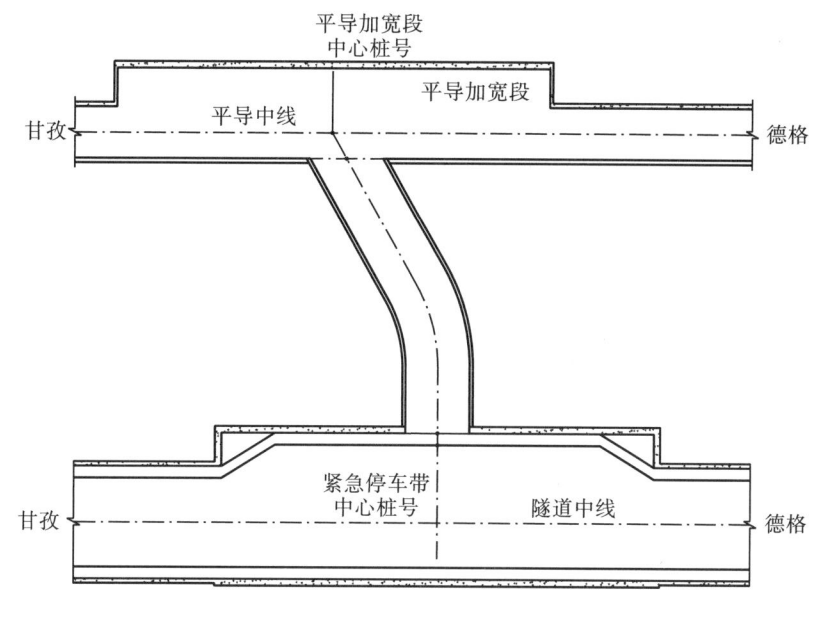

图 5-8 车行横通道与停车带关系图(优化后)

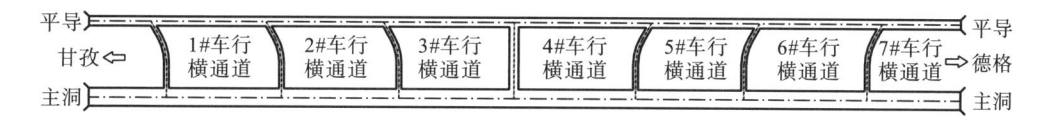

图 5-9 车行横通道平面示意图

3. 隧道建筑限界及衬砌内轮廓设计

(1)优化隧道建筑限界，提高行车安全性。

原设计雀儿山隧道主洞采用设计速度为 40km/h 的二级公路标准，根据《公路工程技术标准》(JTG B01)的规定，隧道建筑限界为 9.0m×5.0m，余宽为 0.25m、侧向宽度为 0.25m、人行道为 0.75m、电缆槽宽度为 0.65m，原设计隧道建筑限界如图5-10 所示。

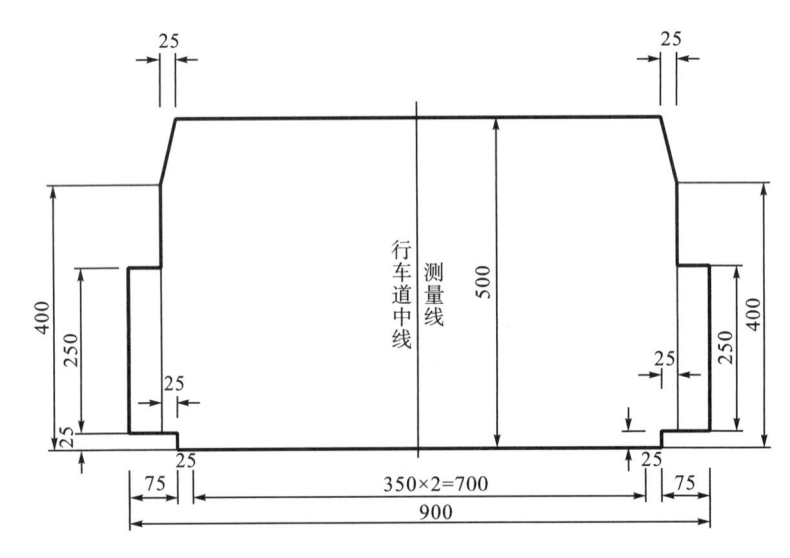

图 5-10 原设计隧道建筑限界(单位：cm)

由于本项目地处高海拔地区，人烟稀少，且隧道内含氧量低，可不考虑洞内行人，根据《公路隧道设计规范》(JTG D70)的规定，隧道建筑限界可不考虑余宽(即 $C=0$)，将侧向宽度调整为 0.5m、电缆槽宽度调整为 0.5m(满足隧道机电要求)，优化后的隧道建筑限界如图 5-11 所示。

经优化后隧道内轮廓和初步设计隧道内轮廓完全一致，但增加了行车道宽度，提高了行车安全性，其行车宽度+侧向宽度满足运行速度为60km/h 的行车要求。

(2)隧道主洞衬砌内轮廓。

根据隧道建筑限界要求、隧道路面、电缆沟、排水沟、隧道通风需要以及机电设施等所需空间尺寸、衬砌结构的受力形式等因素确定隧道主洞衬砌断面内轮廓。

隧道洞身段内轮廓拟定为拱高 705cm，上半圆半径为 480cm 的三心圆曲边墙结构，其净空面积(含仰拱)为 69.72m^2，周长(含仰拱)为 30.31m，如图 5-12 所示。

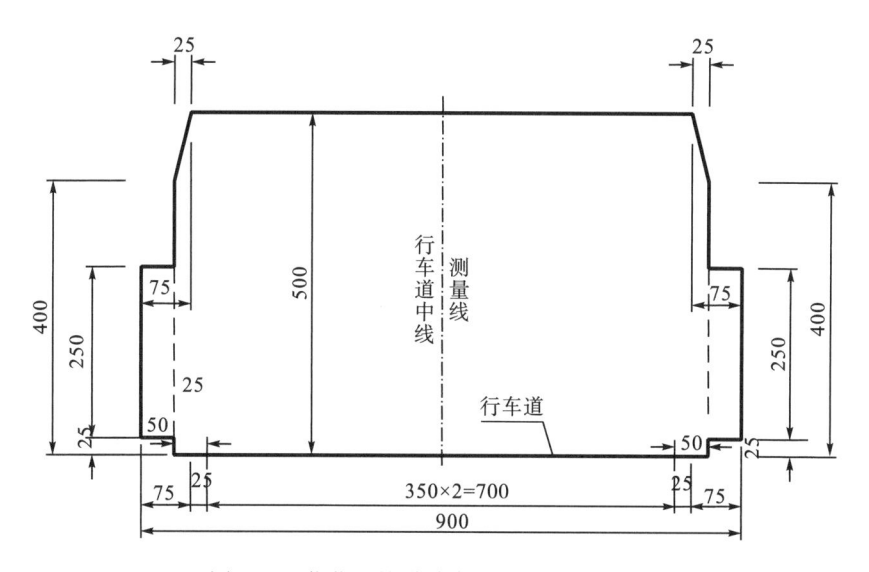

图 5-11 优化后的隧道建筑限界(单位：cm)

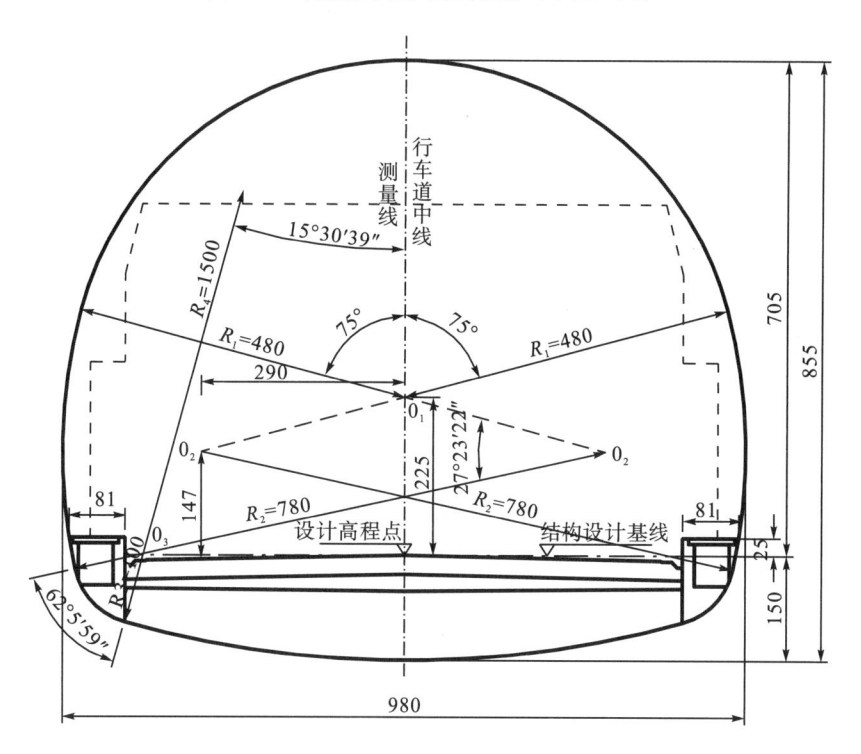

图 5-12 主洞内轮廓设计图(带仰拱)(单位：cm)

(3)平导内轮廓。

隧道平导内轮廓拟定为拱圈半径为 2.35m 及侧墙半径为 7.5m 的三心圆曲边墙结构，如图 5-13 所示。

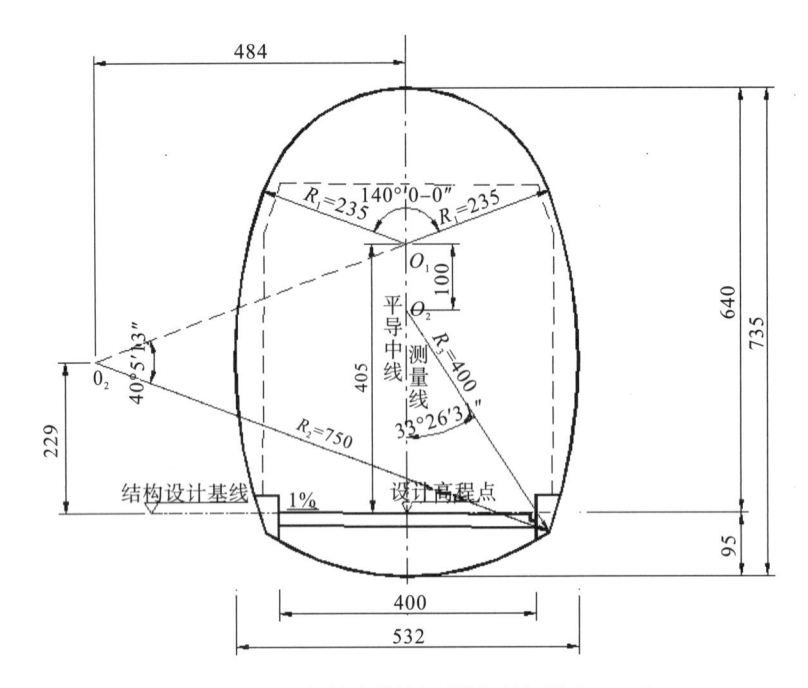

图 5-13　平导内轮廓设计图(带仰拱)(单位：cm)

第 6 章 雀儿山隧道土建设计

在隧道总体设计的基础上进行了雀儿山隧道的土建设计，土建设计涉及隧道的洞口设计、隧道的抗防冻设计、隧道内人员的安全保障设计以及遇到不良地质情况的处治方案，从各个方面结合雀儿山隧道当地的地质情况和高寒天气因素，设计隧道土建施工方案，为进一步的施工奠定基础。

6.1 隧道洞口设计

1. 设计理念和原则

隧道地处藏族聚居区，位于康巴文化的中心区，隧道洞口位置确定遵循"早进晚出"的原则，尽量减少洞口边仰坡开挖高度，同时兼顾洞口地形、地质条件等综合因素，选用经济、美观、和谐、自然并有利于行车视线诱导的洞门形式，同时又能反映藏族及康巴文化的文化特征。洞口建筑的设计既遵循了安全、经济、和谐、自然和人文的理念，又充分体现了简洁环保的理念。

2. 洞口土建设计

雀儿山隧道洞口施工前后变化如图 6-1～图 6-4 所示。
（1）甘孜端洞口施工前与施工中的情况如图 6-1 和图 6-2 所示。

图 6-1　甘孜端洞口施工前　　　　　图 6-2　甘孜端洞口施工中

（2）德格端洞口施工前与施工中的情况如图 6-3 和图 6-4 所示。
（3）洞门墙工程。

根据隧道洞口地形、地质条件，雀儿山隧道采用端墙式洞门结构，明洞拱背依次回蛭石混凝土、填土石、黏土隔水层等。雀儿山洞门墙工程已完成，实施情况如图 6-5 和图 6-6 所示。

图 6-3　德格端洞口施工前　　　　　图 6-4　德格端洞口施工中

图 6-5　甘孜端洞门墙　　　　　　　图 6-6　德格端洞门墙

3. 洞口景观设计

（1）甘孜端洞口。

川藏公路自古有"南线看风景，北线看人文"的说法，川藏公路北线沿途经过了有"四德十善"之称的德格县，其康巴文化底蕴厚重，是充满神秘与传奇的高原圣地。洞门景观结合洞口停车服务区景观综合考虑，打造以康巴文化为主题的洞门景观。

洞口景观包括洞门墙、停车区，甘孜端洞口浮雕总体反映以康巴文化为主题的洞门景观，停车区分为停车位、群雕区、展板区，洞口展板反映"德格旅游简介""岭国文化格萨尔王""德格印经院""茶马古道""南派藏医"等文化。

（2）德格端洞口。

中国人民解放军第 18 军在解放初期"一面进军，一面修路"，用铁锤、钢钎、铁锹和镐头劈开悬崖峭壁，降伏险川大河，川藏公路北线的建设历史在雪域高原上留下了悲壮而隽永的故事。

在洞口景观装饰上，从能应对该地区特殊的气候因素与地理位置的工艺考虑，景观效果能直观体现主题，再现当年 18 军"解放藏区、建设藏区"的壮举，打造以 18 军建设川藏公路的红色文化为主题的洞门景观，该端口景观主要通过简单大气的城墙式风格设计，从视觉上体现隧道的稳重性和红色文化。

洞口景观包括洞门墙、停车区，德格端洞口反映 18 军建设川藏公路的红色文化，停车区分为停车位、群雕区、展板区，洞口展板反映"川藏文化""十万大军筑天路""十八军窑洞群遗址""峥嵘岁月"等文化,如图 6-7 和图 6-8 所示。

图 6-7　甘孜端洞口景观　　　　　图 6-8　德格端洞口景观

6.2　隧道抗防冻设计

1. 气象条件

雀儿山隧道隧址区属典型的高原山岭高寒气候。热量条件不足,气候寒冷,气温年差较小,日差较大;日照充足,太阳辐射强烈,降水集中,干湿季节分明,气候垂直分带明显,山顶与河沟谷中温差大;而且海拔越高气温越低,积雪及结冰日期越长,积雪厚度越大,气象条件越恶劣。隧址区最大冻土深度为 143cm,出现在 3 月,最冷月平均气温为 −9.5℃,隧道防冻是本隧道的设计重点。

2. 保温防冻技术

冻胀是产生冻害的前提,但并非所有冻胀都导致冻害。从对冻胀是否容忍的角度,工程措施上可分为防冻技术和抗冻技术两类,综合称为抗防冻技术(图 6-9)。温度、水文和围岩条件是隧道冻害产生的基本三要素,隧道防冻技术措施主要针对这三要素来消除或减小冻胀程度,进而解决隧道的冻害问题。温度要素的防冻技术措施主要有设置保温层、采用电加热和设置保温出水口等;水文要素的防冻技术措施主要有采用深埋排水沟和防寒泄水洞;围岩要素的防冻技术措施主要有围岩注浆。抗冻技术主要是对可容忍的冻胀,依赖结构本身的抗力抵抗产生的冻胀力,主要措施有抗冻衬砌、单层衬砌和离壁衬砌等。抗防冻技术措施的采用上，一般是根据隧址区具体的温度环境、水文和围岩条件综合采取多种措施来解决隧道冻害。

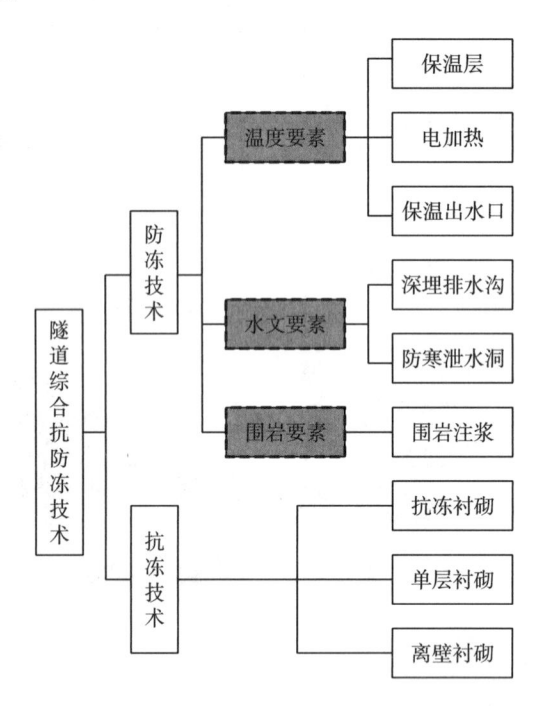

图 6-9 隧道综合抗防冻技术措施总览

保温防冻是指在衬砌表面或初期支护与二次衬砌之间敷设保温材料，利用保温材料尽量减小围岩中的热量放出或者是外部热量的侵入，借以保持隧道衬砌背后围岩的原有冻结或融化状态，不发生冻融循环。不同的冻土地层中设置保温层的作用和目的有所不同。

(1)对于多年冻土地区隧道，要求在暖季时，防止围岩中的冻土发生融化，保持围岩的原有冻结状态，避免围岩产生热融塌陷。这种情况下设置保温层，能够减小隧道内的热空气与围岩中冻土层的热量交换，即俗称的"保冷"。

(2)对于季节性冻土地区隧道，则要求在寒季时，保温层能够阻碍隧道内的冷空气与围岩空气进行交换，保持围岩原有未冻状态，防止隧道背后的或围岩中的水产生冻融循环，避免衬砌结构遭受冻胀压力的附加荷载。这种情况设置保温层，其设置目的为俗称的"保暖"。

保温防冻技术在我国寒区隧道的修建中，得到了较好的应用，铁路隧道如昆仑山隧道、风火山隧道等，公路隧道如大坂山隧道、鹧鸪山隧道等。

对保温防冻技术，重点需要确定保温设防段长度、保温材料选择以及保温层厚度设置等关键技术要点。

3. 衬砌结构保温设计

依托本项目的科研课题(高海拔地区复杂地质条件下公路隧道设计与施工技术研究)，优化保温防冻系统，同时通过工程类比法、查表法及《隧道设计手册》等手段综合比选论证，使隧道防冻设计更加合理。

通过比选论证，结合《铁路工程技术手册(隧道)》的保温水沟设置长度，综合考虑了黑川希范公式计算值、隧道通风和地下水流速影响，并以鹧鸪山隧道、昆仑山隧道和风火山隧道的保温设防段长度加以校对，确定隧道洞口保温段长度(主洞850m、平导1050m)、设置方式(保温层敷设方式采用贴壁式)及中央排水系统的埋置形式(洞口500m范围内埋置于冻土深度之下，路面下2.4m)。隧道采用以聚酚醛为主要成分的保温材料，计算确定隧道洞口段采用5cm厚的保温材料进行保温设防(图6-10和图6-11)。

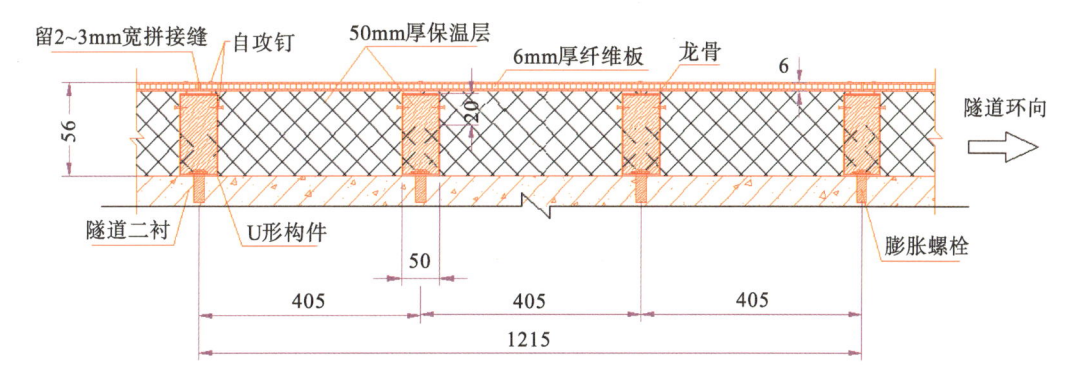

图6-10 纤维增强板及保温板材安装示意图(单位：mm)

图6-11 保温板

4. 结构抗冻措施

对洞口地下水丰富的段落采用周边注浆处治,设计图如图 6-12 所示,加固围岩的同时封堵地下水向隧道周围渗透的路径;主洞及平导洞口保温防冻段(主洞 850m、平导 1050m)拱圈二衬中掺加纤维素纤维提高混凝土的抗开裂和抗渗性能(纤维素纤维的标准掺量为 0.9kg/m³ 混凝土)。

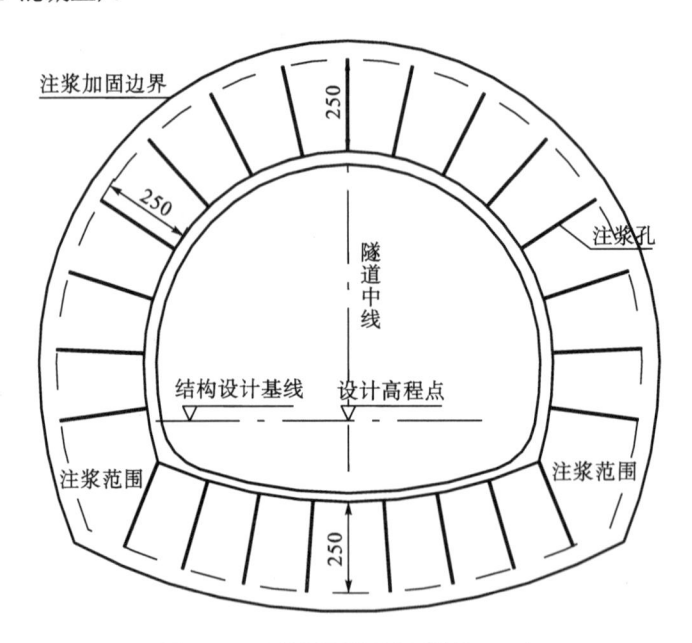

图 6-12 注浆断面设计图(单位:cm)

5. 防排水系统设计

(1)设置深埋水沟。

根据《铁路工程设计技术手册》(隧道),保温水沟适用于寒冷地区,最冷月平均气温在-10～-15℃之间,黏性土的冻结深度在 1.0～1.5m 范围内,在两端洞口 150～400m 范围内设置保温水沟。

雀儿山隧道洞口保温设防段(洞口 500m)设置深埋中央排水管(埋于仰拱下方),保证管内水面低于最大冻深线,并加密设置墙背环向和隧底横向排水管,管内水通过保温出水口排泄至地表,如图 6-13 所示。

(2)加强洞口段防排水。

主洞及平导洞口保温防冻段加密洞口段墙背环向 ϕ50HDPE 单壁打孔波纹管,增加衬砌背后排水通道,洞口段设置较大纵坡,增加排水效率,防止隧道周围地下水冻结淤积;采用背贴式、中埋式止水带处理接缝,如图 6-14 所示。

第 6 章 雀儿山隧道土建设计

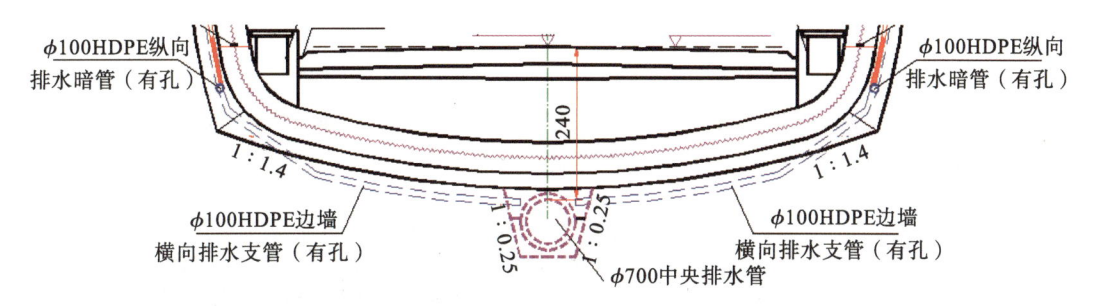

图 6-13 洞口段深埋水沟示意图(单位：mm)

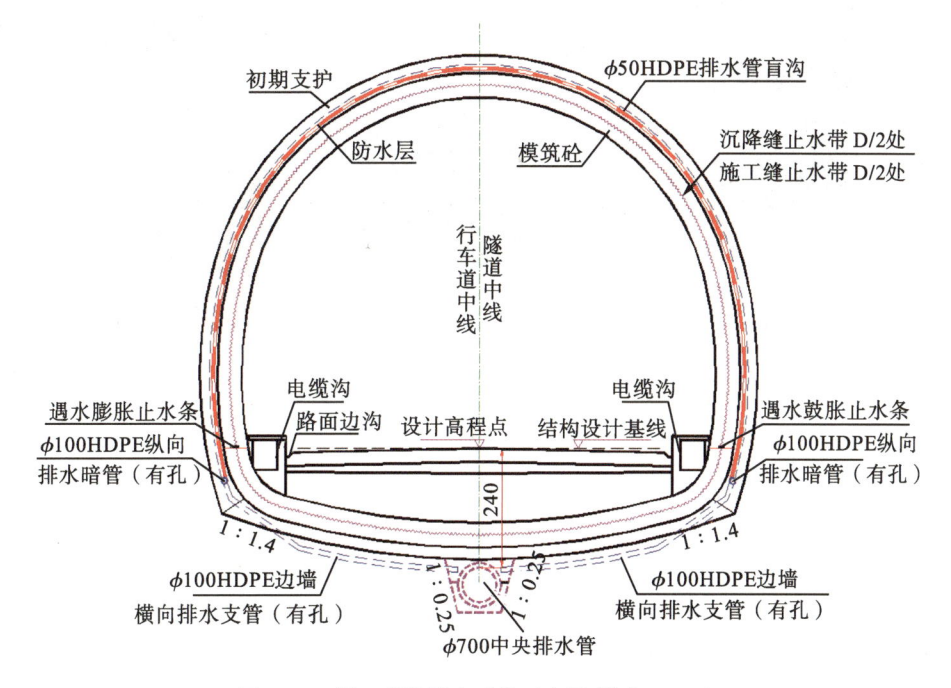

图 6-14 洞口段防排水系统示意图(单位：mm)

(3)洞外保温出水口。

隧道进出口设置保温出水口，如图 6-15 所示。

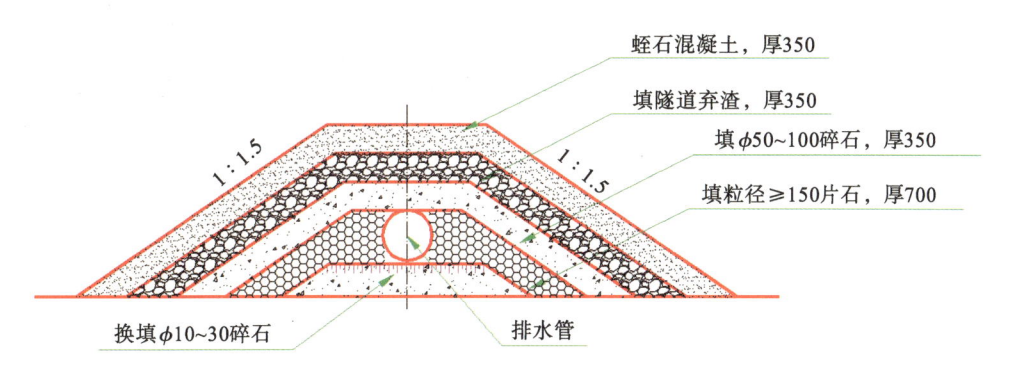

图 6-15 保温出水口示意图(单位：mm)

6. 防雪棚

主洞两洞口外路基各设置防雪棚一处，以保障车辆进、出洞安全。防雪棚采用独立扩大基础，型钢支架，上覆半透明玻璃钢材料，兼有防雪和遮光的效果(图6-16)。

图6-16 洞口防雪棚

7. 路面加热设计

利用隧道出口端洞口附近的温泉热能，消除了隧道洞口段的冰雪灾害，确保冬季运营安全。管道直径2cm，每幅宽度4m，长度5m，管道间距40cm，管道埋深12cm。通过试验和现场工程实施，起到了良好效果(图6-17)。

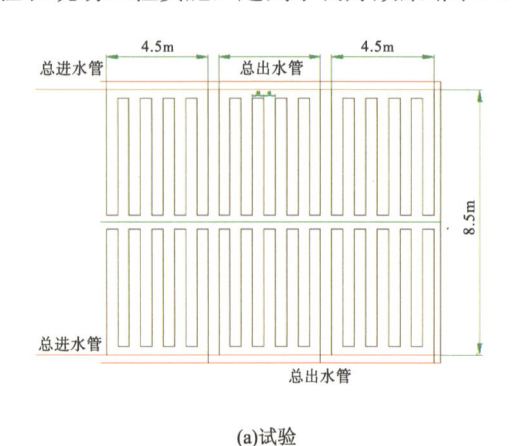

(a)试验　　　　　　　　　　　　　(b)现场施工

图6-17 利用温泉热能消除路面冰雪灾害

6.3 人员安全保障设计

雀儿山隧道地处高海拔严寒地区，气压和含氧量低，这不仅对施工人员的健康、生命安全、工作效率带来极大的影响，同样，对隧道施工机械性能也产生较大的影响，作业人员和施工机械的效率均会大大降低，加之高海拔严寒地区特有的不良地质病害，要在高海拔严寒条件下实现长大隧道的快速施工将异常困难。隧道洞内海拔达4250～4380mm，施工人员长期处于低气压、低含氧量的环境中，为保证其身体健康，预防、治疗相关高原病，人员生活区及洞内工作区进行劳动保护，最大限度地减少高寒缺氧等不良因素给施工人员带来不良影响，实现"以人为本"和"均衡高效施工"的建设理念。

1. 制氧系统

施工期间采用变压吸附(Pressure Swing Adsorption，PSA)人工呼吸系统对隧道施工工作面、工作区、生活区进行全面供氧的施工保障方案，确保隧道施工人员的生命安全，同时提高施工功效(图6-18和图6-19)。

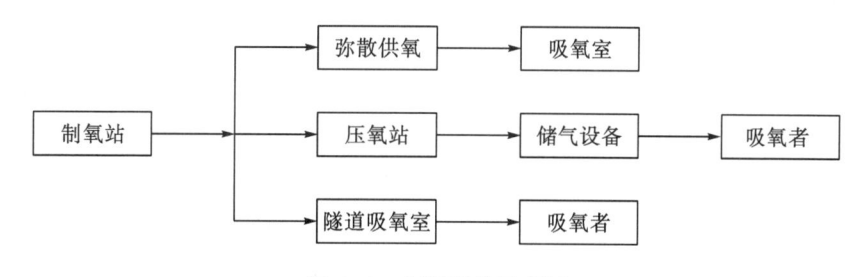

图6-18 制氧系统示意图

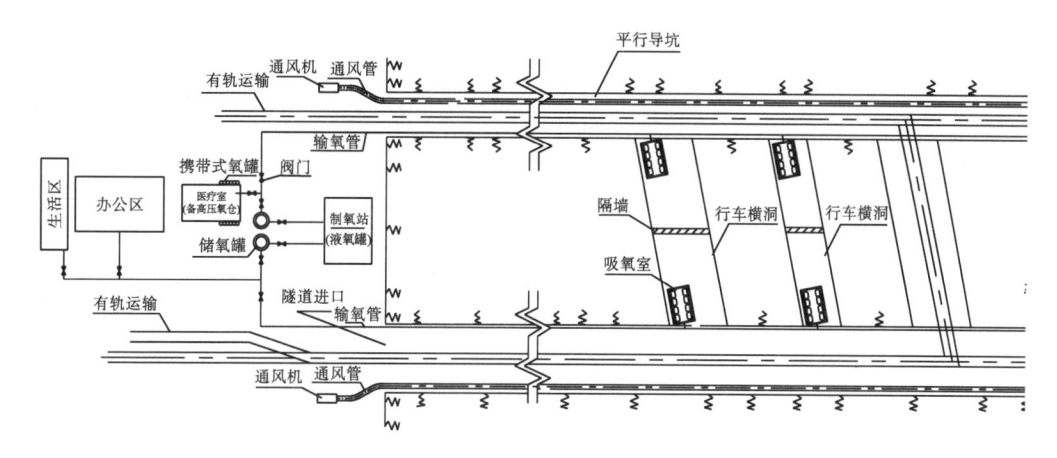

图6-19 隧道制氧供氧系统示意图

(1)洞内工作区供氧。

隧道内采用以吸氧车与个人背负氧气呼吸器相结合为主的供氧方式；并辅之以在掌子面(在有限的时间——如钻孔时)、衬砌台车就位找正时，以及在办公生活区(含宿舍等室内)弥散式供氧来提高供氧效果,更加全面、有效地保证施工现场人员和所有参建人员的身体健康和生命安全,从而提高工作效率。

车行横通道内设置吸氧车或吸氧室供施工人员临时吸氧;有条件时,施工人员可背负氧气呼吸器满足个人吸氧;隧道掌子面采用弥散式供氧(钻孔、衬砌台车就位找正),通过管道不断地向掌子面输送,使掌子面一定范围内充满含氧量较高的空气,实现局部富氧,保障掌子面空气中氧气浓度达到正常人体呼吸需要的浓度。

(2)洞外工作与生活供氧。

在办公室内可采用室内弥散式供氧方法(实现局部富氧)进行供氧,对参建人员的办公区、生活区的室内等场所配备弥散式供氧设施及供氧是非常必要的,以防止意外情况的发生,充分保证生命健康。在相应的工作场所及医疗站须建立必要的吸氧室或高压氧仓。

(3)PSA车载供氧。

供氧系统为车载PSA供氧系统,通过PSA-O_2制氧设备充满氧气储罐(压力≥0.5MPa,氧浓度93%)供给医院和高压氧仓使用,可连续使用2小时左右,汽车上可备两套氧气储罐及多套呼吸器,如有危急病人,可及时把病人输送到低海拔区,避免在运送途中因缺氧引发生命危险。

2. 医疗保障

隧道进出口端设置医疗站,配备医护人员,对施工人员进行定期体检,同时应对施工期间突发的高原反应等疾病,保障施工人员的生命健康。

6.4 不良地质处治设计

1. 岩爆及对策

结合地形及地下水发育特征,隧道花岗岩体Rc=42~104.8MPa,一般情况下Rc<80MPa发生岩爆的可能性不大,并且隧道穿越两侧均有深切冲沟影响,对隧址区地应力会有减弱调整作用,因此在K344+510~K345+635段中局部岩体完整部分有高地应力现象,可能发生轻微至中等岩爆,主要表现为开挖过程中的闷响、侧壁剥落、偏帮和小型岩块的弹射等。

针对雀儿山隧道的工程地质、水文地质条件,岩爆的防治措施如表6-1所示。据实际情况考虑采用分步开挖或超前小导坑、超前松动爆破和超前应力释放孔等方式;加强光面爆破效果,减少开挖轮廓周边的应力集中;反复找顶,洞壁洒水冲洗;岩爆活跃期待避,加强照明和个体防护、设备防护。设计措施:全断面施设钢筋网片及锚杆,使锚喷支护密贴围岩或深入到岩体内部,利用围岩及支护的共同变形释放应力。

表 6-1　岩爆防治措施

防治措施		弱岩爆	中等岩爆
施工措施	分步开挖或小导坑超前		√
	光面爆破、短进尺	√	√
	超前应力释放孔		√
	超前松动爆破		
	反复找顶	√	√
	洞壁洒水冲洗	√	√
其他措施	岩爆活跃期待避		√
	个体防护、设备防护	√	√
	加强照明	√	√

2. 涌突水及对策

经地质勘探评价，雀儿山隧道次级断层破碎带地段地下水发育，可能产生涌突水，设计上考虑的措施如下。

(1) 熟悉工程地质勘察报告，了解雀儿山隧道的地质勘察结论，把握勘察报告所预测的可能涌突水地段，初步掌握洞内可能的涌突水位置。

(2) 施工时根据隧道掌子面的地质情况，采用 TSP、瞬变电磁仪法、超前钻孔等方法对前方进行地质预报。

(3) 根据各探孔的探测和出水情况，综合判定是否进行提前预注浆堵水及采用的堵水方式。

(4) 预注浆方案，当预测前方储水量较大且水压较高时，可进行洞内周边深孔预注浆提高围岩的强度和降低其渗透系数，预防灾害性突泥涌水的发生并保护地下水环境，如图 6-20 所示。

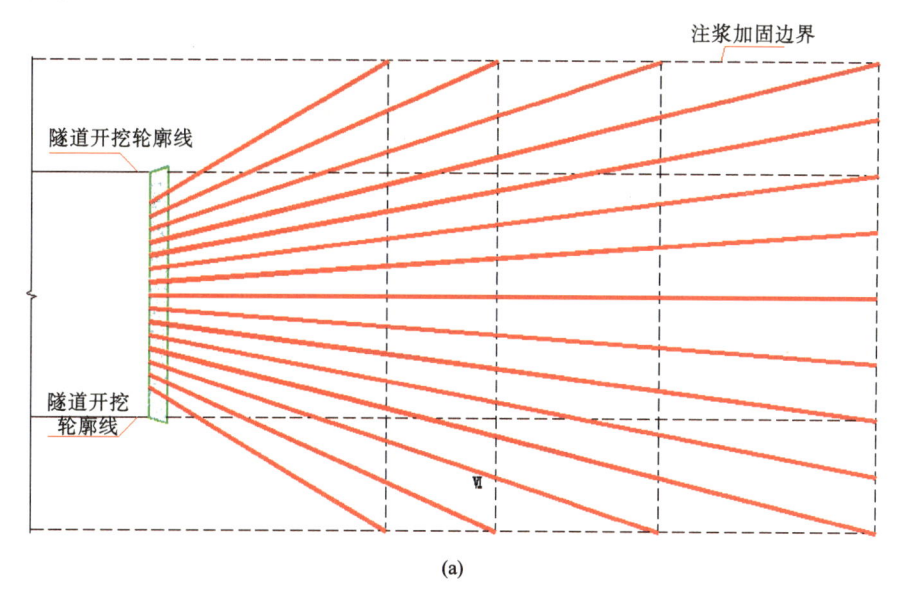

(a)

图 6-20　注浆堵水示意图

(b) (c)

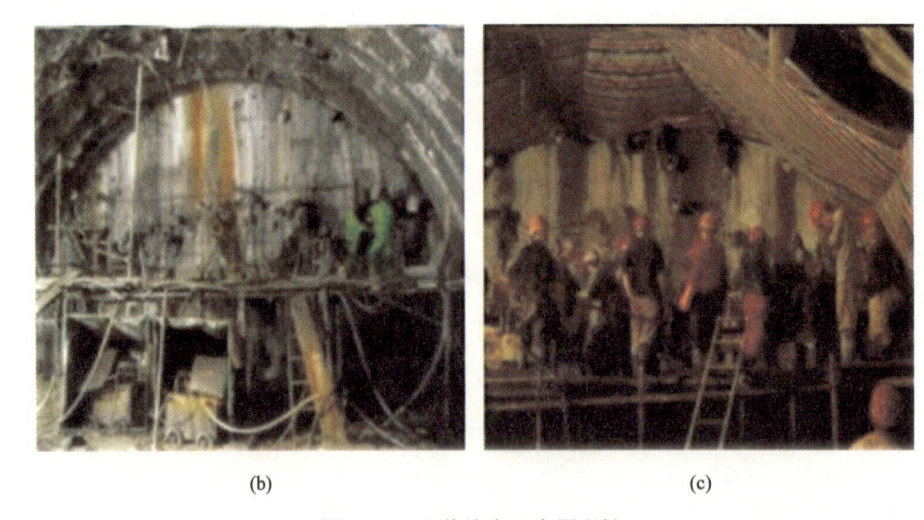

图 6-20 注浆堵水示意图(续)

(5)排水施工方案，当预测前方水体静储量有限时，可揭开排水，采用抽水设备或顺坡排水维持施工。

第 7 章 雀儿山隧道运营系统设计

充分分析隧道的全生命设计运营周期，在进行了雀儿山隧道气象、地质、总体设计、土建设计的基础上，考虑隧道竣工以后，雀儿山隧道洞口的运营通风、隧道内照明、隧道的供配电、隧道内的消防系统、隧道的监控系统以及隧道内可能出现的灾害防治处理情况，并反馈于初步的设计方案，进行进一步的优化设计，为雀儿山隧道的施工运营提供安全保障。

7.1 隧道运营通风设计

1. 隧道交通预测

通过交通量调查与分析，本路段远期(2033 年)交通量为 3934 pcu/d，交通流高峰小时比例取为 13%。交通组成主要以中货车、大货车和小客车为主，中货车：大货车：小客车：小货车：大客车：拖拉机：摩托车=39.94：21.29：21.27：7.44：6.78：2.85：0.43。

2. 通风方式

隧道运营通风采用平导压入式分段纵向式通风，通风方案在初步设计通风方案的基础上进行了优化和改进，运营期间开通三条车行横通道，新鲜风流从平导经三条横通道进入主洞内并从两端洞口排出，根据最新拟定的平纵面及内空等，对雀儿山隧道的通风方案进行通风计算。

隧道运营通风计算参数的选取考虑海拔高度的影响，通风分段示意图如图 7-1 所示。

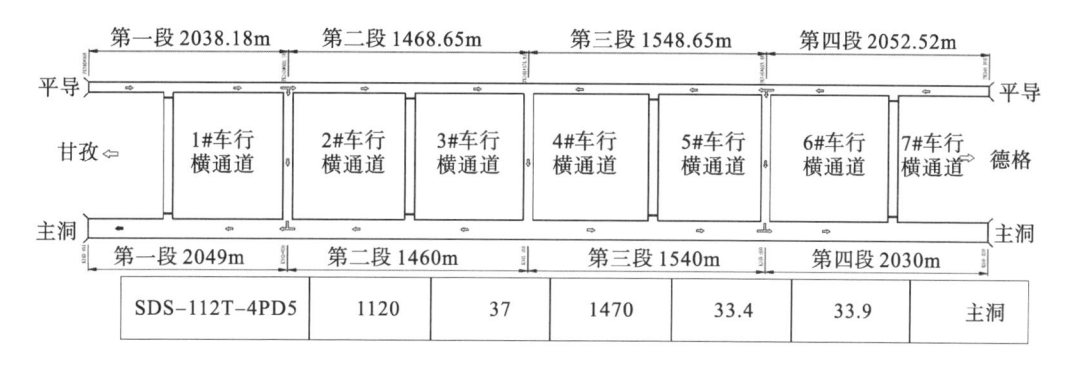

图 7-1 通风分段示意图

3. 通风组织

(1) 营运工况。

运营过程中开启 3 处车行横通道门,其余车行横通道关闭。共将隧道主洞分为 4 个通风区段。新鲜风流从平导压入,污染风流从主洞两端洞口排出,具体风流组织为:甘孜端平导轴流风机为主洞第一段和第二段送风,德格段平导轴流风机为主洞第三段和第四段送风,主洞第一段和第二段风流方向一致从洞内流向隧道甘孜端洞口,主洞第三段和第四段风流方向一致从洞内流向德格端洞口。

当开启所有风机后,隧道内 CO 平均浓度仍高于 300ppm①或 VI 值仍高于 $0.0121m^{-1}$ 且持续时间超过 20min 时,该隧道应进行交通管制。

(2) 火灾工况。

火灾情况下,关闭隧道,禁止车辆继续驶入隧道,立即组织疏散、救援、灭火。一般情况下,行车组织原则如下。

①驶向火灾点的车辆,停止前进,乘车人员弃车通过最近的横通道进入平导逃生,严禁隧道内车辆调头,避免发生二次灾害。

②驶离火灾点的车辆快速驶出隧道。

③救援车辆、灭火车辆从平导经横通道从火灾点上游进入隧道进行灭火。

风流组织应视逃生和灭火救援工作的进度分阶段实施。当发生火灾后首先应调整风机运行状态,采用救援风速,控制火灾的发展和烟气流动方向,待隧道内逃生人员完全安全撤离后,启动排烟通风组织系统。排烟通风组织系统应根据火灾点的位置选择不同的通风方向,排烟的基本原则是使烟气沿较近的出口排出。

(3) 火灾后具体通风组织。

①疏散救援阶段,如图 7-2 所示。

a.从平导两端供风,经横通道流入隧道后,从隧道两端洞口排出。

b.火灾点附近的横通道关闭,其余部分的横通道全部开启以利于人员逃生。

c.为保证隧道内人员安全撤离,并不致火灾扩大,火灾段隧道风速控制在救援风速。

d.火灾点下游横通道以及火灾点上游紧邻火灾点的两条横通道风流方向为从平导流向火灾隧道,避免火灾产生的烟雾污染平导。

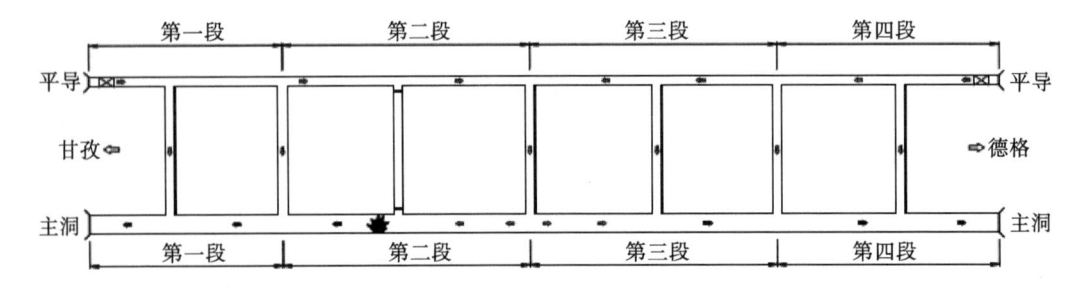

图 7-2 救援阶段风流组织示意图

---

① 1ppm=10^{-6}

②灭火排烟阶段，如图 7-3 所示。

关闭部分横通道，开启所有风机按照最短路径排烟。

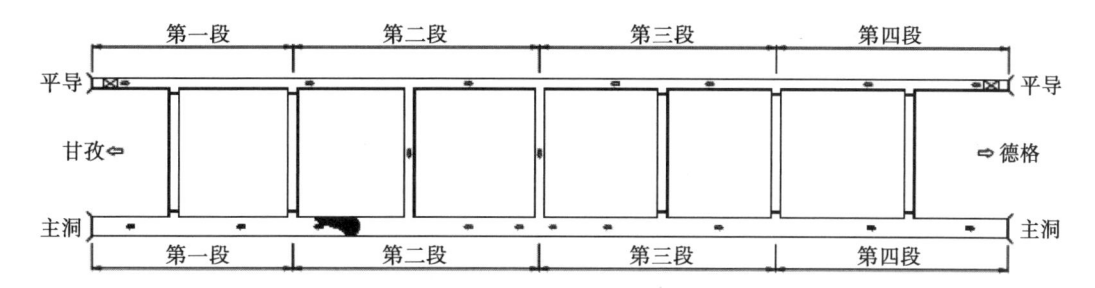

图 7-3 灭火排烟阶段风流组织示意图

7.2 隧道照明设计

1. 照明标准

照明设计目标年份为 2025 年(通车后第 7 年)，根据隧道长度、交通量、隧道尺寸等因素，按《公路隧道照明设计细则》(JTG/T D70/2-01－2014)确定隧道照明标准，如表 7-1 所示。

表 7-1 隧道照明标准

	参数名称	参数值
原始参数	计算行车速度	40 km/h
	设计交通量	78 veh/(h·ln)
	洞外亮度取值	3000 cd/m^2
	灯具维护系数	0.7
	灯具光效	95 lm/W
	光通利用系数	0.85
	照明/亮度折算系数(全水泥路面)	10
照明设计标准	中间基本段亮度及均匀度	L_{av}=1 cd/m^2，U_0=0.3，U_1=0.5
	入口 1 段亮度	30 cd/m^2，设置长度大于 13m
	入口 2 段亮度	15 cd/m^2，设置长度大于 13m
	过渡段亮度	4.5cd/m^2，设置长度大于 26m
	引道路灯亮度	0.5 cd/m^2，设置长度大于 60m
	洞内应急照明亮度	>0.2cd/m^2
	紧急停车带(主洞)	>4 cd/m^2
	车行横通道	>1 cd/m^2
	人行横通道	>1 cd/m^2
	平导	L_{av}=1.0 cd/m^2
	洞口引道	>0.5cd/m^2

2. 照明灯具布置方案

隧道洞内主线照明采用专用隧道灯,光源为高压钠灯和无极灯,所有灯具防护等级为 IP65(图 7-4)。

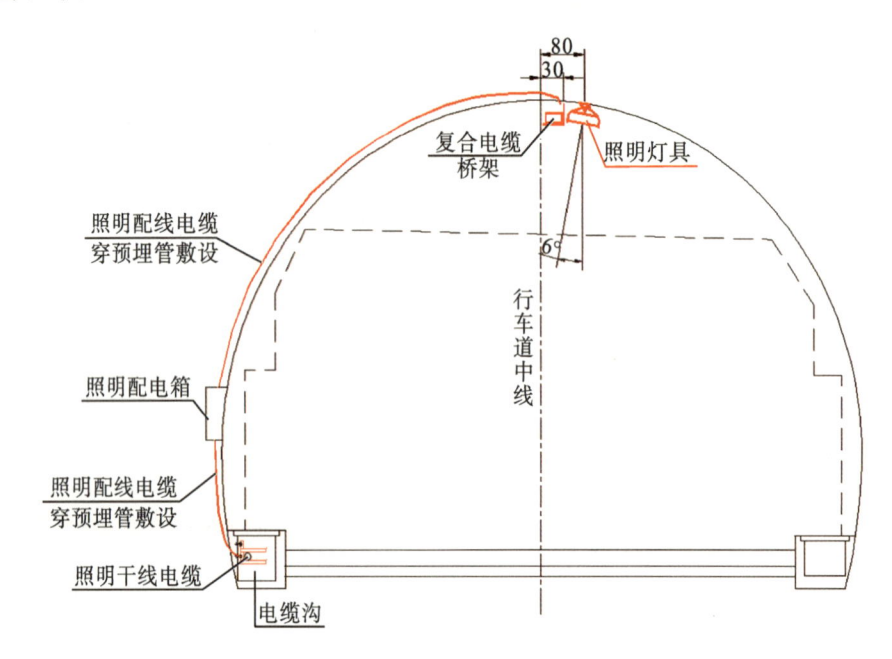

图 7-4 隧道照明灯具安装及线缆敷设示意图

3. 照明配电

隧道照明供电电缆由洞口变电所或洞内变电所低压配电柜或 EPS 配电柜引出。

主洞隧道照明按加强照明、应急照明、基本照明、引道路灯、避灾引导灯等多个回路供电。其中应急照明和避灾引导灯照明回路由 EPS 应急电源系统供电,其他回路由低压配电柜供电。

平导照明按基本照明1和基本照明2等两个回路供电,两个回路均由低压配电柜供电。

7.3 隧道供配电设计

雀儿山隧道为超特长隧道,近期交通工程设施等级为 B 级,远期为 A 级,近期配置通风、照明、CCTV、紧急电话及供电等隧道机电设施,鉴于本隧道所在位置海拔达到4200m以上,冬季异常寒冷,工作及生活环境非常恶劣,本着以人为本的设计原则,运营管理采用就地为辅、远程为主的方式,在隧道进口端设置柴油发电站和 1#变配电所,用于安装发电设备和变配电、监控设备(或含收费设备),同时供现场管理及操作人员(或含收费人员)值班使用,在隧道出口端设置 2#变电所,用于安装出口端变配电设备,如图 7-5所示。

图 7-5　隧道供电方案示意图

1. 供电方案

为保障雀儿山隧道施工用电及运营用电,并降低外电源建设成本,本项目施工、运营用电采用"永临结合"的供电方案。在雀儿山隧道两端洞口各新建 1 座 110/10kV 降压变电所,向隧道两端用电点供电。

2. 高海拔地区主要供配电设备选型

雀儿山隧道海拔较高,洞口海拔接近 4400m,供配电设施需要考虑高海拔的影响。针对上述高海拔自然气候条件对供配电设备的影响,本项目供配电系统主要设备选型考虑了以下措施。

(1) 变压器选用高海拔专用产品。

(2) 高压元器件,现在常用的方法是选择为高海拔地区专门研制的专用电气设备,如采用高原型真空断路器等。

(3) 低压成套开关设备,主开关选择绝缘型,电压适度放大,正常的额定电压为 400V,在 4200m 海拔,选用绝缘电压更高的框架开关和塑壳开关,保证外绝缘强度有足够的裕度,从而减轻高海拔低气压的影响。

(4) 柴油发电机组降容系数按 0.76 考虑。

(5) EPS、UPS 电源考虑适当的降容系数。由于高海拔地区夏季电解液蒸发量增大,低气压又使蓄电池电解液消耗量增大,因此蓄电池的容量下降较快,EPS、UPS 电源均考虑 0.7 的降容系数。

7.4　隧道消防系统

1. 消防设施设置原则

本隧道消防设施的设置水平限于扑灭汽车油箱火灾及普通货物火灾以下水平,火灾规模按一般火灾，产生 20MW 的热量控制。

隧道消防设计原则是"预防为主、防消结合"。

2. 消防设施设置

本隧道交通工程设施设计等级为 B 级，设置消防设备箱作为消防设施，每个箱内放置 PMZ30 泡沫灭火装置一套，SNSSJ65 双口减压稳压消火栓一套，MF/ABC8 干粉灭火器 3 具，消防设备箱上应采用反光漆写上"消防设备箱"字样，以方便司乘人员取用。

3. 消防供水

为保证消防用水的可靠性，本项目采用打井取水方式，在隧道高侧甘孜端设置 800m³ 低位水池蓄集，消防水池采用全埋置式，埋设深度约 2m。由于当地冬季气温较低，对供水管道采用电伴热方式，消防水池采用聚氨酯保温材料+覆土深埋方式，如图 7-6 所示。

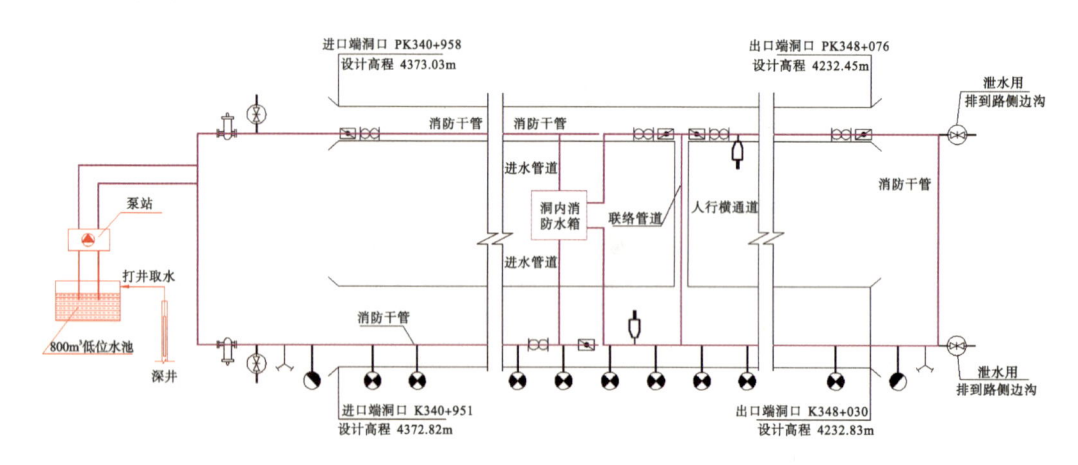

图 7-6　隧道消防供水系统示意图

7.5　隧道监控系统

雀儿山隧道近期按 B 级配置机电设备，远期为 A 级，本隧道主要设置隧道管理所监控系统、CCTV 系统、紧急电话与广播系统等监控设施(图 7-7)。

在德格县马尼干戈镇设置雀儿山隧道管理所，实行本隧道的营运管理、远程监控及维护工作，同时作为本隧道管理人员的生活基地(图 7-8)。

第 7 章　雀儿山隧道运营系统设计

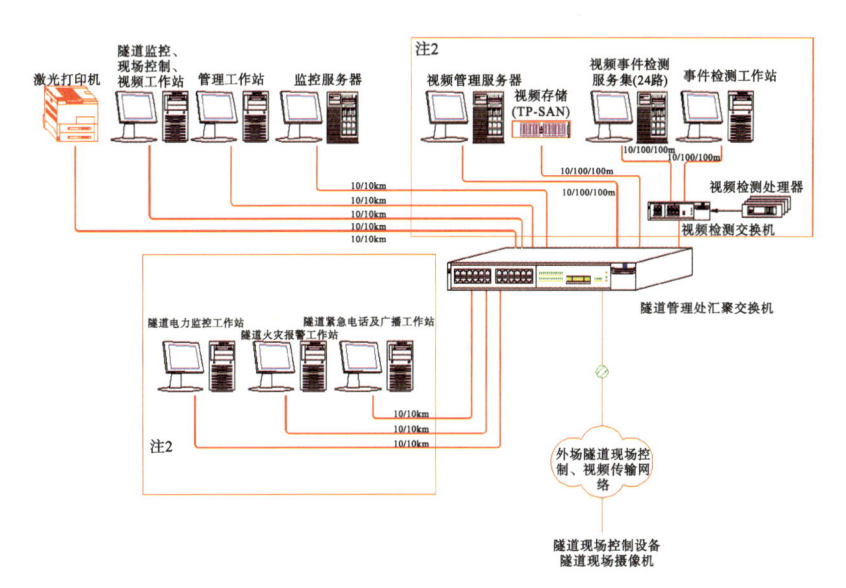

图 7-7　隧道监控系统网络总体构成图

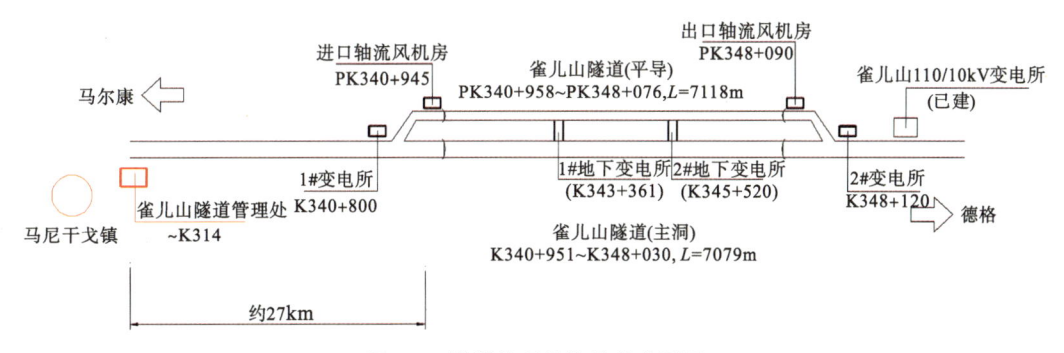

图 7-8　隧道管理机构总体布置图

7.6　隧道防灾救援设计

1. 交通事故分类与处理

雀儿山隧道的救援方案将按照《国家突发公共事件总体应急预案》制定办法，针对隧道内易发事故提出应对方法，按照分类管理、分级负责的原则，由地方政府及其有关部门分别制定，事件应急预案的运行机制包括预测与预警、应急处治、恢复与重建、信息发布 4 个部分。

2. 事件处理的机构设置

(1) 事故处理机构。

雀儿山隧道的事故处理应由专门的组织机构负责，该组织机构可与国道 317 线雀儿山路政管理机构合设，负责管理、组织和协调 3 个隧道管理所的事故救援工作，对外取得地方政府、消防、医疗、警方的支持。由于本路段具有国防通道的作用，必要时，还应与军队的安全救援机构联系。

(2)隧道管理所和变电所。

隧道的管理所和变电所按照有人值班制度管理。负责隧道日常交通管制工作，事故发生后将事故的事态状况向路政管理机构汇报的同时，还有先期处治的职责。

(3)专家组。

为应对特大事故的处治和处理，本路段应建立各类可利用的专业人才库，可以根据实际需要聘请有关专家组成专家组，为应急管理提供决策建议，必要时参加突发事故的应急处治工作。

3. 救援预案的运行

(1)预测与预警。

预测与预警主要是对隧道内可能发生的事故进行分析，做到早发现、早报告、早处治。

根据雀儿山隧道的特点，容易引发事故的因素主要有：地处青藏高原，高寒高海拔气候条件可能造成路滑，而影响道路通行状况；单洞双向行车容易引发交通事故；载有易燃、易爆和有毒物质的车辆通行时，隧道内静电、粉尘对易燃易爆物质的影响；周边藏区群众交通安全意识差，不易管理。

应对措施为：主动与气象部门了解气象状况，根据气象条件发布路况警报；限制隧道通行速度，对客车、旅游车等载人多的车辆实行登记制度，避免重大人员伤亡；载有易燃、易爆和有毒物质的车辆通行时实行单向通车管制，加强对此类车辆的安全检查，加大隧道通风能力以减小静电、粉尘的影响；加强群众的交通安全知识教育，由于本路段交通量小，可根据车流运行特点，安排专门时间让人、畜通行；重视路段安全调查，加强路政车巡视工作。

(2)预警信息与发布。

雀儿山路政管理部门可根据气候条件、隧道通行情况、交通组织和管制要求向沿线地区的车行人员发出预警信息。预警信息包括事件的类别、预警级别、起始时间、可能影响范围、警示事项、应采取的措施和发布机关等。预警信息的发布、调整和解除可利用广播、电视、报刊、通信、信息网络、警报器、宣传车。

4. 应急处理

交通事件管理由雀儿山路政管理机构负责，隧道管理所和隧道变电所配置的专门管理人员是具体的执行人员，此外对重大事件的处理还涉及医疗、消防、警察部门、地方政府和军队的相关机构等。通常，一个交通事件的处理可以刻画为如下一系列步骤：检测→证实→事态信息的发布→对事态的响应→现场管理→交通管制和管理→清理和修复。

5. 隧道火灾状况下的救援

火灾状况下的防灾救灾是特长隧道主要面临的救灾问题。雀儿山隧道交通量小，但具有国防道路的特点，该隧道设置较为全面的通风、消防和照明设施，隧道救灾设施总体设计，从经济性、适用性和安全要求相结合，与总体设计中通风、监控和消防设施的设计相结合。

隧道火灾情况，所有照明灯具全部开启，车道指示器显示红叉，人员通过平导逃生，通风系统进入火灾工况。此时的通风应以保证人员安全逃离为主要目的。隧道风机开启，风速为 2m/s，风向选择应考虑如下因素：事故点距隧道口的距离、影响区域车辆的数量、影响区域车辆的类型（主要考察有无载人多的车辆）。总之，应选择影响区域小，影响的车辆和人员少的区域，以减小受烟雾和高温危害的程度，同时，风机宜产生正压，防止烟气漫入人行横通道。现场救援人员可以驾驶消防摩托，通过平导进入主洞，控制或延缓火情。人员疏散完成后，以不小于 2.5m/s 的风速向离火场较远洞口吹风，消防队员从距火场较近洞口由上风方向进洞灭火。

第三篇　隧道施工关键技术

　　本篇主要围绕高海拔隧道施工的特点、难点而展开。针对高海拔雀儿山隧道的缺氧、高寒等恶劣条件，建设团队创新性地结合隧道地质条件，开创了高海拔隧道施工通风技术、高海拔隧道制氧供氧技术、高海拔隧道施工设备配置方案、高海拔隧道冬季施工技术、雀儿山隧道温泉利用技术以及高海拔公路隧道管理体系，为保证雀儿山隧道的顺利施工提供技术保障，且创新方案因地制宜，环境友好，有利于保护隧道周边的生态环境，有助于保障施工人员的人身安全，为隧道施工的开展提供良好的施工条件。

第8章 雀儿山隧道施工通风技术

鉴于国内外高海拔高寒地区特长公路隧道施工的数量不多，可借鉴性不足，建设团队攻坚克难，创新性地提出了高海拔高寒地区特长公路隧道通风技术，经过理论计算和现场验证，对雀儿山隧道施工通风进行了深化研究，保证了隧道施工的顺利进行。

8.1 高海拔特长公路隧道施工通风现状

我国的青藏高原是世界上面积最大、海拔最高的高原，素有"世界屋脊"之称，总面积约为230万平方千米，海拔在3000~5000m之间，其中部高山耸立，从我国内陆到达西藏必须跨越巴颜喀拉山、唐古拉山等。因此，我国高海拔隧道绝大部分均是修建在青藏高原地区。特别是青藏铁路格尔木—拉萨段的修建，仅海拔在4000m以上的铁路隧道就有昆仑山隧道(海拔4666m、长1668m)、风火山隧道(海拔4905m、长1338m)、羊八井1#隧道(海拔4260m、长3345m)等。公路隧道有地处青藏高原东北部国道227线的大坂山公路隧道(海拔3793m、长1530m)、西藏墨脱县嘎隆拉隧道(海拔3750m、长3310m)等。由于在高海拔地区修建的隧道相对较少，且相关规范又没有相应的应对高海拔严寒地区恶劣环境的措施，因此，对该地区隧道的设计与施工没有更多经验可以借鉴。另外，公路隧道至今也没有针对高海拔严寒地区复杂地质条件下修建隧道的相关设计与施工规范。表8-1所示为我国高海拔地区修建隧道的实例。

表8-1 我国高海拔地区修建隧道实例

序号	隧道名称	隧道长度/m	海拔高度/m	年平均气温/℃	备注
1	昆仑山隧道	1668	4666	-5.2	铁路
2	风火山隧道	1338	4905	-6.11	铁路
3	羊八井隧道	3345	4260	-2~-6	铁路
4	大坂山隧道	1530	3793	-30(最低)	公路
5	嘎隆拉隧道	3350	3750	—	公路
6	鹧鸪山隧道	4448	3400	3.3~3.8	公路
7	铁力买提隧道	1894	3220	—	公路
8	玉希莫勒盖隧道	1943	3200	—	公路
9	冷龙岭引水隧道	8866	3420	-2.9	引水工程

国外有关海拔4000m以上地区修建隧道的案例基本上未见报道，目前印度正在修建的高海拔隧道是Rohtang隧道，该隧道将连接lahaul-spiti山谷中的喜马偕尔邦，海拔3000~

3100m，长 8800m，目前未查阅到隧道通车相关文件。

综上所述，虽然有比雀儿隧道海拔高的隧道，但是独头掘进深度达 4000m 以上的很少，雀儿山隧道通风技术的研究成果将对于以后掘进深度 4000m 以上的隧道起到关键的借鉴作用。

8.2　高海拔对隧道施工通风的影响

由于高海拔空气稀薄导致大气压降低，对高海拔隧道施工通风造成了较大的影响，主要表现在以下几个方面。

(1)自然条件下的新鲜风源不达标，其中氧气含量偏低、温度偏低。

(2)轴流风机及射流风机在高海拔地区的工作状况与在低海拔地区相比存在较大差异，风机性能的发挥受到较大限制。

(3)在高海拔缺氧的隧道中，内燃机械燃料燃烧不充分，排放尾气中有害气体含量会增高，对作业环境的污染性增加。

8.3　雀儿山隧道通风方式选择

随着我国公路事业的发展，路网的完善，公路向边缘山区推进，公路事业呈现出了"高""长""大"的特点，在施工中出现了诸多的难题，尤其以施工通风为甚。随着海拔高度的增加，空气环境愈加恶劣，施工通风成为影响施工人员身体健康的关键因素，因此选择经济合理的施工通风方案成为保障高原隧道施工安全和施工进度亟待解决的问题。

施工通风方式应根据隧道的长度、掘进坑道的断面大小、施工方法和设备条件等诸多因素来确定。在施工中，有自然通风和强制机械通风两类，其中自然通风是利用洞室内外的温差或风压差来实现通风的一种方式，一般仅限于短直隧道，且受洞外气候条件的影响极大，因而完全依赖于自然通风是较少的，绝大多数隧道均应采用强制机械通风。隧道施工机械通风方式主要有压入式、抽(排)出式、混合式和巷道式。目前隧道施工过程中，通常采用的施工通风方式主要有独头压入式通风和巷道式通风。独头压入式通风适用于长隧道及中短隧道，风管布置长度适中的隧道，且通风能耗高，巷道式通风适用于特长隧道，通风能耗较低。根据隧道施工通风需风量计算，需风量由洞内作业机械需风量控制，而随着掘进距离的增加，洞内运输车辆的台数逐渐增加，导致需风量增大，通风能耗逐渐增加，施工通风方式需由最初的独头压入式通风转换为巷道式通风，该通风方式能有效解决长距离施工通风问题。巷道式通风是利用射流风机的增压作用，在平行双洞和横通道组成的通道中形成主风流，使新鲜空气从一个洞进入，流进横通道时，通过送风管道将新鲜空气送到工作面，污浊空气从工作面流回横通道，再从另一个洞流出。这种通风方式不需要很长的送风管道，减小了通风阻力，降低了能耗，同时也减少了总供风量。该技术目前在双洞隧道和设平导的单洞隧道施工中被广泛采用。

8.4 雀儿山隧道施工通风方案分析

1. 隧道通风计算

雀儿山隧道为单洞双向交通隧道,在平导与主洞间设置有9条车行横通道。隧道规模如表8-2所示,计算行车时速为40km/h。隧道内空断面积为56.19m²,隧道内空水利直径7.8m,平导内空断面积为29.32 m²。雀儿山隧道分为Q1和Q2两个合同段分别施工进口端和出口端,Q1合同段主洞长3549m、平导长3532m,Q2合同段主洞长3530m、平导长3576m。现场实际施工Q2合同段掘进长度超过4400m,故本书以Q2合同段为依托进行施工通风方案研究。

表 8-2 隧道规模

隧道名称		里程桩号	长度/m	纵坡 m/长度 m	分界点高程/m
雀儿山隧道	主洞	K340+951~K348+030	7079	0.67/1349,-2.60/5730	4310
	平导	PK340+968~PK348+076	7108	0.63/1342,-2.59/5766	

综合考虑施工进度要求和施工组织安排,利用前期科研成果选取实测海拔修正系统等计算参数,结合隧道施工现场设备配置,隧道施工现场至2000m时采用独头压入式通风,施工通风主洞需风量为7904m³/min,平导需风量为5577m³/min。

2. 施工通风方案及风机配置

现场施工通风选用了高原型通风机,风机型号如表8-3所示;现场风机配置如表8-4所示。

表 8-3 隧道施工通风风机型号

编号	风机型号		风量/(m³/min)	风压/Pa	高效风量/(m³/min)	风速/(m/s)	功率/kW	布置位置
1	SDZ-12.5	高速	2400	5000	2400		135×2	主洞
		中速	1800		1800		47×2	
2	SDZ-No10	高速	1100	5000	1100		47×2	平导
		中速	800		743		16×2	
3	SFS-No12.5					45.6	75	回风巷

表 8-4 隧道施工通风风机配置

线位	SDF(C)-No12.5 台数/台	功率/kW	SDS-II-No10.0 台数/台	功率/kW	轴流风机功率/kW	射流风机功率/kW	运行总功率/kW
主洞	1	270	2	75	270	150	589
平导	1	94	1	75	94	75	

3. 施工通风效果现场测试结果

在隧道施工过程中,施工人员反映洞内作业面空气质量较差,严重影响作业人员的工作状态和身体健康,因此,对施工现场洞内环境进行现场实测,以便掌握施工通风效果,并对施工通风方案优化提供基础支撑,从爆破过后 0.5h 开始,每 10min 读一次数,连续测试 1h。以某断面为例,爆破时间为 14:45,爆破通风 0.5h 后进行现场实测 CO 浓度结果如图 8-1 所示。

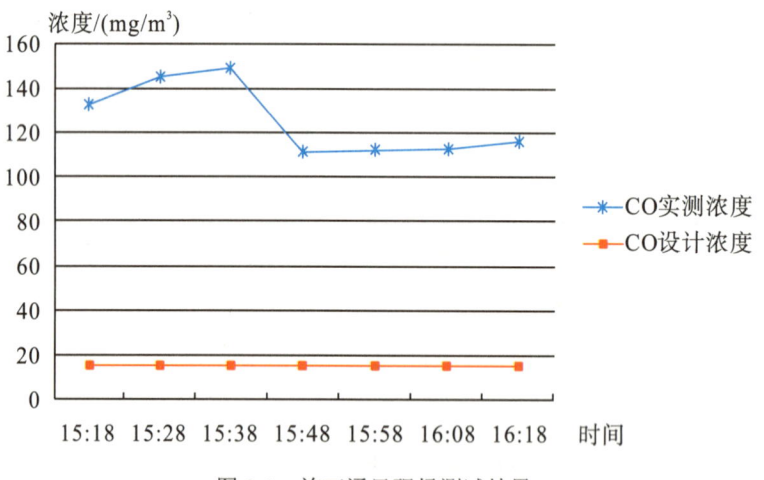

图 8-1 施工通风现场测试结果

从图 8-1 中可以看出以下问题。

(1) 洞内 CO 浓度严重超标,且随着通风时间的增加 CO 浓度下降不明显。

(2) 当通风 0.5h 后,CO 浓度维持在 116mg/m³,远超规范 CO 允许浓度值 15mg/m³ 的要求。

根据表 8-3 及图 8-2 和图 8-3,主洞轴流风机高速档风量为 2400m³/min,平导轴流风机高速档风量为 1100 m³/min,根据施工组织安排,结合主洞及平导断面,主洞内可容许布置 2 根风管,平导内可容许布置 1 根风管,否则将对施工造成比较大的干扰,而主洞需风量为 7904m³/min,平导需风量为 5577m³/min,风机风量分别为 3902m³/min 和 5577m³/min,已超出风机正常工作区间。

通风长度为 1100m 时,主洞需风量为 5196m³/min,平导需风量为 2600m³/min,根据风机高速档风量,主洞布置 2 台轴流风机,平导布置 1 台轴流风机,风机风量分别为 2598m³/min 和 2600m³/min,风机风压 3237Pa 和 2600Pa,根据图 8-3 可以看出,风机风量和风压已达到轴流风机的通风极限,因此,本隧道独头压入式通风极限长度为 1100m,且平导轴流风机需调整为 SDZ-12.5 型。

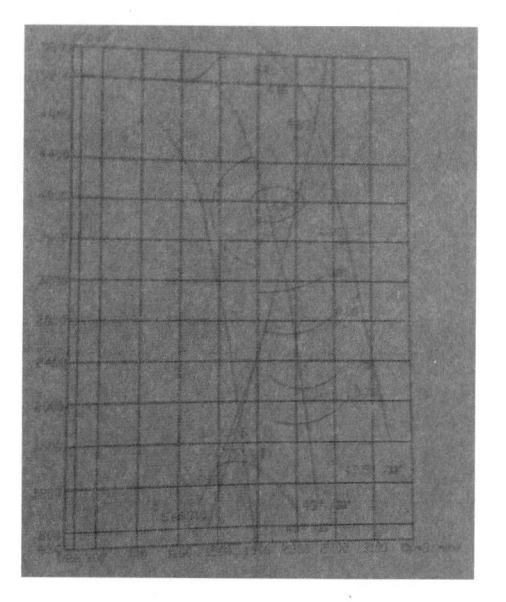

图 8-2　主洞轴流风机性能参数 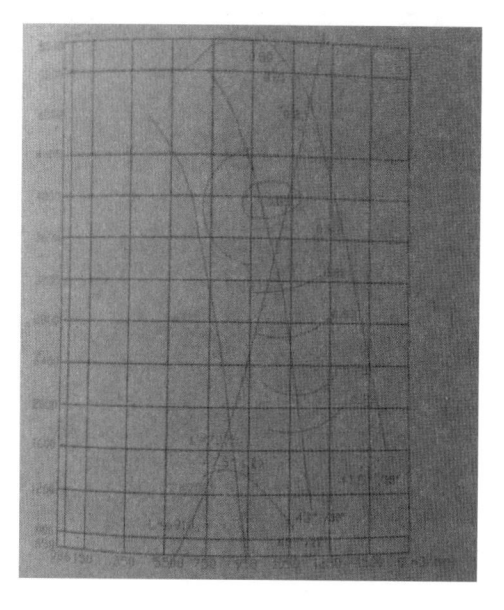　　　　　图 8-3　平导轴流风机性能参数

8.5　雀儿山隧道施工通风深化研究

1. 单通道巷道式通风方案

(1) 巷道式通风理论分析。

基于施工现场通风能力不足的现状，提出将独头压入式通风改为巷道式通风，平导为进风巷，主洞为回风巷，通风方案如图 8-4 所示。

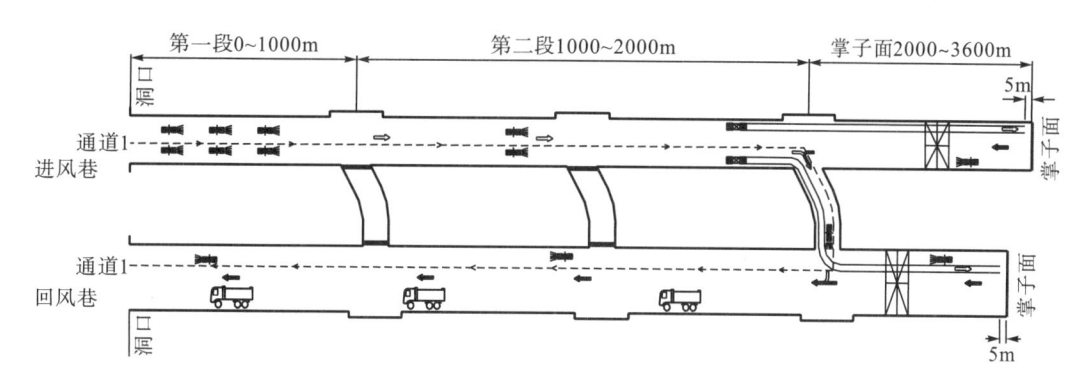

图 8-4　巷道式通风方案

在《公路隧道施工技术规范》(JTG F60—2009) 中未考虑海拔高度对施工机械排污的影响，施工机械需风量是以稀释 CO 为对象制定，而《水工建筑物地下开挖工程施工技术规范》中规定使用柴油机械需风量高程修正系数为 1.2～3.9。结合前期科研成果，本隧道机械需风量海拔高度系数采用实测值确定，计算得出隧道总需风量为 10968m³/min，主

洞掌子面需风量为 4653m³/min，平导掌子面需风量为 2326 m³/min，经过计算风机配置如表 8-5 所示。

表 8-5　巷道式通风风机配置

线位	SDF(C)-No12.5 台数/台	SDF(C)-No12.5 功率/kW	SDS-II-No10.0 台数/台	SDS-II-No10.0 功率/kW	轴流风机功率/kW	射流风机功率/kW	运行总功率/kW
主洞	2	270	3	75	540	225	1410
平导	1	270	4	75	270	300	

(2) 巷道式通风现场测试。

施工现场将通风方案调整为巷道式通风，通风设备不变（见表 8-5），通风方案转换后施工人员反映洞内空气质量明显好转，对通风方案进行现场测试，测试结果如图 8-5 所示。

从测试结果可以看出，通风方案调整后洞内环境得到明显的改善，CO 浓度大幅度降低，由原通风方案的 110~130mg/m³，降低到 40~60mg/m³。由于当时风机未达到表 8-5 所示的配置规模，因此通风能力仍然不足，需根据表 8-5 配置足够的风机，并对通风效果进行重新测试。

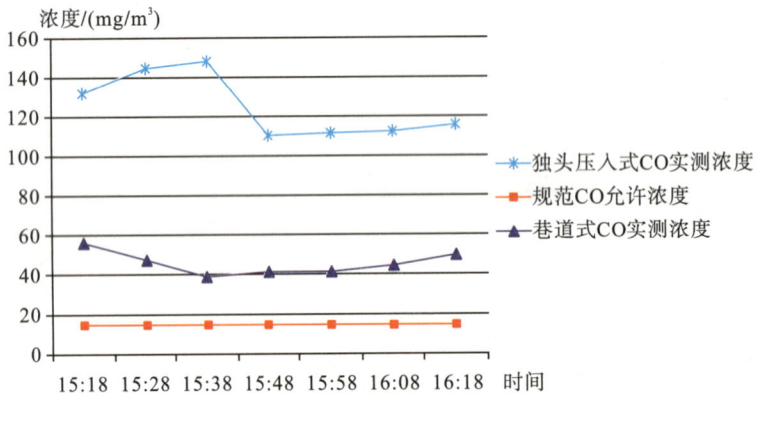

图 8-5　施工通风现场测试结果

2. 多通道巷道式通风方案

(1) 施工通风方案拟定。

当隧道施工至 2000~3600m 段时，根据隧道横通道的布置情况，本段内布置有 2 条车行横通道，因此，施工通风可再开启 1~2 条车行横通道构建多通道巷道式通风，形成双通道巷道式通风或三通道巷道式通风。其中三通道巷道式通风方案如图 8-6 所示。

第8章 雀儿山隧道施工通风技术

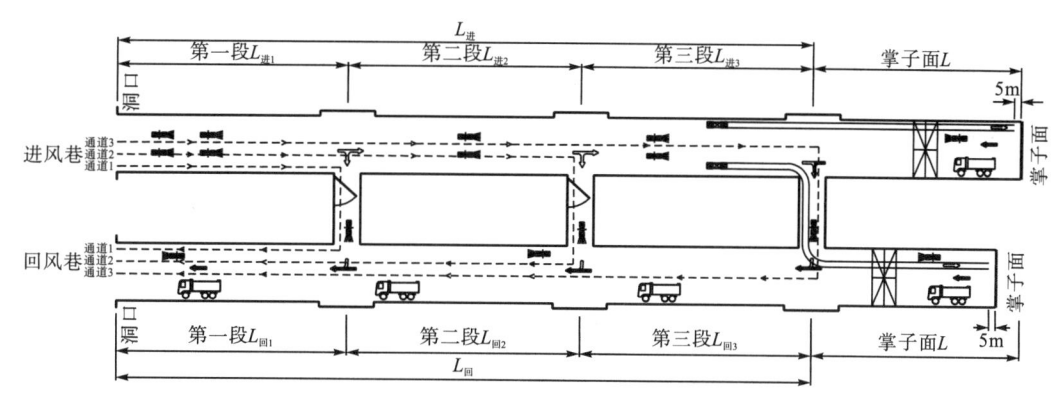

图 8-6 巷道式通风示意图

(2)污染物浓度分析。

为了探寻本合同段经济合理的施工通风方案,对单通道巷道式通风、双通道巷道式通风、三通道巷道式通风进行理论分析,分析机械出碴过程中假定回风巷中作业机械在回风巷中相对均匀分布,通过计算需风量为 15719m³/min,施工通风断面积取 60m²,单通道巷道式通风与多通道巷道式通风回风巷内各段理论污染物浓度及洞内风速分布如图 8-7~图 8-9 所示。

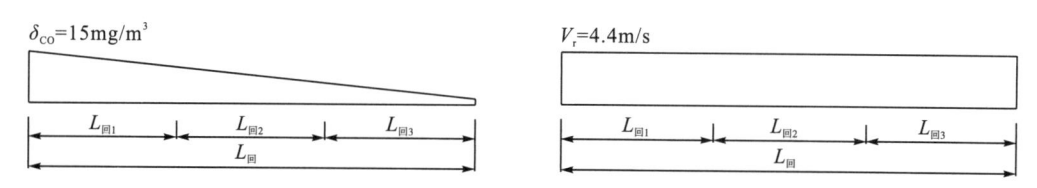

图 8-7 单通道巷道式通风回风巷 CO 浓度和风速分布图

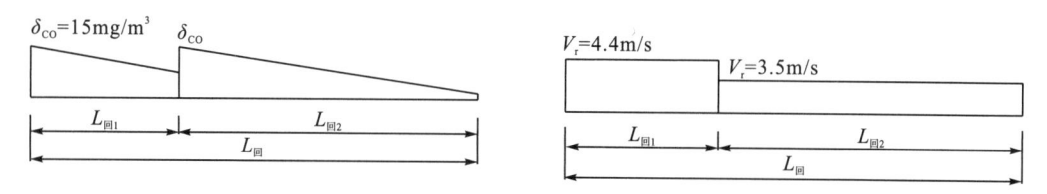

图 8-8 双通道巷道式通风回风巷 CO 浓度和风速分布图

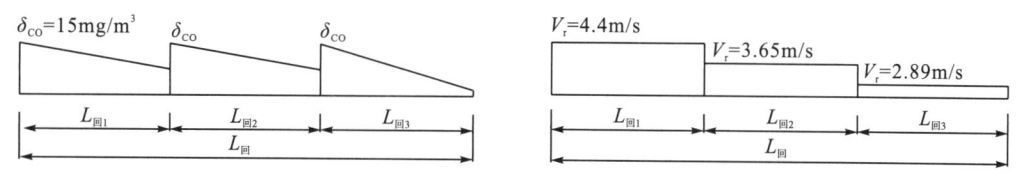

图 8-9 三通道巷道式通风回风巷 CO 浓度和风速分布图

由此可以看出,随着开启横通道的增加,隧道内通风段划分越细,而通风能耗与风速 3 次方成正比关系,因此,开启横通道越多,通风能耗越低,同时通风系统越复杂,整个通风系统形成一个网络通风系统,需要组建通风回路矩阵进行网络求解,调节横通道内风门开启面积的大小和隧道内风机布置位置和台数,使各段风量分配满足通风需求。

(3) 节能分析。

将各通风方案简化成通风网络，组建通风网络矩阵，进行网络求解，各通风方案风机功率配置如表 8-6 所示。

表 8-6　各通风方案风机配置

通风方案	单通道巷道式	双通道巷道式	三通道巷道式
风机配置/kW	2685	2235	2010

从表 8-6 可以看出，随着横通道开启条数的增加，风机总功率逐渐降低，双通道巷道式通风较单通道巷道式通风节能约 17%，三通道巷道式通风较单通道巷道式节能约 25%，多开启横通道，通风节能效果显著，但由于多条横通道开启后，通风系统比较复杂，现场应配备专业通风管理人员对通风进行管理，以保证通风系统正常运行，此外，通风过程中应加强现场通风测试，根据实测结果对通风系统进行优化调整。

3. 施工通风效果检测

根据前期通风效果分析，在 2000～3600m 段采用双通道巷道式通风时，作业人员集中的工况洞内环境检测情况如表 8-7 所示，空气检测质量合格。

表 8-7　双通道通风隧道空气质量检测结果

检测地点	工序	粉尘/(mg/m^3)	一氧化碳/(mg/m^3)	氧气/%vol	硫化氢/(mg/m^3)
主洞	打钻	4.486	12	20.49	1.1
	装药	4.112	10	19.92	1.4
平导	打钻	5.563	14	20.84	1.2
	装药	4.126	11	20.33	1.4
控制标准		<10	<15	>19.5	<10

在 3600～4400m 段采用三通道巷道式通风，提高了单洞通风功率加强隧道通风，洞内环境检测情况如表 8-8 所示，空气质量达到空气质量标准。

表 8-8　三通道通风隧道空气质量检测结果

检测地点	工序	粉尘/(mg/m^3)	一氧化碳/(mg/m^3)	氧气/%vol	硫化氢/(mg/m^3)
主洞	打钻	4.233	13	20.19	1.3
	装药	3.986	10	20.56	1.1
平导	打钻	4556	14	19.97	1.4
	装药	3.778	13	20.41	1.6
控制标准		<10	<15	>19.5	<10

经过持续对隧道通风效果检测，采取分阶段供风和隔板通风、风量导向分配箱等保证措施，提高了通风效果，隧道环境满足施工要求。

第 9 章 雀儿山隧道施工制氧供氧技术

高海拔特长隧道内,气压低、氧分压低,施工过程中氧气的供应格外重要,为保证施工人员的稳定、可靠氧气的输送,建设团队提出了高海拔特长隧道施工制氧供氧技术,从制氧方案研究到供氧输送路径及实际效果监测,为隧道施工过程中安全供氧提供技术保障,为类似隧道制氧供氧提供技术参考。

9.1 高海拔隧道施工供氧范围与标准

高海拔隧道存在大气压力低、氧分压低、气温低等问题,缺氧将对施工人员生命安全带来极大的不良反应,使人机效率大大降低。人体利用肺部从空气中吸收氧气,血液从心脏流经肺部携带新鲜氧气输送到人体的各个部位。在高原地区,大气与肺泡中氧分压之差随着海拔高度的增加而减少,直接影响肺泡气体交换、血液携氧和结合氧在组织中释放的速度,致使机体供氧不足,产生缺氧。在高海拔地区,人体产生低氧通气反应,肺通气量增加,人体组织开始缺氧,呼吸、循环系统将发生一系列生理反应:一是出现头痛、血压增高、胸闷、无力、呼吸困难等症状;二是人体抗病能力减弱易发生流行疾病;三是消化系统功能失调,人体消瘦。不同海拔高度下人体缺氧反应具体表现如表 9-1 所示。

表 9-1 不同海拔高度下人体缺氧反应

海拔高度/m	0	1320	2400~3510	3510~6440	6440~10860
氧浓度/%	21	<18	16~14	14~10	10~6
等效气压/atm	1	0.86	0.76~0.67	0.67~0.48	<0.48
机体缺氧表现	正常	组织细胞处于缺氧环境,有轻度表现	呼吸加深,脉搏加快,血压升高,机体协调功能变差,睡眠较差	疲劳感,精神不振,注意力下降,头昏脑胀,容易迷失方向	头痛耳鸣,视物不清,恶心呕吐,无法自主动作,无法讲话,很快进入昏迷状态

有关研究结果表明,人体在海拔 3500~4000m 地区其劳动能力比平原降低 40%~50%。在高海拔稀薄的氧环境中,一些人由于缺氧会有不适的感觉,再加上艰苦的隧道施工作业,因此反应严重的施工人员会丧失劳动能力或有生命危险。

为保障高海拔隧道施工人员的生命安全、提高施工效率,需要为隧道施工区和生活区进行供氧。参照已有隧道的供氧经验和前期研究成果,供氧标准根据海拔和劳动强度确定,从事较大劳动强度的人员和室内办公人员供氧后的生理等效高度建议分别控制在 2800m 和 3500m。

9.2 高海拔隧道施工制氧方案

1. 制氧方法选择

高海拔隧道工程多位于交通不便的山区，外部运输氧气满足隧道施工供氧需求难度大、成本高，因此隧道施工需采用设备自行制氧。目前常用的制氧方法主要有空气冷冻分离法、电解制氧法和分子筛制氧法。

(1) 空气冷冻分离法。利用氧气和氮气的沸点不同(氧气沸点为-183℃，氮气沸点为-196℃)，从空气中制备氧气称为空气分离法。首先把空气预冷、净化(去除空气中的少量水分、二氧化碳、乙炔、碳 氢化合物等气体和灰尘等杂质)；然后进行压缩、冷却，使之成为液态空气；最后利用氧和氮的沸点的不同，在精馏塔中把液态空气多次蒸发和冷凝，将氧气和氮气分离开来，得到纯氧(可以达到99.6%的纯度)和纯氮(可以达到99.9%的纯度)。但这种方法生产氧气需要大型的成套设备和严格的安全操作技术。

(2) 电解制氧法。把水放入电解槽中，加入氢氧化钠或氢氧化钾以提高水的电解度，再通入直流电，从而分解出氧气和氢气。因为耗电量大，所以，电解法不适用生活制氧的方法。

(3) 分子筛制氧法(吸附法)。利用氮分子大于氧分子的特性，使用特制的分子筛把空气中的氧分离出来。首先用压缩机迫使干燥的空气通过分子筛进入抽成真空的吸附器中，空气中的氮分子即被分子筛所吸附，氧气进入吸附器内，当吸附器内氧气达到一定量(压力达到一定程度)时，即可打开出氧阀门放出氧气；然后经过一段时间，分子筛吸附的氮逐渐增多，吸附能力减弱，产出的氧气纯度下降，需要用真空泵抽出吸附在分子筛上面的氮；最后重复上述过程。这种制取氧的方法也称为吸附法。

3种制氧方法具体对比如表9-2所示。

表9-2　3种制氧方法对比表

方法	制氧原理	优点	缺点
空气冷冻分离法	利用氮气和氧气沸点不同，从空气中制备氧气	可以产出大量的氧气	需要大型的成套设备及严格的安全操作技术，技术难度高
电解制氧法	将水放入电解槽中加入NaOH或KOH提高电解度，通入直流电，从而分解出氧气和氢气	环保、干净	能耗大，产生的氢气不能妥善处理的话与氧气混合易发生爆炸，使用危险
分子筛制氧法	利用氮分子大于氧分子的特性，使用特制的分子筛将空气中的氧分子分离出来	技术成熟、使用方便、经济实用、氧气新鲜自然	需专业人员进行定期的维护和检查

通过3种方法的对比分析，结合川高海拔地区实际情况，建议优先选用的制氧方法为分子筛制氧法。

2. 分子筛制氧方法介绍

1) 分子筛制氧机的工作原理

分子筛制氧法采用变压吸附(Pressure Swing Adsorption，PSA)压旋转吸附技术，即以空气为原料，利用 PSA 专用分子筛选择性吸附空气中的氮气、二氧化碳和水等杂质，从而取得纯度较高的氧气(93%±2)。其主要是由两个吸附塔(A，B)、控制系统和程控阀门等组成的设备。通过采用单片机或可编程序控制器(PCC)控制阀门的启闭，达到 A、B 两个吸附塔轮流吸附，均压解吸，从而实现连续制氧的目的。在常温低压条件下，利用分子筛加压时，对氮(吸附质)的吸附容量增加，减压时对氮的吸附容量减少的特征，形成加压吸附、减压解吸的快速循环过程，从而使空气中的氧气和氮气得以分离，从而达到制出氧气的目的。

PSA 分子筛制氧机采用的是一种先进的气体分离技术，体积较大。一般分子筛使用寿命为 3000~5000h。

2) PSA 分子筛制氧机的特性

PSA 分子筛制氧是一种成熟的新技术，它具有以下几个鲜明的特点。

(1) 使用简便、安全：只需按下电源开关，插上吸氧管就可以吸氧，无高压爆炸危险(最高压力小于 $1kg/cm^2$)。

(2) 可以长时间连续不停地供氧。

(3) PSA 分子筛制氧机是目前长期氧疗最经济的一种供氧方式，综合成本最低。假如氧流量设定为 2L/min，24 小时连续不停地供氧两年，使用钢瓶供氧的费用约为 2 元/h；使用分子筛制氧机供氧的费用约为 0.5 元/h。

(4) 直接从空气中提取氧气，即制即用、新鲜自然。

3. 制氧机房建设要求

(1) 机房建筑符合国家建筑相关标准，且不低于国家规定的耐火等级二级，门、窗均要求具有一定的防火隔音性能。

(2) 机房地面平整，内墙、房顶做隔音降噪处理，满足国家噪声标准。

(3) 机房有适合的强制通风换气措施，总风量满足机组运行要求，满足室内每小时换气次数大于 4 次，事故时大于 8 次的国家消防安全要求。

(4) 机房配备适合的高压配电柜，电压为 6kV 或 10kV，功率满足机组运行要求，供电应符合《供配电系统设计规范》(GB 50052—2009)。

(5) 机房具有可靠的引出到机房外的排污疏水措施。机房室内温度为 5℃~40℃，机房内严禁用明火及电热散热器取暖。

(6) 机房室内应悬挂"严禁烟火""闲人免进"等警示标识，根据消防要求配备足够的二氧化碳、"干粉"等灭火器材。

(7) 机房位置应满足以下要求：①宜靠近最大用气点；②空气质量较好，远离污染和明火点；③有较好的自然通风和采光；④有扩建(或扩大使用面积)的可能性；⑤与有噪声、振动防护要求的建筑之间有防护间距；⑥不能是地下室或半地下室。

9.3 供氧方案研究

1. 供氧量的计算

(1)鼻吸式供氧量计算。

$$v = \frac{vi - 0.21}{4vs} \tag{9-1}$$

式中，v——供氧流量(L/min)；
vi——吸氧浓度(%)；
vs——设备供氧浓度(%)。

(2)弥散式供氧量计算。

①人员耗氧量应按下式计算。

$$Q_1 = \frac{Q_R \times N_R}{R_\theta} \tag{9-2}$$

式中，Q_1——空间内人员每小时总耗氧流量(m³/h)；
Q_R——空间内单人每小时总耗氧流量(m³/h)；
N_R——空间内活动人数；
R_θ——供氧管道出口氧气浓度(%)。

②空间需氧量应按下式计算。

$$Q_2 = \frac{V_F \times A}{R_\theta} \times K_1 \tag{9-3}$$

式中，Q_2——空间内每小时提升气管氧分压所需氧流量(m³/h)；
V_F——空间内体积(m³)；
A——单位体积每小时提升气管氧分压所需氧量(m³)；
R_θ——供氧管道出口氧气浓度(%)；
K_1——房间密封性修正系数，取 1.67。

③弥散式供氧空间内总需氧流量按下式计算。

$$Q_3 = Q_1 + Q_2 = (Q_R \times N_R + V_F \times A \times K_1)/R_\theta \tag{9-4}$$

式中，Q_3——室内弥散式供氧所需氧气总流量(m³/h)。

2. 供氧方式的选定原则

(1)需考虑制氧机组的可调性、节能性要求。

(2)生活区空间大，作业人员劳动强度低，佩戴鼻吸式吸氧器较为方便；生活区设置集中弥散式吸氧区便于病人休养，并且管理人员集中办公较为便利。

(3)隧道内作业人员劳动强度大，佩戴吸氧器和背负氧气罐极为不便，掌子面集中弥散式与氧吧车的组合更有利于施工组织。

(4)在经费有保障的前提下，应首先考虑应用弥散式供氧。为进一步改善弥散式供氧效果，缩短弥散式供氧装置出氧口与施工人员的距离，减少氧气浪费，可通过改进掌子面开挖(兼立架、喷浆)台架，使台架兼具弥散供氧条件，实现掌子面弥散式供氧的优化。氧吧车的设置使得隧道内各工区作业人员在需要时可轮流吸氧休息，保持身体状态。从而方便施工人员在身体即将出现不适时及时吸氧，恢复身体机能，保证人员健康和生产安全。

3. 氧气输送方式

高海拔隧道供氧建议采用钢管连接，对于建设期小于 4 年的项目，为节省成本供氧主管路可采用镀锌钢管或 PE 管代替不锈钢管。从制氧机房用钢管引出到隧道开采口处建议改用软管连接到隧道掌子面供氧分布器上进行供氧，如图 9-1 所示随洞口的不断深入钢管部分可进行，焊接延长至工作区域后再用软管连接的掌子面供氧分布器实现供氧，随着工程结束可拆除镀锌管或 PE 管，这样可以大大降低成本。

图 9-1 隧道掌子面弥散式供氧

制氧站供氧示意图如图 9-2 所示，说明如下。

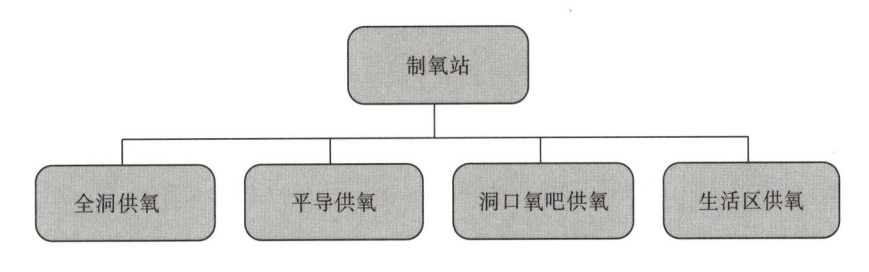

图 9-2 制氧站供氧示意图

(1) 制氧站与主洞和平导用 50mm 镀锌管进行连接，洞口埋深深度大于 2.4m，进洞后可采用 50mmPE 管替代镀锌管。

(2)掌子面供氧可以在开挖台车上安装 $\varPhi 42mm$ 导管，在导管上进行打眼(梅花型布置，间距根据实际使用情况调整)，导管在台车上进行环向布置，用软管将氧气管与导管连接(使用方法同风管连接)，开挖完成后将软管收起来便于下次开挖时可继续使用。

(3)制氧站与洞口氧吧用 50mm 镀锌管进行连接，洞口埋深深度大于 2.4m，氧吧内安装 20 个独立的吸氧终端。

(4)制氧站与生活区用 50mm 镀锌管进行连接，埋深深度大于最大冻土深度(1.5m)，在办公区(如会议室、集中办公室、接待室等)采用弥散式供氧，在人员集中的区域制造富氧环境，达到正常工作的目的。

4. 供氧氧吧系统

供氧氧吧系统由供氧源、管道、阀门及终端送氧插头等组成。供氧源有氧气瓶组供氧、制氧机供氧。氧气瓶组供氧由高压氧气瓶、汇流排、减压装置、管道及报警装置组成。氧气瓶组供氧汇流排，必须设两组(或多组)交替供氧，采用自动或手动切换。氧气瓶可由散装或箱式瓶组供给。采用汇流排气瓶组时气瓶总数不得超过 20 瓶。制氧机供氧系统由 PSA 制氧机、高效能空气压缩机、冷却干燥过滤系统及细菌过滤器、氧气浓度显示仪等组成。气源氧气通过减压装置和管道输送到各个终端处，供工作人员使用。

9.4 雀儿山隧道供氧效果检测

雀儿山隧道办公生活区采用鼻息式与弥散式供氧组合，隧道内施工区局部采用弥散式供氧方式，并配备氧吧车(吸氧室)供氧。

由于高海拔隧道施工材料、安全性和可靠性的要求，现场采用 CAP-O-50 型变压吸附 (PSA)制氧机制氧，产气量为 $45Nm^3/h$，制氧纯度为 $(90\pm3)\%$，(受高原影响)制氧机生产效率为 75%～80%，实际产氧量约为 $30.4Nm^3/h$，考虑到供氧安全性、可靠性及供氧成本，采用 DN25 不锈钢管供氧。生活区设置两间办公室、医务室采用弥散式供氧，每个房间有效供氧为 60L/min，其余办公室或住所采用鼻息式供氧。隧道掌子面有效供氧为 240L/min，同时配备氧吧车。雀儿山隧道施工供氧体系如图 9-3 所示。

施工过程中对隧道掌子面弥散式供氧区的气压和氧含量进行检测，气压为 60.19～60.93kPa，氧含量在 23.84%～25.56%之间，是原氧含量的 1.18 倍，可推算出经弥散式供氧后空气中氧气质量为 210.954～213.493g/m^3，达到了 2800～3000m 海拔的氧含量标准。

在隧道施工中，采用氧吧车和车载灌装氧气瓶供氧，而生活区采用鼻吸式和弥散式组合方式供氧，经过对施工人员的血氧含量测试，显示人体血氧含量均达到 90%以上，测试结果平均达到 94%，血氧含量表明供氧方式满足人体需氧量要求。

第 9 章 雀儿山隧道施工制氧供氧技术

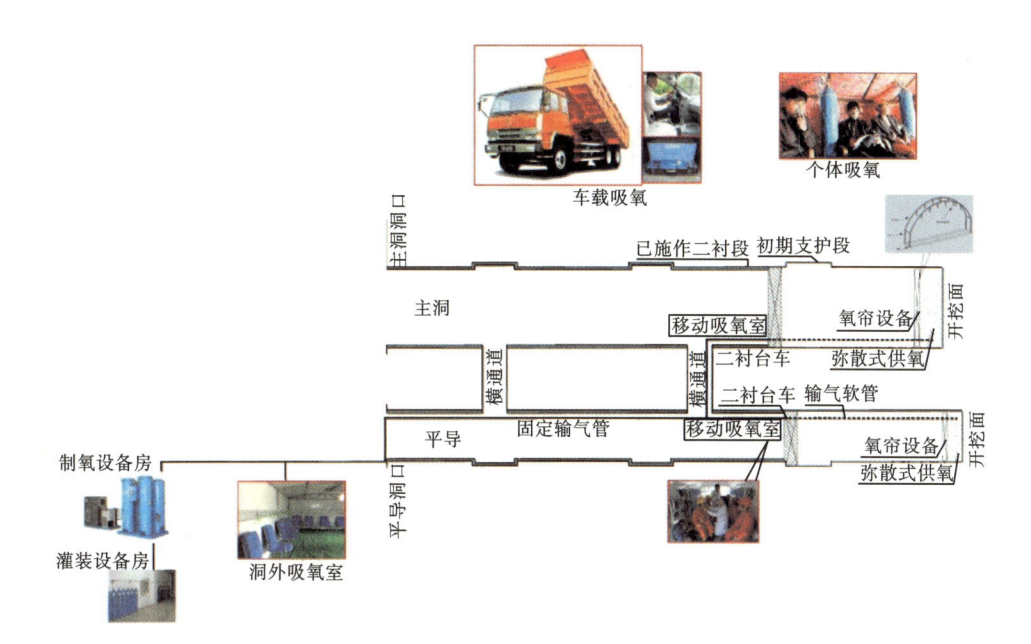

图 9-3　高海拔隧道施工供氧体系

第 10 章　高海拔隧道施工设备配置

为保证隧道机械施工的顺利进行，在高海拔高寒条件下，建设团队针对施工机械设备进行分析研究，并制定了相应的机械设备施工配套技术及对应的保养方案。对机械设备排放的有毒气体进行有效科学降低，提高了机械作业效率，延长了机械设备工作寿命，降低了机械设备隧道施工对人体的有效损害，为隧道施工提供有力支撑。

10.1　高原低温缺氧环境下施工机械设备的配套原则

1. 高海拔环境气候的特点

高原环境有着独特的和较恶劣的气候环境，具体表现有大气压力下降、空气密度减少、氧气含量不足、平均气温偏低且昼夜温差大，以及低温期长。随着海拔高度的增加，大气压力 P 下降，导致水的沸点降低，水冷内燃机也会受到影响。总结起来，恶劣的高原气候特点如下。

(1) 空气压力及空气密度比较低，氧气含量低。

(2) 空气温度比较低，变化比较大。

(3) 太阳辐射强度比较高。

(4) 土壤温度较低，存在冻土，并且冻结期比较长。

2. 低温缺氧环境对施工机械的影响

(1) 海拔高度对汽车动力的影响。

借鉴青海省公路建设有关课题的成果，当海拔高度每升高 1000m 时，汽车动力损失约 11%，隧道洞口地面海拔在 4200m 以上，设备的动力损失约为 48.4%。

(2) 低温对机械设备影响。

温度过低使设备的润滑油性能变差、发动机等燃烧不正常且易冻裂、蓄电设备易冻坏等，会导致设备负荷过高，甚至不能使用；同时，温度过低，设备启动困难，造成使用率低，施工效率低。

3. 高原低温隧道施工机械设备配套原则

综合考虑技术条件和经济条件，技术条件包括台班含量、工作效率、能源消耗、劳力资源，以及设备的易操作性、通用性、耐久性、灵活性及维修的难易性等方面；经济条件包括机械设备的购置费、使用时间、利用率及易损件的储备量等方面。在高原、低温、缺氧的条件下，隧道施工机械设备配套应考虑以下原则。

(1) 多选风动、电动设备，少选内燃设备。

(2) 高原地区由于水冷内燃机较风冷内燃机功率下降随海拔高度升高小，因此提倡用水冷内燃机。

(3) 选用增压型设备，少用非增压设备，增压应考虑到高原的影响。

(4) 选择性能可靠、故障率低、低温启动性能好的设备。

(5) 选用大型设备，少选小型设备。

(6) 多用新设备，少用旧设备。

(7) 选用进口、合资、国内组装的先进设备，不用故障率高的落后设备。

(8) 机械设备配置数量为平原地区的 1.5~2 倍。

(9) 设置专业的设备维修人员，储备已损坏的设备配件。

10.2 雀儿山隧道施工机械设备配套技术

针对低温、缺氧的高原特殊环境和富水的地质构造，雀儿山隧道施工机械配套经过多方案的比较，确定方案为：性能可靠的大压力、大容量螺杆式空压机组驱动凿岩机钻孔，履带式液压挖掘机和轮式侧卸装载机，大功率自卸车出渣；凿岩机钻设锚杆孔，自制台架架设拱架，电脑自动控制拌合站对砼集中拌合，采用保温的砼搅拌运输车运输，砼输送泵和整体液压衬砌台车模筑二衬砼；发电机组、空压机组、轴流通风机，自制大容量热水箱、锅炉加热、制氧房、医务室、砂石料保温棚和地暖气片等形成保障，使施工正常进行。雀儿山隧道为双向掘进，各循环作业线需配备备用设备。其主要施工机械设备如表 10-1 所示。

表 10-1 雀儿山隧道主要施工机械设备表(Q_2 标)

项目	设备名称	规格型号	数量/(台、套)	用途
动力	发电机组	HC450GF 450kW	3	供电
	发电机	YH100CGF 200kW	1	供电
	螺杆式空压机	SG132/8 132kW	10	供风
	变压器	YBP-12/0.4-1000 1000kVA	3	供电
	变压器	YBP-12/0.4-630 630kVA	1	供电
开挖掘进	凿岩机	YT-28 3.5m³/min	40	钻孔
装运渣	挖掘机	320DGC 93kW 1m³	2	装渣
	挖掘机	PC220-8 110kW 1m³	1	装渣
	装载机	ZL50CN 162kW 3m³	3	装渣
	装载机	ZL40B 125kW 2.3m³	1	装渣
	装载机	ZL30E 92kW 1.7m³	1	装渣
	自卸车	ZZ3251M3641D1 25t	10	装渣
	自卸车	BJ3042D8PEA-G3 15t	2	装渣
通风	轴流式风机	SDZ-No 1250 135kW×2	1	通风
	轴流式风机	SDZ-No 1000 47kW×2	1	通风
	射流式风机	SFS-No.12.5/75 75kW	4	通风

续表

项目	设备名称	规格型号	数量/(台、套)	用途
喷射砼	喷浆机	锦鸡 ZWYZ-7ZA-W 14m³/h	2	初期支护
	喷浆机	PZ-7 7.5m³/h	2	初期支护
砼工程	强制搅拌机	HzS60 60m³/h	2	砼加工
	强制搅拌机	JS750 25m³/h	1	砼加工
	混凝土罐车	HQC5250GJB1D 199kW	3	砼运输
	混凝土输送泵	HBT60A-1406Ⅲ 75kW	2	输送砼
其他设备	分子筛制氧机	CAP-O-50 45Nm³/h	4	制氧
	空气加压氧舱	YC08-11	1	就医
	等离子切割机	LGK-63	1	钢筋加工
	工字钢冷弯机	HE6ZQ-20	1	钢筋加工
	交流弧焊机	ZXE1-500	5	钢筋加工

1. 开挖作业线机械配置

(1) 钻孔机械。

钻孔是爆破法施工的关键环节，在整个施工循环中属进洞控制工序，占用时间较长。根据高原隧道的施工特点，现场比选了大型钻孔台车和小型凿岩机的优缺点。

雀儿山隧道主洞及平导开挖断面较小，且地质围岩复杂，前期项目没有接入国家电网，用电困难，很多时候都靠自发电进行施工；再加上高原缺氧，大型钻孔台车容易出现故障。经比选，选用小型凿岩机和自制钻爆台车相结合打眼，灵活性高，更可以根据围岩不同的地质情况合理选择爆破参数及打眼方式，大大提高了劳动效率。

如图 10-1 和图 10-2 所示，隧道主洞掌子面全断面开挖钻孔选用 17 套 YT-28 凿岩机，平导掌子面开挖钻孔选用 10 套 YT-28 凿岩机，耗风量为 3.5m³/min，同时备用 10 套 YT-28 凿岩机。

图 10-1 主洞掌子面全断面开挖

图 10-2 平导掌子面全断面开挖

(2) 装渣设备。

配备 3 台侧卸式装载机(主洞、平导掌子面各一台柳工 ZL50CN、一台柳工 ZL50CN

备用)和两台挖掘机(320DGC)进行装渣、排险,一台装载机进行掌子面装渣,3~4h完成,1台装载机备用或调运拱架、水泵等;挖掘机主要为掌子面排险、挖装仰拱和中心水沟爆破渣。

(3)运渣机械。

运输设备的配套应首先考虑隧道施工环境的要求,根据技术条件与经济条件选择设备的型号,在满足施工环境要求的前提下应尽可能地选择运输方量较大的运输设备;然后在数量确定上应保证装渣设备随时保持装渣作业,不能出现装渣设备等车现象。因隧道内的渗水较多,采用红岩金刚290 25T自卸车进行装渣,理论可装20m³洞渣,考虑松散系数,每车实际可装16m³洞渣。

主洞取Ⅲ级围岩全断面开挖配置出渣车数量(Ⅲ级围岩全断面开挖一次性产生方量最大,Ⅳ级、Ⅴ级采用上下台阶法开挖),每循环进尺按3m计算,设计断面面积为74.98m²,出渣量为开挖后的松散渣体积,装渣数量可按下式计算。

$$V=S\times L\times R\times P=74.98\times 3\times 1.3\times 1.2=350.91m³ \tag{10-1}$$

式中,V——单循环爆破后石渣数量(3m³);

R——岩体膨胀系数,一般情况下Ⅲ级围岩取1.3;

P——超挖系数,一般采用1.15~1.25,这里取中间值1.2;

L——循环进尺(m);

S——设计开挖断面面积(m²);

共爆破洞渣堆积方为350.91m³,需运送22车,装车运输往返为30min(考虑最长运距4km),考虑各种因素影响,则5台自卸车3~4h可运渣完成,其中一台备用(自卸车从前期的3台逐渐增加到5台)。

平导洞取Ⅳ级围岩全断面开挖配置出渣车数量(Ⅳ级围岩全断面开挖一次性产生方量最大,Ⅲ级围岩开挖方量小、Ⅴ级采用上下台阶法开挖),每循环进尺按3m计算,设计断面面积为42.11m²,出渣量为开挖后的松散渣体积,装渣数量可按下式计算(理论计算)。

$$V=S\times L\times R\times P=42.11\times 3\times 1.6\times 1.2=242.55m³ \tag{10-2}$$

式中,V——单循环爆破后石渣数量(m³);

R——岩体膨胀系数,一般情况下Ⅳ级围岩取1.6;

P——超挖系数,一般采用1.15~1.25,这里取中间值1.2;

L——循环进尺(m);

S——设计开挖断面面积(m²);

共爆破洞渣堆积方为242.55m³,需运送16车,平导断面小,出渣车需在横通道处等掌子面的车装满再进去,所以装车时间较长,装车运输往返为40min(考虑最长运距5km),考虑各种因素影响,则4台自卸车3~4h可运渣完成,其中一台备用(自卸车从前期的3台逐渐增加到4台)。

(4)弃渣场机械。

弃渣场距离洞口100m设置弃渣场,配置一台ZL40B侧卸式装载机进行平整,平渣时间在每次出渣完成后集中进行,需时间1.5~2.5h。

2. 喷锚支护作业线机械配置

(1)锚杆施作机械。

采用开挖台车作为工作平台，利用凿岩机进行锚杆打眼，人工装设药卷锚杆。

(2)混凝土喷射机械。

隧道主洞配置两套锦鸡(每套理论排量为14m³/h，一台备用)自动上料喷浆机从两侧边墙同时喷射砼，考虑高原功效降低至60%，实际喷射方量为8m³/h，每循环施工长度为6m，是自制台车一台车长度，设计砼方量为25m³左右，考虑混凝土回弹，可在3~4h喷射完成，喷射砼拌合机为JS750强制搅拌机，农用运输车(5m³)两辆运输至洞内作业面；隧道平导内设两台PZ-7喷浆机(每台理论排量为7.5m³/h，一台备用)，考虑高原功效降低至60%，实际喷射方量为4m³/h，每循环施工长度为6m，是自制台车一台车长度，设计砼方量为11m³左右，考虑混凝土回弹，可在3~4h内喷射完成。

(3)注浆机械。

配备两套注浆泵和压浆泵对超前导管及系统导管等进行注浆。

(4)拱架机械。

主洞与平导都利用自制开挖台架(6m)作为工作平台，人工拼装，台架用I型工字钢自制加工。

3. 防排水机械配置

防排水施工主要的工作任务是进行土工布和防水板的挂设，需要制作一个简易防水板台架来配合施工，上面配置一台卷扬机用以提升材料，土工布的挂设采用射钉枪，防水板使用热熔垫圈与土工布连接，防水板与防水板搭接则采用爬焊机。等到防水板焊接好后需要进行气密性实验。

4. 砼衬砌作业线机械配置

隧道二次衬砌是最后的一个施工环节，所需要的人员和机械设备也是最多的，分为模板班、钢筋班、混凝土班。

隧道的钢筋作业与普通房建、桥梁作业的程序相似，也是需要调直机、切断机、弯曲机、电焊机等，按需配置钢筋工、电工、机修工，设备应有备份，防止出现一台机械损坏影响其他机械的正常运转。

隧道二衬钢筋的绑扎利用防水板简易台架作为工作平台，运输采用平板车。钢筋绑扎完成后，即可进行二衬台车的就位、调整，纵向侧边空处采用小木板封闭。

(1)砼拌合机械。

自动计量拌合站设在距洞口50m处，已拌好混凝土由砼拌合站运至作业面最远距离为4500m，砼搅拌运输车行驶速度为10km/h，则砼运输时间最长为15min，满足砼初凝时间要求；主洞二衬台车长12m，按设计断面考虑超挖每模砼方量为120m³，JS750混凝土搅拌机最大生产功率为35m³/h，由于地处高原，实际功效按最大功率的60%考虑，两台JS750搅拌机在15~20min内可拌合10m³，因此5h可完成每模砼数量的拌合，能够满足施工需求，及时保证砼供应。现场施工管理调节，平导与主洞混凝土浇筑互相错开。

因项目地处高原，低温缺氧，为保证混凝土集料温度、搅拌混凝土质量，所以项目部高标准建设临建设施，建成封闭式储料仓及混凝土搅拌站如图10-3所示。

图 10-3　封闭式储料仓及混凝土搅拌站

(2) 衬砌台车。

在雀儿山隧道施工中，根据隧道平曲线半径，主洞与平导都订做了12m长轨行驶液压台车，台车面板厚1.0cm。龙门架由箱式钢板组装而成，行驶为电动自行方式，如图10-4所示。

图 10-4　二次衬砌台车

(3)砼运输设备。

已拌合砼采用砼搅拌运输车3辆(10m³)运至洞内工作面,能够满足施工需要。

(4)砼灌注设备。

主洞与平导各选用一台HBT60A型砼输送泵进行砼灌注,通过输送管道将砼灌入到衬砌台车内,输送泵及时进行清理及保养,防止设备发生意外出现施工缝,如图10-5所示。

图10-5 混凝土输送泵进行砼灌注

5. 施工保障机械设备配置

(1)动力设备。

空压机和发电机组是隧道施工的必备设备。

空压机:按最大同时施工需要考虑,根据掌子面掘进凿岩机的数量和开挖方法,主洞掌子面全断面开挖钻爆凿岩机需17套YT-28凿岩机,平导掌子面全断面开挖钻爆需10套YT-28凿岩机,考虑横通道施工需3套YT-28凿岩机,每台用风量为3.5m³/min,则最大用风量为105m³。考虑空压机功效只有平原的60%,需用8台23m³/min空压机同时工作,考虑必备品,隧道口共配置10台20m³/min螺杆式空压机,螺杆式空压机结构简单,易损件少,能在较大的压力差下工作,排气温度低,对制冷机中含有大量的润滑油不敏感,有良好的输气量调节特性,适合高海拔、缺氧地区隧道使用。在隧道施工至2500m深度,为减少供风距离,减小距离损失,将空压机组移至洞内1500m位置。

发电机组:拌合站与隧道用电进行分离,单独配置一台发电机,隧道场地和洞内用电考虑空压机、砼输送泵、喷浆机、通风机、洞内照明、钢筋加工机械和日常生活用电等,考虑除开挖之外其他工序交叉施工用电总功率为500kW,考虑高原环境影响,存在输出功率下降(下降40%计),则需要发电功率为833kW,隧道口配备了两台玉柴HC450GF

(450kW)发电机组,同时备用一台玉柴 HC450GF(450kW)发电机组,保证停电时隧道能够正常施工。

(2)通风设备。

海拔 4200m 的隧道内空气稀薄,氧气含量比洞外更低,需要不断往洞内输送新鲜空气,以保证氧分量,以确保施工人员身心健康。主洞洞口配置一台穿山甲 SDZ-No1250 型轴流式风机,功率为 135kW×2,额定供风量为 2400m³/min,平导洞口配置一台穿山甲 SDZ-No 1000 型轴流式风机,功率为47kW×2,额定供风量为 1100m³/min,保证洞内排烟通风和空气的质量。随着隧道掘进深度的增加,将轴流式风机往洞内转移,配置射流风机辅以排风。

(3)其他配属设备。

在隧道洞口配备了专业制氧设备,即 CAP-O-50 医用分子筛制氧机和 YC08-11 型医用空气加压氧舱,并且在项目部驻地配备医务室和医务人员,配足常发病药品,保证高原反应人员能够得到及时救治;建成强大的保暖、供暖系统(保温棚、水暖锅炉、暖气片等),保障冬季施工和工人的日常生活。

10.3 雀儿山隧道施工机械设备保养措施

易损易耗配件储备齐全,增加设备的保养次数、及时进行维修是保证设备正常运转的基础,高原、低温环境给维修和保养带来诸多困难,为此要采取有效措施进行弥补。

(1)超前预测,备足配件。对特种润滑油、防冻液、燃油、三滤、斗齿、油缸油封、高压油管、加压设备等易损易耗配件,根据消耗量及更换周期提前预测需用量,做好计划,储备充足。

(2)采用按时保养、及时修理的保养制度。根据设备说明书,结合低温、缺氧的高原施工特点,督促和监督司机按制度及时进行检查维修和保养,预防设备经常性故障发生。

(3)重视动力设备的维修和配置。空压机、发电机组、挖掘机等的配置状况直接影响隧道开挖支护、衬砌的施工进度。因此,一是要配置备用设备,一旦发生故障,及时更换;二是成立专业的设备维修班,及时保养检查,降低设备故障的发生率。

10.4 高原缺氧环境降低内燃机械有害气体排放技术

低气压、低含氧量导致内燃机施工机械燃油燃烧不充分,产生更多的有害气体。为了使施工时的空气质量满足隧道施工技术规范要求,保障施工人员健康,改善施工作业环境,项目部联合中铁西南院对减少隧道内内燃机械有害气体排放进行了研究。研究的思路是通过在机械上安装尾气净化装置达到减少有害气体排放的目的。

采用催化反应技术,通过安装尾气净化器来试验,尾气净化器一般是由蜂窝状可透气的基体经过封装之后形成的,通过涂覆不同的催化剂形成了不同种类的尾气净化器。在测试时发现刚安装时 CO 转化效率不高,经分析是因为尾气净化器基体表面涂覆的催化剂活化时间不足，没有充分发挥作用导致的。在尾气净化器累计使用约 50h 后再次测试，发现 CO 转化率很低，经分析是因为尾气净化器基体被碳烟等物质覆盖，基体上的催化剂不能与尾气充分接触，导致尾气净化器失效。

采用助燃减排技术，试验时将尾气净化器安装在发动机空气滤清器之后，涡轮增压器之前的位置，将净化器的电源线分别与施工机械发电机的正极线、负极线和励磁线连接。该型号尾气净化器的原理是发动机工作时，进气流经通电的电路板时，进气中氧气被转化为臭氧使其活性增加。从测试结果看，单独使用尾气净化器时，自卸车在工作转速为 1800r/min 时，隧道外的 CO 转化效率为 36%，隧道内的 CO 转化效率为 30%。虽然转化效率不是特别高，但是该型号的尾气净化装置对减少高海拔隧道施工机械 CO 排放效果稳定明显，如图 10-6 所示。

(a)　　　　　　　　　　　　(b)

图 10-6　助燃性尾气净化器安装及检测

第 11 章　高海拔隧道冬季施工技术

雀儿山隧道属于高海拔高寒地区，气候恶劣，每年的积雪期较长，尤其是冬季。为保证冬季施工的顺利进行，建设团队仔细调研冬季高寒环境对隧道施工的影响，并提出了相应的混凝土配比防治技术及隧道施工防冻技术措施，保证了施工的正常进行。

11.1　高海拔高寒对隧道施工的影响

雀儿山隧道隧址区属典型的高原越岭高寒气候。主要特征是：气候寒冷，气温日差较大，年差较小；日照充足，太阳辐射强烈，降水集中，干湿季节分明；而且海拔越高气温越低，积雪及结冰日期越长，积雪厚度越大，气象条件越恶劣，如图 11-1 所示。

雀儿山隧道地处高海拔高寒地区，气候寒冷，冬期施工时间长，所以无论是施工阶段还是运营以后结构物都处于长期低温和反复冻融的环境当中。对于加强防冻研究，提高施工期间的保温防冻和结构物抗冻性能是至关重要的。

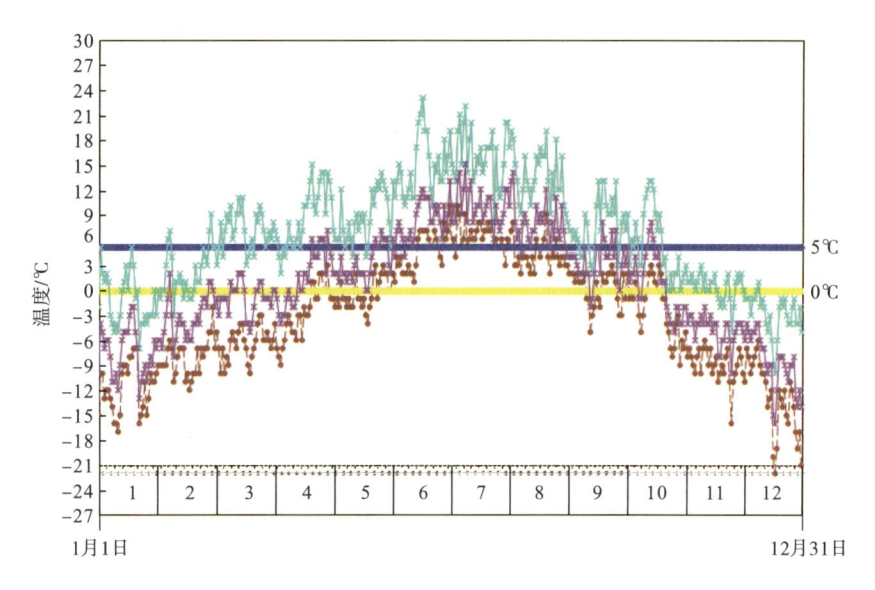

图 11-1　2013 年全年的温度变化曲线

经对隧址区的气象温度进行了持续的测量，图 11-1 是 2013 年全年的温度变化曲线。全年最高温度为 23℃，最低温度为-22℃，上半年最后一场雪发生在 6 月 13 日，下半年第一场雪发生在 9 月 6 日。根据冬季施工规定，室外日平均气温连续 5d 稳定低于 5℃或最低气温低于-3℃时，混凝土施工转入冬季施工。室外日平均气温连续 5d 稳定高于 5℃时，解除冬季施工。按照这一规定，2013 年 1 月 1 日至 5 月 23 日、8 月 31 日至 12 月 31

日，冬季施工时间长达 265 天。

雀儿山隧道隧址区冻土具有季节性冻融特点，每年进入 10 月中旬开始冻结，到次年 3 月，冻土达到 138cm 的最大冻土深度。之后，随着气温回升，地温逐渐升高，土壤逐渐开始解冻，到 4 月中、下旬土壤全部解冻，冻结日数达到 180 天左右，同时，由于日温差大、光照强烈的特点，表面土壤时冻时融，具有反复冻融的特点。

11.2 高海拔高寒地区混凝土配合比设计

提高混凝土结构物的抗冻性，首先需要分析和了解高海拔、高寒地区混凝土受冻破坏机理，确定混凝土受冻破坏的主要因素；然后根据工程特点，从外加剂选用、配合比设计方面调整混凝土工作性能包括和易性工作性能，提高混凝土结构的抗裂、抗冻性能。

1. 混凝土的受冻模式和受冻机理

混凝土在凝结过程中若受到负温侵袭，则水泥的水化作用受到阻碍，其中游离水分开始结冰，体积增大，使混凝土结构产生不同程度的破坏（如裂缝、层状破坏等缺陷）。混凝土在负温度下受到冻害的模式按照产生受冻的时间和强度可分为 3 种：第一种是初期受冻；第二种是混凝土已硬化的早期受冻；第三种是混凝土达到临界强度后的受冻。

（1）混凝土初期受冻。混凝土初期受冻是指混凝土未形成不可逆构造前微孔和毛细孔的自由水产生冻结。这时的混凝土受冻前仍处于流态或半流态，混凝土尚未初凝或刚开始初凝，混凝土中的水泥基本未反应就受冻停止了。虽然水泥在解冻后仍能达到最终强度且基本不受影响，但是由于过早的受冻，浆体与骨料之间的界面错开或松动，造成强度的降低。据一些研究资料显示，浇筑后的混凝土立即受冻时，则已解冻的混凝土 28 天强度降低 30%~40%。所以，混凝土受冻越早，造成的构造破坏和潜在强度的降低越大。

（2）混凝土已硬化的早期受冻。混凝土已硬化的早期受冻是指混凝土已形成结构并具有一定强度时受冻。如表 11-1 所示，尽管混凝土具有一定强度，但是不足以抵御受冻后自由水体积膨胀造成的破坏，所以根据龄期和强度变化受破坏的程度不同。

表 11-1　混凝土早期受冻实测变形及强度

养护时间/h	砼受冻前初始强度/(MPa/%)	冻结情况下变形/(mm/m)	冻结 1 昼夜后 28 天标养强度/(MPa/%)
0	—	2.275	23.1/70
3	—	1.400	23.6/71
5	0.1/0.33	1.225	23.8/72
14	0.825/2.5	-0.350	27.2/82
22	3.3/10	-0.305	29.4/89
48	10.2/31	-0.087	31.2/95

注：该砼正常标养 R28=33MPa，分数线上值是试件的抗压强度，线下值是占 R28 的百分比。

（3）混凝土达到临界强度后的受冻。受冻临界强度是指冬季施工中浇筑的混凝土在受冻以前必须达到的最低强度。这种受冻模式的破坏机制是由冰晶的膨胀压力起主要作用。

假如混凝土全部孔隙都充满了水,则在一次冻融循环后应立即破坏。在饱和水状态下,混凝土经多次冻融循环后之所以未破坏,主要是由于混凝土孔隙容积中没有全被水充满,在冻结过程中结晶生长的压力作用下,水的一部分受到压缩的缘故,即混凝土的抗冻性,它主要取决于其孔隙结构参数和水在这些结构中的饱和程度及冰在孔隙中生成的动力学性质。表11-2 和表11-3 是《建筑工程冬期施工规程》(JGJ/T 104—2011)规定的混凝土早期受冻临界强度和混凝土最小养护时间。

表11-2 JGJ/T 104—2011 规定的混凝土早期受冻临界强度

混凝土类型或环境温度	混凝土早期受冻临界强度
采用硅酸盐、普通硅酸盐配制的普通混凝土	不小于设计混凝土强度标准值的30%
采用矿渣硅酸盐水泥、粉煤灰硅酸盐水泥、火山灰质硅酸盐水泥、复合硅酸盐水泥配制的普通混凝土	不小于设计混凝土强度标准值的40%
C50 以上混凝土	不小于设计混凝土强度标准值的30%
有抗渗要求混凝土	不小于设计混凝土强度标准值的50%
有抗冻耐久性要求混凝土	不小于设计混凝土强度标准值的70%
室外最低温度-15℃蓄热法或负温养护施工混凝土	不应小于 4MPa
室外最低温度-30℃负温养护施工混凝土	不应小于 5MPa

表11-3 JGJ/T 104—2011 规定的混凝土最小养护时间

暖棚内温度/℃	5	10	15	20
养护时间/d	≥6	≥5	≥4	≥3

2. 影响混凝土抗冻性的因素

通过对混凝土的受冻模式和受冻机理的分析,作者认为,影响混凝土抗冻性的最主要因素有水、温度、强度和混凝土内部结构。

(1)自由水结冻后体积膨胀,在混凝土强度的各个阶段都会产生影响。特别是混凝土早期,强度较低,混凝土自身无法抵御自由水产生的膨胀变形,导致混凝土结构破坏。根据自由水的特点:一是降低自由水质量提高抗冻性能,控制水灰比减少混凝土拌合用水降低混凝土中自由水;二是降低自由水的冰点,使自由水不冻,不产生体积膨胀,不对混凝土结构成长产生威胁。

(2)混凝土受冻的根本原因就是环境温度降到负温度,导致混凝土材料的性状发生改变。所以,改变混凝土所处环境,通过搭建暖棚等方式使局部环境温度升至混凝土适宜条件,对于防止混凝土初期和早期受冻害也很有效。温度影响的另一个方面是冻结温度和降温速度。有关研究表明,结冰速度随温度降低而降低,同样,混凝土冻融循环次数随温度的降低而减少。

(3)混凝土强度是决定混凝土遭受冻害产生破坏程度的关键。因此,应尽可能使混凝土强度在较短时间内达到临界强度以上,满足抗冻的强度要求。另外,对于当静水压力和渗透压力超过混凝土抗拉强度时,混凝土就会产生冻融破坏。所以,相同的混凝土结构(气泡结构)强度越高,混凝土抗冻融性能越强。

(4)混凝土的内部结构影响。改善混凝土内部结构,就是建立合理的气泡分布结构,减少存储自由水的孔结构,能够在自由水冻结产生体积膨胀时进行压力释放。混凝土的含气量越小、平均气泡间距越大,混凝土抗冻性能越小。改善混凝土内部结构的方法除掺入引气剂建立气泡结构之外,还有其他(如掺入活性矿物掺合料、使用较大孔隙的轻集料)的方法。

3. 提高混凝土抗冻性能的措施

通过分析表明,混凝土的含气量、临界气泡间距、水灰比、降温速度、混凝土强度和降温速度等因素综合决定了混凝土的抗冻耐久性能。

(1)控制水灰比。水灰比的大小是决定混凝土密实性的主要因素,并且水灰比是决定混凝土强度和耐久性的关键因素。水灰比越大,自由水越多,静水压力及体积膨胀越大,抗冻性就越差。因此,在保证混凝土工作性的情况下应严格控制水灰比,一般不超过 0.55。

(2)选用合适的外加剂。平均气泡间距是影响混凝土抗冻性的最主要因素,而影响平均气泡间距的一个主要因素是含气量。混凝土中封闭空气泡除搅拌、振捣时混入之外,主要是引气剂等外加剂人为引入的。引气剂引入的空气泡越多,平均气泡间距就越小,毛细孔中的静水压和渗透压就越小,混凝土的抗冻性就越好。使用减水剂不但可以降低混凝土用水量、减少自由水数量和自由水在混凝土中所占体积,同时也可以提高混凝土早期强度、改善混凝土抗冻性。使用防冻剂降低水的冰点,对新拌混凝土强度增长和抗冻也很有好处。所以,掺入适当的引气剂、减水剂、防冻剂对混凝土抗冻性的提高都有益处,根据具体情况选用合适的外加剂很关键。

(3)选用合适的水泥。混凝土的抗冻性随水泥的活性提高而增高。普通硅酸盐水泥混凝土的抗冻性优于其他混合水泥混凝土。所以,优先选用普通硅酸盐水泥,为提高早期强度,宜选用强度 42.5 以上水泥。

(4)根据条件,应考虑掺加活性材料、多孔轻骨料等。

4. 雀儿山隧道混凝土配合比设计

雀儿山隧道施工中,低温是对混凝土最大的影响因素,根据施工的特点,配合比设计时,抗冻性是必须要考虑的指标。

(1)材料选择。

①水泥:为了提高早期强度,选用了 P.O42.5R 水泥,生产厂家为泸定水泥有限公司,技术指标如表 11-4 所示。

表 11-4 水泥主要技术指标

项目	比表面积 /(m²/kg)	标准稠度 /%	安定性 /mm	凝结时间/min 初凝	凝结时间/min 终凝	抗折强度/MPa 3d	抗折强度/MPa 28d	抗压强度/MPa 3d	抗压强度/MPa 28d
技术标准	—	—	≤5.0	≥45	≤600	≥4.0	≥6.5	≥22.0	≥42.5
实测值	354	28.0	2.0	164	254	5.8	8.4	26.1	49.0

②集料：雀儿山项目 100km 内无规模较大、质量较好的集料生产厂，项目部自建水洗砂石场，选择质量好的花岗岩石生产集料，各项指标均能满足规范要求。其具体技术指标如表 11-5 和表 11-6 所示。

表 11-5　细集料主要技术指标

检测项目	技术指标	实测结果
细度模式	—	2.9
表观密度/(g/cm^3)	≥2.500	2.71
堆积密度/(g/cm^3)	≥1.400	1.64
含泥量/%	≤10.0	1.2
泥块含量/%	≤1.0	0.3
压碎值/%	≤25	14

表 11-6　粗集料主要技术指标

检测项目	技术指标	实测结果
表观密度/(g/cm^3)	≥2.600	2.71
堆积密度/(g/cm^3)	—	1.60
含泥量/%	≤1.0	0.4
泥块含量/%	≤0.2	0.0
压碎值/%	≤20	11
针片状/%	≤10	6

注：母材强度 108MPa

③外加剂。就本项目而言，应选用具有抗冻、引气、减水等作用的外加剂，并与水泥有很好的适应性和对钢筋无锈蚀。本试验采用的 AL-KD1 型外加剂，是生产厂家按照我们的需求调整生产的。外加剂的检测指标如表 11-7 所示。

表 11-7　外加剂的检测指标

检测项目	减水率/%	含气量/%	抗压强度比/% 7d(-15℃)	28d
规定值	—	2.0	8	90
检测结果	14	3.5	10	92

注：推荐掺量为 3%~5%，试验掺量为 4%。

④施工用水。拌合用水。施工区附近有温泉水，常年温度为 68~72℃，经试验确定可以作为混凝土拌合用水。

(2) 配合比设计参数确定。

配合比设计参数依照《普通混凝土配合比设计规程》（JGJ55—2011），根据混凝土施工要求和抗冻性确定最大水灰比、最小水泥用量和含气量。

①确定水灰比。水泥要达到完全水化所需的用水量约为水泥质量的25%，此外，由于物理吸附水作用还有约15%的水被限制在胶体孔隙中不能参与反应，因此水灰比达到0.4，就足以满足水泥水化需要，至于再增加的水量就是为了满足混凝土工作性的需要，即混凝土施工过程中达到一定的流动度来满足混凝土不同的施工方法的需要。因此，确定水灰比同时应满足两个条件：一是通过水灰比公式计算的满足强度的最大水灰比要求；二是符合不超过抗冻、抗渗混凝土允许的最大水灰比要求。其具体要求如表11-8所示。

表11-8 混凝土最大水灰比规定

抗渗混凝土最大水灰比			抗冻混凝土最大水灰比及最少胶凝材料用量			
设计抗渗等级	最大水灰比		设计抗冻等级	最大水灰比		最小胶凝材料用量/(kg/m³)
	C20~C30	C30以上		无引气剂	掺引气剂	
P6	0.6	0.55	F50	0.55	0.60	300
P8~P12	0.55	0.5	F100	0.5	0.55	320
>P12	0.50	0.45	不低于F150	—	0.50	350

②确定单位用水量。混凝土单位用水量通过集料最大公称粒径和坍落度设计要求查表，再根据外加剂减水率扣除减少的水量计算出单位用水量，实际单位用水量需经过试验确定。

③确定砂率。砂率选用是在查表11-9的基础上，满足混凝土工作性的条件下，尽量降低砂率，可提高混凝土的强度，大流动性混凝土砂率通过试验确定。

表11-9 混凝土的砂率/%

水灰比	卵石最大公称粒径/mm			碎石最大公称粒径/mm		
	10.0	20.0	40.0	16.0	20.0	40.0
0.40	26~32	25~31	24~30	30~35	29~34	27~32
0.50	30~35	29~34	28~33	33~38	32~37	30~35
0.60	33~38	32~37	31~36	36~41	35~40	33~38
0.70	36~41	35~40	34~39	39~44	38~43	36~41

④确定含气量。足够的含气量可使混凝土不受冻害，同时也应满足抗渗等要求。抗渗混凝土含气量为3.0%~5.0%，抗冻混凝土含气量满足表11-10，并不大于7.0%。雀儿山隧道工程地处高寒地区，无盐冻，混凝土含气量控制标准为：抗渗混凝土为3%~5%，普通混凝土为4%~6%。

表11-10 混凝土最小含气量

粗集料最大公称粒径/mm	混凝土最小含气量/%	
	潮湿或水位变动的寒冷和严寒环境	盐冻环境
40.0	4.5	5.0
25.0	5.0	5.5
20.0	5.5	6.0

为了提高混凝土抗裂性能，隧道二次衬砌混凝土在上述配合比基础上增加 0.9kg/m³ 抗裂纤维素纤维，路面洞口 500m 防冻段则在原配合比基础上增加 1.2kg/m³ 的纤维素纤维，工作性及检测指标均符合要求。

11.3　雀儿山隧道施工防冻技术措施

有效的施工防冻措施是确保冬季施工期间工程施工的顺利推进和工程质量的保证。施工管理中建立冬季施工管理制度和管理组织，制订冬季施工专项方案，从组织、人员、施工方案、保障措施等方面具体细化，在认真落实的过程中不断加强和改进，进一步完善冬季施工专项方案，加强气象、技术资料收集整理，指导冬季施工。

1. 临建设施

施工区临建(混凝土搅拌站、钢筋加工场、储料仓)均使用 10cm 厚具有较好保温效果的彩钢板建造，棚顶采用圆弧设计安装融雪设备防止积雪。该临建区域采取升温和保温措施，因此需要配置升温设备和加强保温措施，规划在一起以便于安装升温设备和进行监控管理。计划在搅拌站内部安装两台 8t 的燃煤锅炉为拌合站和钢筋暖棚供暖及提供拌合热水。

拌合站储料仓在砂仓底部安装加热循环管，在彩钢房靠近砂石料仓的墙壁上安装散热片，一台锅炉用于对砂子进行地温加热和提高棚内温度，使砂子不产生结块现象，同时保持棚内温度在 10℃以上；另一台锅炉用于加热混凝土的拌合用水，控制水温在 60℃左右。拌合站接料斗外侧、砂石料棚后侧均装有棉帘子，供混凝土运输车、砂石料车及钢筋运输车进出。

砂石料区宽 45m、长 30m，料仓两侧布置，每侧设置两个料仓，共 4 个料仓，分别为两个石子料仓、一个砂子料仓及一个豆石料仓，料仓长度为 15m，中间有 15m 的距离，供装载机给拌合站上料，装载机始终置于料棚内，故可以获得较好的保温效果。料仓内可存储石子 900m³、砂子 500m³、豆石 500m³，存满一次可满足 7 天左右的生产需要。根据监控测量结果，一般进入料仓 1~2 天，材料结冰冻块即可完全融化，生产上料时，装载机以单位料仓中间分割靠料仓一侧铲料(上完一侧上另一侧)，一侧补料，这样能够确保料仓循环使用。总体布置如图 11-2 所示。

钢筋加工场及存放场地座落在钢筋加工棚的后面，钢筋存入场与钢筋加工场之间设有暗门，钢筋可以在棚内直接从存入场倒运到加工场，钢筋加工场内墙上安装有暖气片；存放场内不设暖气片，只保温不加温，设置一台 5t 的桁吊，供钢筋卸车时使用。

洞口左侧设 20t 地下柴油库，保障工地柴油使用。深埋油罐于 2m 左右的冻土以下。储油罐罐体 2.2m×6.0m，为减少开挖方量和提高施工效率，开挖 4.2m×7m 方坑，罐体及油管管路先刷一层防锈漆，然后用保温材料包裹进行防冻处理后掩埋。加油房用 10cm 厚保温彩钢板建造。

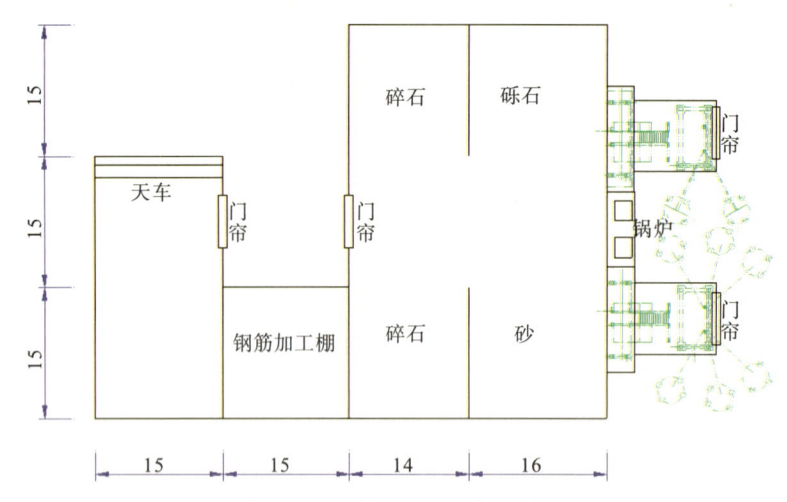

图 11-2 封闭式拌合站、钢筋储料加工棚总体布置图(单位：m)

由于藏区物资匮乏，项目的物资供给均由成都方向供应，特别是冬季施工期间，材料运输因为严寒、道路不便就更显得困难。一般从成都到项目提前量需要10～20d。因此，洞口右侧设置60t外加剂库及小型材料库，冬季施工期间按照施工计划进行物资储备，材料储备应保持被覆盖、保温、干燥等措施，防止材料反复冻融，降低材料质量和使用性能。

2. 升温设施

冬季施工，低温的影响造成结冰，材料性状发生变化，影响施工的正常进行，需要建立必要的设施提高材料温度使其恢复原有性状。升温设施配置按体积耗热指标法计算车间耗热量确定。

(1) 洞内外升温耗热量计算。

雀儿山隧道正洞有效净空面积为100m²，洞外极限温度为-20℃，洞内极限温度为-10℃，隧道内掌子面至衬砌施工区后方200m，温度保证区域长度为300m，计算洞内温度保证区域温度达到+20℃时所需要的热量。

按体积耗热指标法计算隧道内温度保证区域耗热量：

$$Q = q_1 \times V \times K \times (t_n - t_w)$$

其中，隧道内温度保证区域体积耗热量指标 q_1，考虑到隧道为封闭空间保温极好，计算 $q_1 = 0.2 W/m^3 \times K$；隧道内需要升温与升温前温度差(℃)：$t = (t_n - t_w) = (+20℃ - 10℃) = 10℃$；隧道内空气密度 K，雀儿山隧道海拔取平均4300m内插计算得出 $K = 0.629 g \cdot m^{-3}$。

洞外拌合站封闭式料仓车间18000m²，料库及洞口值班房、发电机房、监控室、制氧车间、吸氧室等合计4000m²，共计总供暖面积为22000m²。

拌合站封闭式料仓耗热量：

$$Q_1 = q_1 \times V \times K \times (t_n - t_w)$$
$$= 12 \times 18000 \times 0.629 \times (+10℃ - 5℃) = 2037960W$$

其他供暖区耗热量：

$$Q_2 = q_1 \times V \times K \times (t_n - t_w)$$
$$= 0.5 \times 4000 \times 0.629 \times (+20℃ - 5℃) = 31450W$$

隧道外供暖区合计耗热量：
$$Q_1+Q_2=2037960+31450=2070760W$$

每吨常压锅炉产生的热量为 700000W，高原按照 0.6 热效折算，管道热损 15%，单位常压锅炉产生的热量为 700000×0.6×(1-15%)=357000W。

洞外供热区供热需要设置锅炉的最小吨位：2070760÷357000=5.8004t，选择确定供暖锅炉为 8t。

(2)洞外供暖系统设置。

在封闭式拌合站内安装两台 8t 的燃煤锅炉为拌合站钢筋加工棚提供供暖及混凝土施工用水；在暖棚墙体安装暖气片散热，拌制砂料仓底铺设地暖等措施。

具体的暖气片布设沿墙体 5m 一组布设，拌合站料仓大棚在每个料仓隔墙顶增设两组暖气片以提高散热量。砂料仓地暖施工时，先在底层铺 5cm 左右沙垫层，沙垫层顶布置地暖，地暖管使用 Φ20mm×2.0mm 地暖管，间距 20cm 均匀布置，上面铺筑 20cm 混凝土。图 11-3 所示的料仓地暖效果明显，一般进入料仓 1～2 天，结冰冻块就可以完全融化，材料温度可达到 15～30℃，地暖的效果好于暖气片。冬季施工期间，没有地暖的料仓，材料温度比拌合站内环境温度低 5～10℃，地暖料仓材料的温度比拌合站内环境温度高 5～10℃。地暖的优势就相当于把材料放到了暖床上，自下而上持续地供给热量，但是暖气片的热量是由外向内渗透的，而且热空气由于密度减小，而往高处走，因此造成材料温度的明显差异。

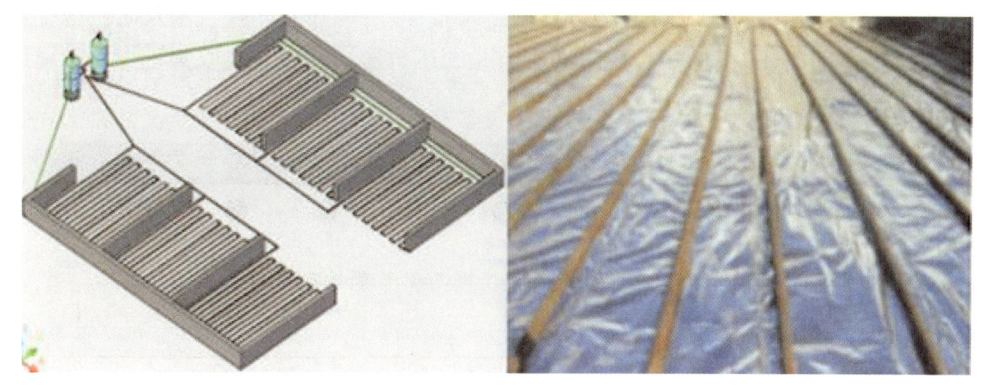

图 11-3 保温料仓地暖设置

洞外监控室、值班房等供暖场所安装暖气片散热，暖气片按照 10～15m² 一组进行设置。

(3)洞内供暖方式。

洞内施工温度随着进洞掘进深度的增加温度有所提高，如表 11-11 所示。根据测量结果显示，隧道进洞 1000m 施工区即满足施工要求，在未做任何加温处理情况下（冬季施工时洞口设保温门）隧道大于 1000m 后常年温度变化不大，常温期间比冬季施工期间温度高 3～5℃，并且随着进洞深度增加，温度不会再有较大增长，基本保持 10～17℃的温度，变化不大，只是在二衬施工段温度稍高 1～2℃，掌子面通风温度也有小幅度降低，主洞与平导温度比较，冬季平导温度较主洞低 2～3℃，夏季反而略高。洞内施工在 2012 年冬季施工时采用电炉加热的方法，保证洞内温度不低于 5℃。之后，通过空压机房的余热利用将空压机房存在的大量热量,通过风机送风进行有效利用,对提高洞内施工段环境温度效果明显。管道通风加热,对提高洞内施工段环境温度、保持混凝土强度较快增长效果也较好。

表 11-11　贯通前冬季施工期间洞内温度统计表

进洞深度/m	500	1000	1500	2000	2500	3000	3500	4000	4300
冬施期间测量温度/℃	−5～0	4～8	6～10	8～15	9～15	10～15	10～15	10～15	10～15
正常施工期间测量温度/℃	3～9	5～11	11～16	13～17	13～17	13～17	13～17	13～17	13～17

空压机房余热利用和管道通风加热法都是非常干净环保的升温方法。空压机房余热利用是用洞外风机右侧的空压机房的空压机产生的大量余热,经过风机引导进入隧道施工面来提高隧道内环境温度的方法。管道通风加热是通过在隧道通风机进风口前端、通风管道中部,或者通风管道末端,加工安装与通风风管同样内径的钢管,外侧布置10cm保温材料层及外侧钢管,内侧环向布置电热棒,利用电热棒产生热源,当风通过升温管道段后得到有效的升温,达到供风升温提高隧道内环境温度的方法。在以后的隧道冬季施工实践中,作者认为具有很大的利用和发展空间,特别是对于空压机余热利用,投入费用少,既提高了洞内温度,又加速了空压机房空气流动,降低了空压机房温度,保护了空压机正常运作。

空压机房余热利用时在空压机房进行进出风布置,进风布置即换气扇及时供应空压机房新鲜冷空气,如图 11-4 所示;出风布置就是空压机房顶安装暖风收集管道到隧道风机口,如图 11-5 所示。

图 11-4　空压机房换气扇布置图

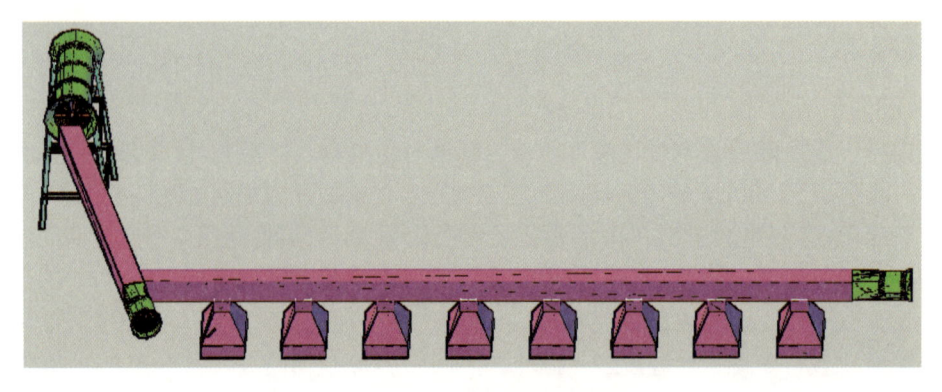

图 11-5　暖风收集管道布置图

雀儿山隧道供风选用艾唯特 SG-132/8 型螺杆空压机,排气报警温度为 105℃,当实际排气温度高于 110℃时报警停机。空压机房共计配置 8 台 132kW 空压机,7 台使用、1 台备用,其技术参数如表 11-12 所示。

表 11-12　雀儿山隧道空压机房空压机技术参数

型号	排气压力/MPa	排气量/(m³/min)	电机功率/kW	排气接口	质量/kg	外形尺寸
SG-132/8	0.8	22.7	132	DN65	3400	2.8m×1.6m×1.8m

空压机压缩空气的过程实际就是将电能转换成势能、热能及机械能的过程,真正在运行过程中用于增加空气势能所消耗的电能,在总耗电量中只占很小一部分,约为 20%,80%的电能被转换成热能。温度为 80~100℃的热被机器本身的传热部件所带走,剩余的热被风机散发到空气中。所以,我们通常可以看到空压机及空压机房都有大功率风机在工作,排出的是炽热的风,空压机正常运行时环境温度需要控制在 40℃以下。下面以雀儿山隧道项目为例进行热能计算。

高原地区由于气压低,造成空压机有效功率仅为设计功率 81%,空压机空压机 90%电能转换成热能、热能总功率 93%计算热能回收总功率。

7 台空压机有效总功率:
$$132×7×0.81=748.44kW(一台备用)$$

电能转化热能总功率:
$$748.44×0.9=673.6kW$$

热能回收总功率:
$$673.6×0.93=626.4kW(每小时可利用热能)$$

其中,热能回收总功率的 62%即 388.43kW 被用于生产热水隧道外供暖。热能回收总功率的 38%即 238.07kW 被用于生产热风,进行隧道内供暖。

雀儿山隧道风机技术参数如表 11-13 所示。

表 11-13　雀儿山隧道风机技术参数

风机型号	速度	风量/(m³/min)	风压/Pa	高效风量/(m³/min)	功率/kW	效率/%	绝缘等级	防护等级
SDZ-No10（平导）	高速	1100	5000	1100	47×2	81%	F	IP54
	中速	800		743	16×2	81%	F	IP54
SDZ-12.5（主洞）	高速	2400	5000	2400	135×2	81%	F	IP54
	中速	1800		1800	47×2	81%	F	IP54

根据表 11-13 可以得到,主洞通风机每分钟通风量为 2400m³,效率为 81%,可知每分钟通风量为 1944m³,每小时供风量为 1944×60=116640m³,空压机房进风温度为-10℃,利用空压机房热能通风,计算洞内环境温度变化。

根据以上计算可知,空压机房热能回收总功率为 238.07kW(每小时可利用热能);每小时供风量为116640m³；每立方通风利用热能为238070/116640=2.041W；每立方空气升高 1℃需要耗热量为 0.2×1×0.629×1=0.1258W；经利用空压机房热能通风提高温度为2.041/0.1258=16.23℃；每小时通风洞内暖风长度为116640/100=1166.4m。

根据计算经利用空压机房热能提高通风温度，每小时通风 116640 m³，在空压机房进风温度基础上升温 16.23℃。通过上述计算结果可知隧道内环境温度，通过空压机房热能利用，可大幅度提高洞内环境温度，具有供暖速度快、升温效果均匀，有助于实现节能减排，不占用施工空间影响洞内施工，供暖控制机动灵便等特点。所以，利用空压机房热能通风升温方案可以满足施工环境要求。

与空压机房热风相似，风管加热则是冷风通过加热风管提高通风温度来提高施工段环境温度的。加热管最小功率按照通风量和升温要求计算，每小时供风量为 1944×60=116640m³，供风温度为-10℃，计算洞内温度达到+5℃时每小时通风耗热量。

$$Q=q_1 \times V \times K \times (t_n-t_w)$$

隧道每小时通风升温耗热量(W)：

$$Q=q_1 \times V \times 0.629 \times (t_n-t_w)=0.2 \times 116640 \times 0.629 \times [+5-(-10)]=220100W$$

（计算求得：每立方空气升高1℃需要 0.1258W 耗热量）

隧道每小时通风升温需要的耗热量为 220kW。

根据耗热量给升温管安装加热管每根 10kW，一环 8 根，总功率为 80kW，4 环共计功率为 320kW，3 环功率为 240kW 即可满足上述计算功率。考虑到环境温度下降变化，加热管交替开启使用，维修保养等方面原因，备用 80kW 功率加热管，以便施工中灵活调整。在具体施工时，只同期开启最多 3 组加热管，可在爆破通风排烟后期进行升温通风，施工过程中根据洞内温度情况，通过开启加热管组数或通风升温时间来调整洞内环境温度，如图 11-6 所示。

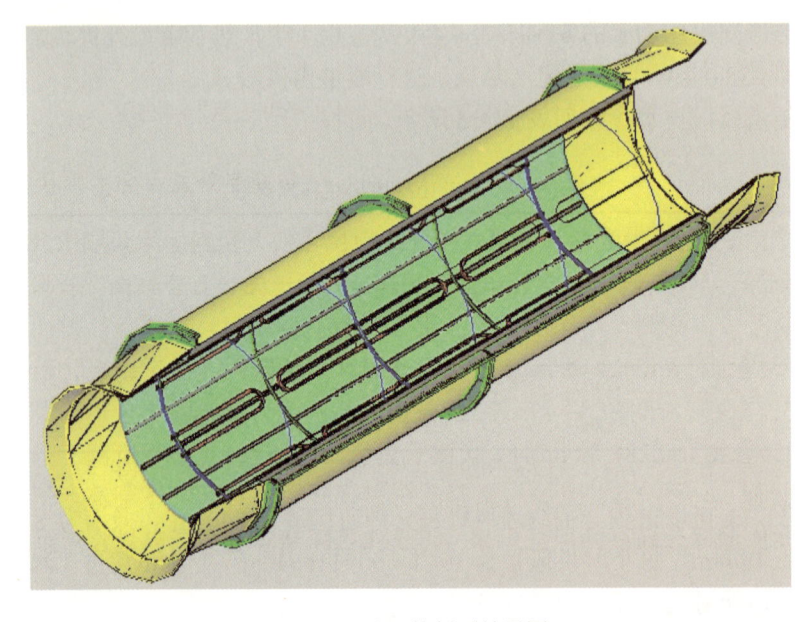

图 11-6　升温管剖面效果图

通过上述计算结果可知，隧道内温度保证区域，通过供风通过升温管对空气升温设施，≥220kW 功率持续供风升温 7～8min，即可保证区域温度环境达到+5℃，具有供暖速度快、升温效果均匀、不占用施工空间、供暖控制机动灵便等特点，所以供风通过升温管对空气升温方案可以满足施工环境要求。

3. 保温设施

最大限度降低温度散失，保温设施非常关键。保温分为洞外保温和洞内保温。洞外砂石料场及拌合站均搭设暖棚，暖棚骨架为钢结构，棚顶及四周铺设草帘(或棉被)，并覆盖棚布密封，保证不漏风，机械出入后及时关闭。在实际施工中，拌合站及料仓大棚、钢筋加工棚等保温暖棚，墙体、棚顶均采用 10cm 加厚彩钢板建造。出入口挂设棉门帘，由于拌合站储料区进料口处于风口，起初挂的棉门帘经常被风吹起来，透风造成储料区热量损失严重，因此加设铁门后再挂棉门帘，保温效果非常明显。

为了防止洞内输水管路受洞外的影响导致堵塞或不畅通，保证掌子面正常施钻，洞外输水主管路均采用电热丝缠绕保温材料包裹，高压水池采取覆盖保暖措施。此外，高压风管也要用电热丝缠绕保温材料包裹，因为高压风中的水分遇冷凝结形成水而结冰。风水管的阀门是极易冻坏的部位，仅仅通过保温材料包裹不能解决问题，还必须缠绕电热丝。

4. 物资设备选择

由于冬期时间长，物资运输不便，因此要根据施工计划和材料消耗，选择适宜低温条件施工生产和机械设备使用的材料品种和材料储备量，以确保施工的正常开展。

首先，在进入冬季前准备好足够的保温物资、供热能源，为冬季施工能够正常进行打下良好的基础；对冬季施工的计量系统、机械、设备、管线等进行全面检修，更换老化元器件，备用一定量的易损零配件；冬季施工使用的各种机械应全面检查，更换冬季用润滑系统用油及燃料，对有问题的机械设备及时修理，不得带故障运转。施工机械、车辆采用-20#柴油，对使用防冻液的机械设备确保防冻液符合防冻要求，未使用防冻液或具有特殊要求的机械设备采取停机后排放冷却水或进入暖棚车间等防冻。机械在使用前应首先检查传动系统，无冻结情况后方可启动，每日工作前对所用机械进行预热，并做详细检查，确认无问题后正式作业。非专职机电人员严禁动用机械设备。定期检查电力设施，防止电线硬化破损后因雨雪导致漏电现象。在冰雪天气作业的车辆安装防滑链。机械加强保养，勤检查、多观察，防止设备冻裂。水源及消火栓提前做好保温工作，防止受冻。

混凝土运输采用搅拌车运输，为减少拌制好的混凝土在运输过程中的热量损失，在搅拌车的筒体外侧应增加保温的棉罩或其他保温罩，使混凝土在运输过程中的热量损失减少，进场下料时逐车检测混凝土温度。

隧道外工程及隧道 1000m 范围工程按冬季混凝土、砂浆配合比施工，材料选用上使用 P.O42.5R 水泥，按设计掺配防冻剂，混凝土生产、运输、浇筑、等强过程严格按冬季施工要求进行。隧道进洞 1000m 以上的工程按普通混凝土配合比施工，使用 P.O42.5R 水泥，按设计掺加相应外掺剂，混凝土生产、运输按冬季施工要求进行，浇筑、等强环境温度满足非冬季施工要求。

隧道施工用其他建筑材料（如钢材、防排水等材料）集中堆放暖棚或洞内，确保使用温度满足与施工环境一致的非冬季施工要求。施工材料特别是防排水材料严禁放到室外造成多次冻融以损坏降低材料质量。

德格电力缺乏，2012年冬季施工基本靠自发电，直到2014年国家电网110kV供电线路才通到德格，但是经常停电。所以，雀儿山项目用电困难也是一个特点，特别是冬季施工期间。项目有大型发电机3台，450kW、200kW和100kW各一台，100kW发电机主要用于生活区，450kW和200kW发电机供施工用电。所以冬季施工前，提前检修发电机，在冬季施工过程中，保证每台发电机都可以随时工作是必做的工作，因为一旦供电出现问题，供暖设备就形同虚设，结构受冻及设备、管路冻裂将给项目造成巨大损失，延误施工进度。

5. 实体防冻措施

雀儿山隧道处于高寒地区，工程在施工和未来使用中都面临着长期受冻的环境，所以在工程实体防冻措施中既有早期为防止混凝土因为强度较低受到冻害采取的临时防冻措施，也从混凝土配合比设计入手提高自身的抗冻性能，同时在混凝土构件表面增设蛭石混凝土和保温板等措施，综合加强和提高混凝土实体抗冻能力。

为防止工程实体因为混凝土早期强度较低造成冻害采取的临时防冻措施主要是搭设暖棚，隧道施工时，洞口加设棉门帘保温，电炉升温提高施工区段环境温度，提高混凝土强度增长速度，使其达到早期受冻临界强度以上。

采用蓄热法、暖棚法、加热法等施工的混凝土早期受冻临界强度与混凝土类型和环境温度不同有关，养护时间与暖棚的温度有关。

混凝土配合比设计时充分考虑影响混凝土受冻的因素，从控制混凝土含气量、临界气泡间距、水灰比、混凝土强度等方面入手，合理选用水泥、外加剂等材料，以提高混凝土自身抗冻性。配合比中选用42.5R早强型普通硅酸盐水泥，外加剂选用AL-KD1型复合外加剂，具有抗冻、引气、减水等作用。混凝土设计过程及结果满足抗冻、抗渗、含气量等要求，根据气象和隧道实际分析，将抗冻温度设定为-20℃，抗冻混凝土含气量为3%~5%，普通混凝土为4%~6%。为了提高混凝土结构自身的抗冻和抗裂性能，洞口防冻段二次衬砌掺加0.9kg/m³纤维素纤维，路面混凝土掺加1.2kg/m³的纤维素纤维。

通过对混凝土受冻模式、破坏机理的分析，结合项目特点和施工要求进行有针对性的配合比设计，在施工中加强混凝土过程控制和施工升温保温工作，以确保混凝土实体具有较好的抗冻耐久性能。

利用蛭石混凝土本身具有重量轻、密度小、有强度、导热慢的特点，通过试验确定蛭石混凝土配合比，在隧道主洞21m明洞、平导33m明洞段及水沟出口等位置铺设20cm蛭石保温轻质混凝土。同时，在隧道洞口保温防冻段主洞850m、平导1050m范围内的二次衬砌内侧铺设保温层，保温层由50mm厚以聚酚醛为主要材料的保温隔热板和6mm厚纤维增强板组成。

膨胀珍珠岩保温混凝土和膨胀蛭石混凝土是在工民建施工中广泛采用的两种保温混凝土，这里选用以膨胀蛭石为原料的保温混凝土施工。如图11-7所示，选用粒径大于

0.15mm、堆积密度为 100～300kg/m³、导热系数小于 0.14W/(m·K)的膨胀蛭石与水泥和砂按一定体积比例组成保温混凝土。进场膨胀蛭石：密度为 300～400kg/m³，粒径为 0.5～5mm，含水量为 2%，导热系数为 0.092W/(m·K)，水泥为泸定 P.O42.5R，集料为机制砂，通过 7 天、14 天、28 天强度检测、保温检测、抗渗检测调整、优化配合比。依据保温、强度、抗渗要求进行了 22 组试验，最终依据保温、强度、抗渗、成本要求最终选定试验室理论配合比，即水泥：砂：蛭石：水体积比为 1：3：3：1.65 进行施工作业，施工稠度控制在 20～40mm 内，手捏成团并有少量水泥浆为宜。

图 11-7　隧道膨胀蛭石混凝土保温层

2013 年 8 月 15 日正式施工主洞及平导外部回填及保温层，10 月 5 日明洞两侧回填混凝土施工完毕，10 月 6 日开始施工明洞保温层，10 月 10 日浇筑完毕，截至 10 月 25 日施工完毕，历时 20 天，合计浇筑膨胀蛭石混凝土保温层 121m³，保温层厚度为 20cm，施工面积为 605m²，施工期间最高环境温度为+9℃，最低环境温度为-8℃。膨胀蛭石混凝土保温层的施工提高了工程防寒抗冻能力。

二衬内侧保温层由 50mm 厚、以聚酚醛为主要材料的保温隔热板和 6mm 厚纤维增强板组成。施工时，先在二衬安装镀锌龙骨，然后采用拼装方式安装保温板，相邻两环保温板之间错缝设置。龙骨 U 形槽用保温板填实，拼接缝用腻子膏嵌缝处理，防止空气进入保温系统，降低保温效果。这种洞口保温系统具有保温、耐火和内装饰等功能，目前广泛用于高原寒区隧道中。例如德格隧道、岗托隧道就使用了这种保温隔热技术。雀儿山隧道保温材料主要技术参数如表 11-14 所示。

表 11-14　雀儿山隧道保温材料主要技术参数

项目名称	单位	技术性能
使用温度范围	℃	−50～+300℃
温度稳定性		−50℃低温下不脆化、不收缩
导热系数	W/(m·K)	≤0.03
吸水率	%	≤6.4
燃烧性能		GB8624—2012　B1 级
烟密度等级（SDR）	%	≤5

续表

项目名称	单位	技术性能
燃烧形态		碳化、不收缩、无高温熔滴
氧指数	%	≥45
板材厚度	mm	50（单面覆有加筋铝箔）

洞口防冻段中央水沟的防冻处理采取深埋加洞口增加蛭石保温层防冻的措施。首先，洞口 500m 防冻段深埋 2.5m 直径 700mm、节长 2m 的钢筋混凝土预制管，预制管上半部分设泄水孔，每 50m 设置一处深 20cm、宽 70cm、纵向长 70cm 的沉砂池和 200m 一处的检查井。

深埋中央排水沟出水口保温处理，保温出水口长度为 3550mm，出水口圆管底换填 10~30mm 碎石，出口换填粒径≥150mm 片石 700mm 至排水管顶，然后分别用 ϕ50~100mm 碎石和隧道弃渣各 350mm 包裹，最后用 350mm 蛭石混凝土保温层处理，如图 11-8 所示。

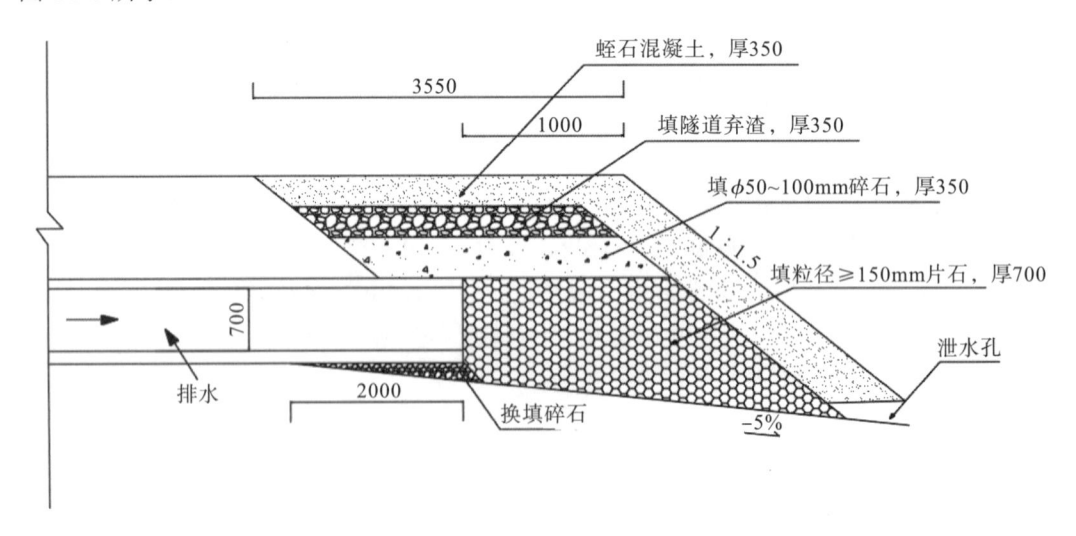

图 11-8 隧道保温出水口剖面图（单位：mm）

6. 冬季施工管理措施

制订冬季施工专项方案，从组织、人员、施工方案、保障措施等方面具体细化，在认真落实的过程中不断加强和改进，进一步完善冬季施工专项方案，加强冬季施工管理。

项目部成立了以项目经理为组长，总工程师、副经理为副组长，各部门负责人为组员的冬季施工领导小组，对资源配置、方案制订实施、技术培训、后勤保障进行统一组织协调。

积累基础资料，加强气象、技术资料收集整理，形成冬季施工工艺工法，加强技术总结，不断完善技术方案，形成一套冬季施工办法，指导冬季施工。

11.4 雀儿山隧道施工防冻措施加强和改进

整个冬季施工过程就是一个不断完善、加强和改进的过程。这些改进有的是基于质量的考虑，有的是基于施工效率的考虑，从而很大程度地降低了成本。通过问题解决和方法改进使得施工更顺畅，工程质量得到了提高。

1. 洞内施工用水系统改进

充分利用温泉，在隧道外设置保温水池、隧道内地下蓄水池、隧道内移动水箱并配合使用，再充分利用洞内排水应用于隧道施工，隧道内外水源统一规划达到有效合理利用。冬季施工时，隧道外水量减少、温度较低，而隧道内排水补充了水量，同时隧道内移动水箱还能起到了蓄水升温增压的作用。

隧道内施工用水主要包括钻爆施工凿岩机用水、喷射混凝土用水、围岩注浆用水、衬砌养生用水、水幕除尘用水、洞内道路洒水用水、清洗及文明施工用水等。根据计算，隧道洞内 24 小时施工总用水量为 $52.6m^3$，洞外 24 小时施工最大用水量为 $69.5m^3$，考虑到隧道内外施工用水存在损耗及其他用水量，在估算总用水量基础上考虑 1.20 的施工用水保证系数，隧道外保温水池、隧道内移动水箱与地下蓄水池的容量设置均是通过施工用水量计算确定的。

隧道外保温水池设在主洞口左侧，利用山涧水流通过反滤层自行蓄水，通过保温层做到低温环境下水池蓄水正常，确保施工水供应。水池蓄水量为 $30m^3$，施工尺寸长 8m、宽 2.5m、深 1.5m，采用房建预制空心板用作盖板覆盖。水池反滤侧用无砂混凝土透水砖砌筑，外侧加 30cm 碎石反滤层，水池外壁采用 30cm 蛭石混凝土加炉渣或锯末等导热系数低的材料填埋保温，管道沟槽以原土回填，并高出地面 0.2m，以免地表水下渗造成较大冻胀。管道埋置前刷防锈漆进行表面防锈处理。外露管道部分进行保温材料包裹保温，采用电热丝升温保暖，阀门及增压泵处设手孔井，便于维修和操作。

隧道内地下蓄水池每 500m 一个，设置在加宽段，长 3m、宽 1.5m，仰拱下深约为 2m，容积为 $6m^3$，施工时与仰拱一起施工，顶面用预制盖板覆盖。不但是为移动水箱蓄水，同时也起到沉砂和保护中央水沟的作用，挖机定期清理以保持地下蓄水池的沉砂和蓄水功能。

移动水箱长 5m、宽 2m、深 1.5m，容积为 $15m^3$，设置在加宽段紧急停车带，当隧道开挖至下一个加宽段时，水箱也可移至下一个加宽段。洞内外的水都先抽入移动水箱，再通过增压泵抽出作为施工用水。

冬季隧道施工中，在温泉水保证足量供给拌合站后与隧道外保温水池、隧道内地下蓄水池、隧道内移动水箱形成较为经济合理的隧道施工供水系统，施工时，以洞内水通过地下蓄水池抽入移动水箱供水为主，隧道外保温水池供水为辅，不仅丰富了水源，还降低了供水成本。

2. 施工管理的重点监控

加强日常施工管理，建立温度监测体系，对施工环境温度、原材料温度、混凝土拌合料温度、混凝土入模温度、混凝土养护温度等进行监测，针对温度变化情况，适时调整防寒保温措施。定期检测水、外加剂及骨料加入搅拌机时的温度，及时进行热工计算是否满足出机温度要求，并对混凝土搅拌、浇筑时的环境温度进行测量，每一工作班至少检查4次。对混凝土实体内部温度变化进行监控和测量，调整养护方案。冬季施工的混凝土除应按一般规定制作标准混凝土试件之外，根据养护、拆模和承受荷载的需要，还应增加与结构同条件的施工试件不少于两组。

第12章　雀儿山隧道施工利用温泉供暖技术

针对雀儿山隧道高寒的特点,建设团队创新性地利用地质勘查过程中发现的温泉群,并经过科学测试,利用天然隧址附近温泉进行施工及利用,节约了大量的能源,并提高了施工效率,为隧道的施工提供了一定的基础条件和保证。

12.1　雀儿山隧址温泉调查及适宜性评价

雀儿山六道班对面山上有温泉分布,距雀儿山隧道洞口直线距离约为700m,高差约为200m,经现场勘察发现,在横向距离约200m的范围里分布着3处温泉群。面对山体左侧第一处温泉群,有两个较大泉眼,相距约10m,其中下游泉眼水流量较大,上游右侧泉眼水流量较小,中间温泉水大多顺着山体裂隙溢出,该处溢出总水量是3处温泉中最大的一处。其中,有处泉眼水量达到1.2L/s,另外也有两处水量达到0.5L/s左右的较大泉眼。右侧温泉群与中间温泉群相同,但水量较小。出水量较大的泉口泉水整体温度都在63～72℃。调查认为,左侧和中间的温泉群由于水量较大,有较为集中的泉眼,具有较好的条件,适当进行泉口处理后就可以加以利用。为此,2012年7月对该泉水进行现场取样并送至中铁二院工程集团有限责任公司工程检测中心,并委托该单位对温泉水样进行水质分析实验,主要对混凝土拌合用水的水质分析进行检测。检测结果如表12-1所示,结论是该水样所检参数符合混凝土拌合用水的要求。

表12-1　温泉水检测结果

检测项目	《混凝土用水标准》(JGJ63—2006)水质要求			检测结果
	预应力混凝土	钢筋混凝土	素混凝土	
PH值	≥5.0	≥4.5	≥4.5	8.53
不溶物含量/(mg/l)	≤2000	≤2000	≤5000	30
可溶物含量/(mg/l)	≤2000	≤5000	≤10000	836
氯化物(以cl-计)/(mg/l)	≤500	≤1000	≤3500	42.54
硫酸盐(so43-计)/(mg/l)	≤600	≤2000	≤2700	2.06
碱含量(以na2o)/(mg/l)	≤1500	≤1500	≤1500	186.89

为了进一步掌握温泉的温度流量,以及为温泉利用提供支持,多次上山对各温泉口进行温度和流量测量。因为右侧的温泉群出水量少且以裂隙大面积溢流为主,无大的出水泉眼,所以测量以左侧和中间的温泉群有较大出水量且利于利用的泉眼出水进行检测。

如表 12-2 所示,为了记录方便,将检测的 4 个较大的泉眼进行了编号。其中,1#泉眼在左侧温泉群下方左侧,这个泉眼处于地势较平的位置,利用起来比较方便;2#泉眼位于 1#泉眼右侧约 10m 偏上方的一个小峡道,坡陡,出地面后与 1#泉水汇和下流;3#泉眼位于 4#泉眼左侧,均处于近 40°坡面上,且相距较远。

表 12-2 温泉出水量及温度测量汇总表

泉眼编号	泉眼位置	流量/(L/s)	温度/℃
1	左侧温泉群	1.1~1.32	65~72
2	左侧温泉群	0.21~0.39	63~68
3	中间温泉群	1.0~1.3	65~68
4	中间温泉群	0.5~0.8	55~60

经分析,该段温泉整体具有以下特点:①分布零散,泉眼较少,温泉基本以条状裂隙溢水为主,山体表面多有条状溢水,形成蒸汽覆盖;②溢出水温度散失很快,如中间的温泉群虽然水量是最大的,但是溢水面积也是最大的,雀儿山常年环境温度温差大,加剧了降温的速度,溢出的水大部分要通过溢水区下部一个石砌的小池子,当地人用来洗澡,温度从溢出时的 65℃左右降到 40℃左右,可见热量散失之快;③测量的 4 个泉眼平均总水流量为 3.31L/s,日流量为 285.984m³,水量相当可观,引用将对生产与生活带来极大便利。

根据调查,形成以下初步结论。

(1)温泉水质分析报告显示,温泉水呈弱碱性,水质满足混凝土施工用水要求,可用于生产施工,同时还可用于生活洗漱,但不能饮用。

(2)温泉的优点是具有较高的热量储备,利用方便;缺点是温泉以裂隙溢出为主,直接利用的水量减少很大,水中矿物质含量较大,易于结晶附着在管壁,造成管路断面减小或堵塞,为防止水结晶造成管路堵塞,选用引水管时管径应适当增大。

(3)因为温泉以裂隙溢出为主,所处海拔在 4500m 左右的山体,环境温度较低,所以热量损失很快。

(4)因为温泉以裂隙溢出为主,如果进行大的改造,则成本较高,所以在温泉的利用上宜采取以泉眼水为主,温泉口做必要修砌和保温,不让水和环境接触,而直接由温泉口出来进入蓄水池和管道,从而降低热量损失。

12.2 雀儿山隧道温泉利用方案设计

1. 隧道施工用水计算

隧道现场施工用水量根据所属工程规模大小、开挖钻爆形式、投入机械机具,以及施工进度、隧道围岩等情况综合确定,隧道内施工用水主要包括钻爆施工凿岩机用水、喷射混凝土用水、围岩注浆用水、衬砌养生用水、水幕除尘用水、洞内道路洒水用水、清洗及文明施工用水等。综合考虑参见表 12-3 和表 12-4 所示的隧道 24 小时总用水量估算。

表 12-3　隧道洞内 24 小时施工总用水量估算表

序号	用水项目	作业内容	单位	单位用水量/m³	机具数量	循环用水量/m³	24小时循环次数	总用水量/m³
1	凿岩机	爆破钻孔	t/(h·台)	0.2	16	3.2×3	3	28.8
2	喷浆机	初支喷砼	t/(h·台)	0.1	4	0.4×4	3	4.8
3	注浆机	围岩注浆	t/(h·台)	3	1	3×0.5	3	4.5
4	衬砌	洒水养生	t/(h·台)	1	1	1×1	2	2
5	水幕	水幕除尘	t/(h·台)	2	1	2×0.5	3	3
6	道路	洒水降尘	t/(h·台)	5	1	5×1	1	5
7	清洗	机具清洗	t/(h·台)	3	1	3×0.5	3	4.5
		24 小时隧道洞内总用水量估算合计						52.6

表 12-4　隧道洞外 24 小时施工总用水量估算表

序号	用水项目	作业内容	总用水量/m³
1	拌合机	高峰期每天以拌合 300m³ 砼、水 200kg/m³ 计算	60
2	道路	道路场地洒水除尘	5
3	清洗	出渣及拌合站机具清洗	4.5
	24 小时隧道洞外总用水量估算合计		69.5

根据上述施工用水量估算，隧道洞内 24 小时施工总用水量为 52.6m³，洞外 24 小时施工最大用水量为 69.5m³。考虑到隧道内外施工用水存在损耗及其他用水量，在估算总用水量基础上考虑 1.20 的施工用水保证系数：

$$V_{计总}=(V_{洞内}+V_{洞外})\times K \tag{12-1}$$

式中，$V_{计总}$——施工洞内外用水量理论计算总用水量(m³)；

$V_{洞内}$——洞内理论用水量(m³)；

$V_{洞外}$——洞外理论用水量(m³)；

K——施工用水量保证系数

$V_{计总}=(52.6+69.5)\times 1.20=146.52m^3\approx 147m^3$

2. 生活区非饮用生活用水计算

隧道施工及管理人员在施工高峰期以 300 人计算，供水标准以城市综合用水最高标准 200L/(cap·d)进行采用，在估算用水量基础上考虑 1.20 的用水保证系数：

$$V_{生活}=(Q\times N\times K)/1000 \tag{12-2}$$

式中，$V_{生活}$——生活区非饮用生活用水总用水量(m³)；

Q——人均供水标准(m³)；

N——总人数；

K——生活用水量保证系数；

$V_{生活}=(200×300×1.20)/1000=72m^3$

根据测量泉眼的流量，计算泉眼的日流量，为温泉利用提供参考。

$$V=(v×S)/1000 \qquad (12-3)$$

式中，V——泉眼温泉日流量(m^3)；

v——测量温泉每秒流量(m^3)；

S——时间，24小时为86400s。

1#泉眼日最小流量：$V=(1.1×86400)/1000=95.04m^3$

1#泉眼日最大流量：$V=(1.32×86400)/1000=114.048m^3$

2#泉眼日最小流量：$V=(0.21×86400)/1000=18.144m^3$

2#泉眼日最大流量：$V=(0.39×86400)/1000=33.696m^3$

3#泉眼日最小流量：$V=(1.0×86400)/1000=86.4m^3$

3#泉眼日最大流量：$V=(1.3×86400)/1000=112.32m^3$

4#泉眼日最小流量：$V=(0.5×86400)/1000=43.2m^3$

4#泉眼日最小流量：$V=(0.8×86400)/1000=69.12m^3$

3. 温泉利用方案设计

左侧和中间的温泉群分别位于隧道和项目驻地的正对面，水量也基本符合需要量。根据可利用温泉的流量、温度和隧道施工和生活区非饮用生活水量计算，考虑温泉口位置，温泉利用初步选定左侧温泉群 1#泉眼经保温管引与 2#泉眼温泉水合并供施工用(1#、2#温泉合并日流量为 113.18～147.75m^3，施工日用水量为 147m^3)，如图 12-1 所示，中间另有泉眼供生活区用水(温泉日流量为 86.4～112.32m^3，生活区日需水量为 72m^3)。将温泉用于生活、混凝土搅拌、隧道施工和洞口路面消除暗冰试验研究。

对 1#、2#、3#泉眼周边适当进行开挖修整，用水泥浆砌约 70cm×70cm 矩形水槽并加盖板进行保温，水槽深度为100cm 左右，出水管埋设高度位于水槽中部，水槽的主要功能是汇水，将温泉水引入管道，同时起到沉砂和保温的作用。

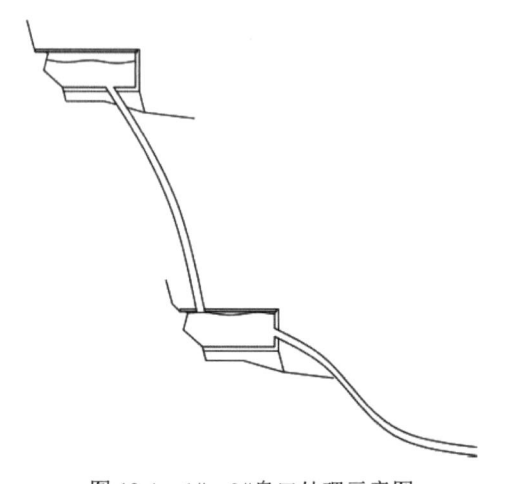

图 12-1　1#、2#泉口处理示意图

第 12 章 雀儿山隧道施工利用温泉供暖技术

目前常用的管材有钢管、铸铁管、塑料管、内衬 PE 钢塑复合管、孔网钢带塑料复合管、钢丝网骨架塑料复合管等。通过对以上管材性能的综合比较，从管道寿命、经济、施工简便等方面考虑，选用氯化聚乙烯(PVC-C)管作为引水管。氯化聚乙烯管具有耐热、耐老化、耐化学腐蚀等性能，价格便宜，通常可以用粘结剂粘接，也可用胶圈柔性连接，施工比较方便。

(1)管道铺架及温降计算。

从温泉口至隧道口直线距离 700m，引水管道采用塑料管，跨越 317 国道时地埋 50cm，其余架铺。铺设时对水管进行包裹保温，保温层选用优质的聚氨酯保温材料，保温层厚度为 10mm。管道铺设时设置检修设备和排气阀。检修阀设在管道中部约 350m 处，检修时可以关闭该段头尾两个阀门进行检修维护操作，保证管道故障时方便维护检修。温泉水因为水温较高、输水距离较长极易积气，为了及时排空空气避免积气对管道影响，造成过水断面变小、管阻力变大且影响供水压力，所以分段设置 2~3 个自动排气阀以保证及时排空管道内部气体。

温泉输水管道设计关键是管道输送过程中温降是否很大，如果过大造成温度太低，就失去将温泉水用于隧道施工用水及生活采暖的意义了。温降计算是设计关键，温降计算简图如 12-2 所示。

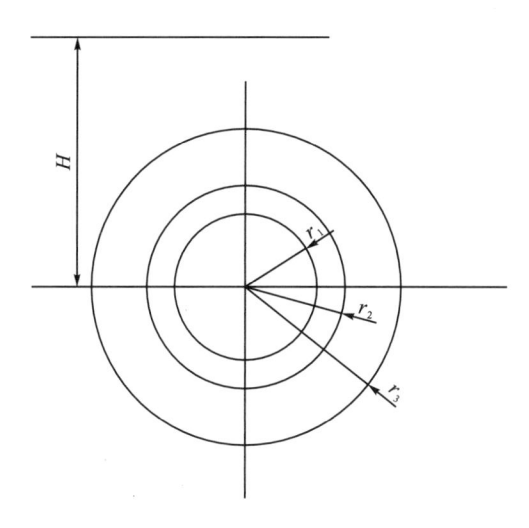

图 12-2 计算简图

计算公式为

$$\theta_2 = (\theta_1 - \theta_\gamma) e^{-\frac{L}{W \times R \times C}} + \theta_\gamma \tag{12-4}$$

$$R = \frac{1}{2\pi}\sum\frac{\xi_1-\xi_2}{\lambda}$$

$$= \frac{1}{2\pi}\sum\frac{\xi_1-\xi_2}{\lambda_0}+\frac{\xi_2-\xi_3}{\lambda_1}+\cdots+\frac{\xi_n}{\lambda_{n-1}}$$

$$\xi_1 = e_n\left[\frac{H}{r_1}\left\{1+\sqrt{1-(\frac{r_1}{H})^2}\right\}\right]$$

$$\xi_2 = e_n\left[\frac{H}{r_2}\left\{1+\sqrt{1-(\frac{r_2}{H})^2}\right\}\right]$$

$$\xi_n = e_n\left[\frac{H}{r_n}\left\{1+\sqrt{1-(\frac{r_n}{H})^2}\right\}\right]$$

$$R = 0.617$$

$$\theta_2 = (65.2℃-10℃)\,e^{-\frac{700}{2.8\times0.0167\times1}}+10℃ = 65.2℃$$

式中，θ_1——管入口温度(℃)，取1#温泉口65.2℃；

θ_γ——地表面温度(℃)，取10℃；

W——单位时间内液体总重量(kg/h)，取2.8；

L——埋设长度(m)，取700；

r_1——管内半径(m)，取0.08；

r_2——管外半径(m)，取0.084；

H——埋设深度(m)，取0.5；

λ_0——保温材料导热率[kcal/(m·h·℃)]，取0.43；

λ——导热率[kcal/(m·h·℃)]，取1.2；

R——传热阻力(m·h·℃/kcal)；

θ_2——管出口温度(℃)；

根据以上数据推导计算的结果可知，温泉口出水温度65.2℃，至隧道口温度65.2℃，热量没有损失。根据引水实际温度检测，山上和山下进出水口温度基本没有变化，引水管路铺设和保温方式是合适的。

(2)现场设置。

由于生产生活用水并不是匀速的，山下设置保温水箱适当蓄水，提高温泉的使用率，满足用水高峰时的水量需求。同时，施工区理论用水量大于温泉水量，在增加洞内外水池的情况下，还需要进行合理调配，用洞内流水和洞外河水适当补充。

生活区水箱的设置根据高峰用水量和水量补充速度来定，生活区用水量集中在工人下班后洗澡，连续60人洗澡，以20人计算，花洒每分钟出水量为6L，每次洗澡20min。

$$V=(v\times N\times S)/1000\times n \tag{12-5}$$

式中，V——每次洗澡需水量(m^3)；

v——花洒出水量(L/min)；

N——人数；

S——每次洗澡时间(min)；

n——60 人洗澡的循环次数；

$V_{生活}=(6\times20\times20)/1000\times3=7.2m^3$

$$V=(v\times S)/1000\times n \tag{12-6}$$

式中，V——泉眼补水量(m^3)；

v——测量温泉每秒流量(m^3/s)；

S——每次洗澡时间(s)；

n——60 人洗澡的循环次数。

$$V=(1.0\times1200)/1000\times3=3.6m^3$$

生活区保温水箱设置最小容积为 $V=7.2-3.6=3.6m^3$，取 $4m^3$。

根据前面施工用水量估算，隧道洞内 24 小时施工总用水量为 $52.6m^3$，洞外 24 小时施工最大用水量为 $69.5m^3$，考虑到隧道内外施工用水存在损耗及其他用水量，在估算总用水量基础上考虑 1.20 的施工用水保证系数(高原高寒地区隧道施工要考虑洞内水池，利用洞内地下水，但地下水流量不稳定；在考虑洞外水池蓄水量时，应忽略洞内水池蓄水量，确保洞外水池能够满足全部施工用水)：

$$V_{蓄水量}=(V_{计总}\times K)\times t \tag{12-7}$$

式中，$V_{蓄水量}$——洞外水池蓄水量；

$V_{计总}$——施工洞内外用水理论计算总用水量(m^3)；

K——施工用水量保证系数；

t——蓄水系数(水池容量/24 小时用水量)，取 1/5。

$V_{蓄水量}=[(52.6+69.5)\times1.20]/5=146.52/5=29.304m^3$

根据上述计算，洞内外施工时，24 小时最大用水量应$\geq146.52m^3$。洞外水池蓄水量$\geq29.304m^3$，选定水池容量为 $30m^3$。

12.3　雀儿山隧道温泉利用施工技术

温泉的施工利用对于雀儿山隧址区来说，冬季施工时间长达 4 个月以上，温泉水量充足，温度恒定、热量高，极大地方便了工程施工。

1. 温泉供暖施工应用

温泉通过保温水池接入锅炉升温后进入供暖循环系统。冬季施工中，水管保温后引到拌合站的保温水箱，从保温水箱进入锅炉的温度为 60℃左右，流量为 1.5L/s，锅炉继续加热升温到 80℃左右进入供暖循环系统为拌合站暖棚的地暖和墙体暖气片供暖，降低了锅炉升温的时间及升温温度差，极大地便利了施工生产。

生活区温泉为广大员工提供了 24 小时充足的热水，洗漱方便。生活区的保温水箱供应锅炉的热水也达到 60℃ 左右，锅炉加热后进入生活区的供暖系统。

温泉供暖能够有效降低燃煤用量，提高供热供暖效率，提高了生产、生活效率。

2. 温泉混凝土施工应用

温泉水作为施工用水，特别是冬季施工，具有温度恒定、水量充足的优势，对于混凝土冬季施工和质量控制都有积极意义。因此，在配合比设计中优先选用温泉水，同时用温泉水和河水对具有代表性的混凝土进行比对试验，检验温泉水和河水的混凝土新拌性能和硬化后性能，确保温泉水拌制混凝土施工质量。

拌制混凝土时，将泉水放置降温至 20~30℃，河水加热至 20℃ 左右进行拌制，搅拌均匀取样试验，取样和试验方法按照《普通混凝土拌合物性能试验方法标准》（GB/T 50080—2016）规定进行。检验结果显示，拌合物和易性良好，与外加剂适应性良好。检测结果如表 12-5 所示。

表 12-5 混凝土拌合物性能对比表

测试项目	坍落度/mm	匀质性	泌水率	含气量/%	拌合水温度	拌合用水
C30 普	95	良好	无	1.6	18	饮用水
C30 普	90	良好	无	1.7	24	温泉水
C30(P8)	170	良好	无	3.4	18	饮用水
C30(P8)	180	良好	无	3.6	29	温泉水

通过 1d、3d、7d、14d、21d 和 28d 强度检测，建立强度增长比对曲线，对比强度和强度增长趋势。

表 12-6 是通过试验不同龄期混凝土强度的统计表。其中，4 个混凝土拌合物强度均到达或超过了试配强度，说明温泉水对于混凝土强度没有不利影响，其强度增长走势也与饮用水拌制混凝土强度走势基本一致，如图 12-3 和图 12-4 所示。

表 12-6 拌制混凝土强度增长表

龄期	1d	3d	7d	14d	21d	28d	拌合用水
C30 普	7.16	19.05	30.1	34.0	36.9	38.2	饮用水
C30 普	7.73	20.64	30.9	33.8	37.6	38.8	温泉水
C30(P8)	6.72	21.97	33.2	36.4	39.8	40.7	饮用水
C30(P8)	9.08	24.61	34.4	38.5	41.7	42.4	温泉水

对混凝土进行抗渗试验，混凝土抗渗性能符合设计要求。

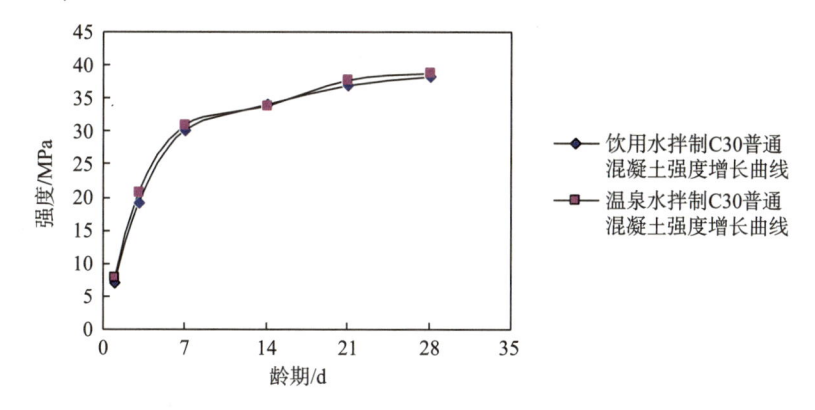

图 12-3　温泉水、饮用水拌制 C30 普通混凝土强度增长对比曲线

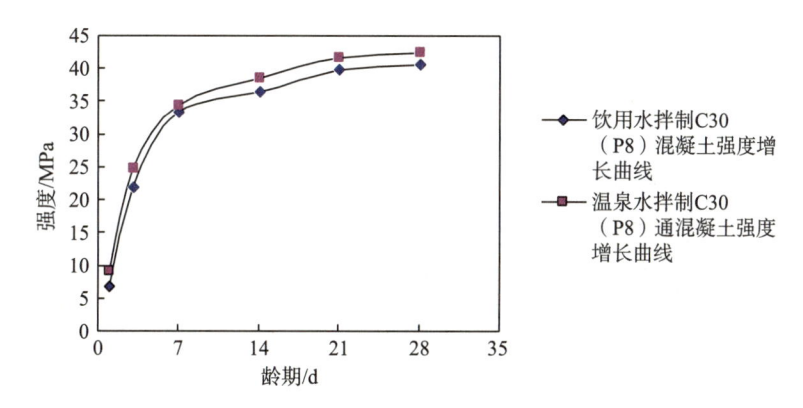

图 12-4　温泉水、饮用水拌制 C30(P8)混凝土强度增长对比曲线

比对试验表明，温泉水拌制混凝土的各项试验指标与饮用水拌制混凝土基本相同都能够满足设计要求，可以作为混凝土的施工用水。经过施工验证，混凝土施工各项指标符合设计要求，在二衬混凝土实体龄期达到后，我们通过实体检测可知，强度符合设计要求。表 12-7 是最初 164m 二衬混凝土的检测数据汇总表。

表 12-7　隧道二衬混凝土的检测数据汇总表

序号	里程	施工坍落度/mm	实体回弹强度/MPa	备注
1	K348+020～K348+030	175	35.4	
2	K348+008～K348+020	180	37.9	
3	K347+996～K348+008	180	36.5	
4	K347+984～K347+996	175	32.8	
5	K347+972～K347+984	150	39.0	
6	K347+960～K347+972	175	35.5	
7	K347+948～K347+960	180	35.6	
8	K347+936～K347+948	170	35.5	
9	K347+924～K347+936	180	33.8	

续表

序号	里程	施工坍落度/mm	实体回弹强度/MPa	备注
10	K347+912~K347+924	160	35.6	
11	K347+900~K347+912	170	33.5	
12	K347+888~K347+900	175	33.5	
13	K347+878~K347+888	175	33.6	
14	K347+866~K347+878	170	35.6	

温泉水用于混凝土施工中，施工水的温度根据施工季节不同采取不同的水温控制，冬季施工水温按照热工计算要求以上，并不大于60℃；其他季节施工水应释放热量，将水温降低至20℃左右再使用。

3. 温泉消除洞口暗冰试验研究

现场开展了利用温泉消除隧道洞口段暗冰的试验研究，试验通过在洞口检修平台分别埋设钢管和PVC管道网引温泉取得相关数据。最终得到以下结论。

温泉可用总流量为4.93L/s，温度为60~70℃，根据苏霍夫公式温降计算和现场监控数据分析，可以用于雀儿山隧道出口378m的路面暗冰消除。如果运营时期温泉流量出现衰减，那么流量衰减为现流量80%、50%时，理论上暗冰消除的长度减少到302m和189m。通过对埋设钢管和PVC管对混凝土强度、散热等因素的影响分析，宜采用埋设钢管管道，在当前温泉总流量下，管网系统为间距40cm、宽8m的DN15钢管网。

根据雀儿山隧道洞内外和地区环境的特点，以及车速在60~70km/h时安全刹车距离，计算洞外最小除冰距离为90~120m，温泉水热能能够满足要求。

利用温泉消除洞口暗冰方案，温泉热能能够满足要求，混凝土路面中增加钢管网满足路面抗压和抗折指标要求，可以在实际工程中应用。

12.4 雀儿山隧道温泉利用效果分析

1. 温泉利用节能降耗作用

温泉由于含有大量的热能，极大地降低了生产能耗。冬季施工期间，在施工生产和生活中，其节能降耗的数量非常可观。

每天利用泉眼的温泉水流量约为229.824m^3，利用率按80%计算，水量为184m^3。水温度按60℃计，如果使用河水，水温按4℃计，温差达到56℃。

每天的水量总计热量为

$$Q = C \times M \times T$$

式中，Q——同质量河水升温所需热量（温泉所含有的热量差）；

C——水的比热容，即每公斤水温升高1℃需要的热量是4200J；

M——每天利用温泉水质量；

T——温差。

$Q=4200\times(184\times983.191)\times56=42549360268.8\text{J}$（60℃水密度为 983.191kg/m³）

我国规定 1kg 标准煤的热量是 29307000J，高原煤的燃烧利用率只能达到 60%。每天温泉水含有的热量相当于标准煤质量：

$$M_1=Q/(Q_{\text{标准煤}}\times60\%)$$

式中，M_1——每天温泉水含有的热量差相当于标准煤质量；

Q——同质量河水升温所需热量（温泉所含有的热量差）；

Q——标准煤的热量。

$$M_1=42549360268.8/(29307000\times60\%)=2419.751\text{kg}$$

每年冬期施工时间按 5 个月 150 天计算，总计相当于

$$M_0=M_1\times150$$

式中，M_0——每个冬期施工季相当的标准煤质量；

M_1——每天温泉水含有的热量差相当于标准煤质量。

$$M_0=2419.750\times150=362962.5\text{kg}\approx362.96\text{t}$$

工程经历了 5 个冬季施工，等于节约标准煤 362.96×5=1814.8t，非冬季施工期温泉水的热能利用率按照冬季施工期的 30%计算，等于节约标准煤 1814.8×30%=544.44t。

项目合计节约标准煤 1814.8+544.44=2359.24t。

项目进煤的单价为 1500 元/t，减少项目成本 353.9 万元。

温泉利用极大地减少了原煤的消耗，同时减少了煤烟和废渣的排放量，对于高原生态保护有着非常重要的意义。

2. 温泉利用提高工效分析

温泉利用在冬季施工中对于提高工效具有显著效果。冬季施工中，水和温度是最重要的保障，特别是热水的供应，对于正常施工非常重要。温泉水流量稳定充足，且温度适合施工要求，这种稳定、持续的供给是锅炉加热或电加热供水无法比拟的，对于连续、紧凑的施工提供了稳定的支持，大大地提高了施工效率。

对于混凝土施工，锅炉加热和电加热需要在混凝土施工前 1～2h 开始准备，水温适合开始施工，拌制混凝土过程中需要不断给锅炉或水箱蓄水以满足用水量的要求，由于升温的速度达不到消耗水量速度，温度就开始不断降低，因此中间不得不等待水温升高到一定温度，一般正常施工 6h，在冬季一般都会达到 10h 甚至更长。对于温泉水而言，只需要安装满足要求容量的保温水箱，混凝土施工即可正常生产，中间也基本不会中断。

对于洞内生产也是相同的，持续的供给温度、稳定的热水是正常施工的保障。但是由于温泉水量的影响，在洞内外同时施工的高峰用水期，温泉水满足不了供应。因此，应先洞外后洞内进行调剂，洞内使用地下蓄水池和移动水箱充分利用洞内水补充水量不足，确保正常施工。

表 12-8 是 2014 年全年的隧道主要施工工序施工进度表。其中，1 月休假，2 月、3 月各施工班组陆续回到项目复工生产，进行施工准备和开始施工，在冬季施工期间，温泉水的施工利用考虑围岩变化和工序安排的影响，施工工效与非冬季施工期（6～9 月）工效基本一致，无明显工效降低。横向比较，雀儿山隧道施工的 Q1 和 Q2 项目比较，施工时间

相同，主洞 Q1 完成 2648.5m，Q2 完成 4434.5m，是 Q1 的 167.4%；平导 Q1 完成 2689m，Q2 完成 4419m，是 Q1 的 164.3%，施工工效显著。

表 12-8 2014 年全年的隧道主要施工工序施工进度表

时间	主洞 开挖及初支/m	主洞 仰拱及填充/m	主洞 二衬/m	平导 开挖及初支/m	平导 仰拱及填充/m	平导 二衬/m
2014 年 1 月	—	—	—	—	—	—
2014 年 2 月	32	—	—	20	48	—
2014 年 3 月	91	40	139	100	132	76
2014 年 4 月	83	120	72	140	144	108
2014 年 5 月	130	125	94	194	128	132
2014 年 6 月	142	120	132	161	168	139
2014 年 7 月	157	195	168	144	156	108
2014 年 8 月	125	130	124	215	120	118
2014 年 9 月	150	115	100	129	104	154
2014 年 10 月	134	165	174	114	164	122
2014 年 11 月	121	105	158	116	162	108
2014 年 12 月	134	100	121	75	166	204

雀儿山隧道地处高原高寒地区，冬季施工时间长，占施工总工期的一半以上，在合理的经济投入后充分利用温泉水，极大地方便了工作人员的生活，改善了生活用水。在施工生产中，温泉水的利用提高了洞内外的生产效率，以及施工质量控制，确保了正常工程施工，为隧道施工整体工期和质量提供了保障。同时，温泉的利用极大地降低了冬季施工的投入，降低了施工保障难度，对于项目的节能减排起到了重要作用。

第 13 章　高海拔特长公路隧道施工管理

针对雀儿山隧道高寒高海拔特长隧道恶劣施工环境及远离城市的施工背景，制订团队研究项目人员施工管理方案，建立了隧道工程管理体系，突出施工管理重点，并进行隧道施工安全、质量、进度和环境管理四位一体管理模式，为保证施工的顺利进行提供保障。

13.1　雀儿山隧道工程管理体系

针对隧道特殊施工环境及施工重难点，应做好研究项目管理人员配置与职责分工、施工材料的购置与检验管理，以及机械设备配置与合理化工序安排。通过科学合理的施工管理使项目达到优质、高效、唯实、唯美。根据项目工程的特点及施工需要，两家土建合同标段均组建了"国道 317 线雀儿山隧道××项目经理部"，全面负责雀儿山隧道的施工管理工作。

1. 项目领导班子设置及分工

(1) 项目经理：是项目的安全、质量、工期、工程成本、经济效益的第一责任人，全面负责项目施工生产、经营管理工作。

(2) 常务副经理：代理项目经理主持项目部日常工作，全面负责项目部的施工进度、安全质量、成本控制、变更、计量、索赔等工作；负责与业主、监理、设计单位领导的沟通协调工作。

(3) 项目书记：在支部委员会的集体领导下，按照支部党员大会、支委会的决议，负责主持党支部的日常工作。

(4) 项目副经理：在经理的领导下，全面负责项目施工生产管理，对项目的安全生产、工程质量、合同工期和文明施工负责。

(5) 项目总工程师：在经理的领导和公司总工程师的指导下，负责贯彻执行技术规范、规程、标准和规定，建立健全施工技术管理制度，对项目施工技术工作和工程质量负责。

(6) 项目副总工程师：协助项目总工程师抓好技术工作，负责全管段内的线平控制、内业资料、对外变更、索赔、计价等工作。

2. 主要管理人员

经理部下设"五部两室一个工区"，即工程部、工程经济部、财务部、物资机械部、安全质量环保部、试验室、综合办公室、雀儿山隧道工区。经理部定员 33 人，人员组成如下。

(1) 领导班子 5 名：项目经理、项目书记、项目常务副经理、项目副经理、项目总工程师各 1 名。

(2) 副总工程师 1 名。

(3) 工程技术部 7 名：工程部长 1 名、副部长 1 名、技术主管 1 名、技术副主管 1 名、技术员 3 名。

(4) 财务部 2 名：部长 1 名、会计 1 名。

(5) 物资机械部 2 名：部长 1 名、材料员 1 名。

(6) 安全质量环保部 2 名：部长 1 名、安全员 1 名。

(7) 试验室 3 名：主任 1 名、试验员 2 名。

(8) 工程经济部 2 名：部长 1 名、计价员 1 名(含变更、计量)。

(9) 综合办公室 5 名：主任 1 名、资料员 1 名、司机 3 名。

(10) 工区 4 名：工区主任 1 名、领工员 3 名。

3. 各部门主要职责

(1) 工程技术部：在项目总工程师的指导下，组织有关人员熟悉与审查图纸，编制施工组织设计。负责工程的组织实施，下达施工、测量任务，向各有关单位进行技术交底，做好工程的日常生产调度工作。

(2) 工程经济部：做好清方验工计价工作，做到计价与工程进度同步，对已完工工程进行验工计价。及时准确、全面地掌握施工进度及出现的问题，做到信息准确、上传下达及时。建立工程进度台账、人员分布台账，调度月末统计数字和计价数字进行核对。

(3) 财务部：负责项目部财务核算、管理工作。严格按照公司各项财务规章制度进行财务管理和会计核算工作。

(4) 安全质量环保部：贯彻落实国家、地方、行业有关工程质量、环境保护和职业健康安全的方针、政策、法规及公司的规章制度。建立健全项目质量、环境、职业健康安全保证体系及管理制度，对工程质量、环境保护和安全生产进行监督检查。

(5) 物资机械部：对项目所辖自有设备、外租设备、分包方设备进行全过程管理，满足现场施工生产的需要。根据施工组织设计，合理组织、调配、使用项目部管辖机械设备。按需求购置小型机具，联系并实施设备的租赁及使用。

13.2　雀儿山隧道施工管理重点

1. 人员管理

针对雀儿山隧道气候条件恶劣和对施工作业人员身体健康影响大，造成施工作业人员人心浮动、队伍不稳定等特点，针对人员管理中存在的问题和困难，加强组织协调和保障工作，确保施工作业队伍的稳定。

(1) 人员的基本要求：根据施工条件的特点，要求进场人员出发前进行身体体检，身体健康、无高原禁忌证，并且年龄不超过 40 周岁。进场报到时须持有体检报告，进场后进行 5~7 天的高原习服适应高原条件，并进一步做身体检查，确保施工作业人员身体条件符合高原施工条件。对于不适合高原工作的人员进行劝返。

(2) 设立医务室建立医疗保障机构,定期体检,建立人员健康档案,并加强劳动保障。项目经理部设立医务室且建立医疗保障机构,医务室配置 3~5 名医务工作人员,医务室用房 2~3 间,约为 30~45m^2,配备高海拔施工中所需的相应药品及医疗卫生专用物品,确保项目施工作业人员的医疗、预防保健和早期抢救工作,保证职工伤病在 1h 内得到有效救治。

施工人员在所在医疗机构体检合格后,进入施工现场,抵达停留一周后,到指定的医疗机构进行第二次健康检查,体检合格后建立健康档案。施工过程中健康检查每 3 个月进行一次,检查内容侧重于高原病、多发病及职业危害筛检性检查项目。施工结束后,对返回低海拔地区的人员进行心血管系统、血液系统、呼吸系统的检查,医疗保障如图 13-1 所示。若在低海拔地区生活半年以上,心电图仍未恢复正常者,则禁止再次进入高原施工。

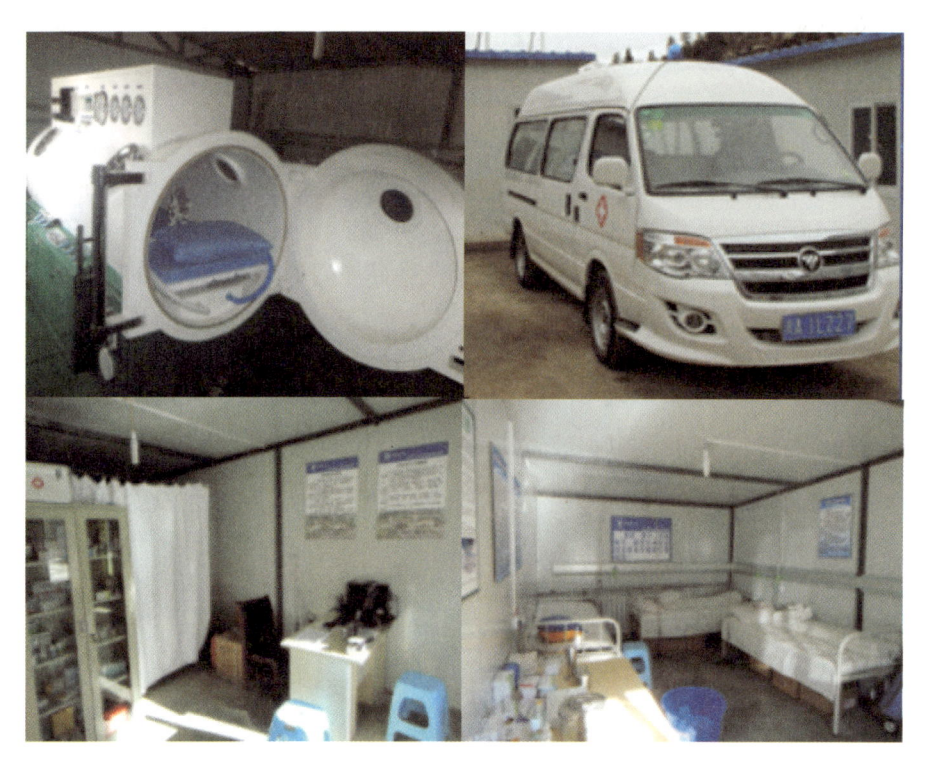

图 13-1 医疗保障

对进驻高原的施工人员建立完备的健康档案,如图 13-2 所示。施工期间,健康档案由医务室保管,办公室监督管理。

图 13-2　职工健康档案

(3) 初上高原都会有一定程度的高原反应，这加剧了人员的心理恐惧，项目部应通过医务人员讲座和印发宣传手册(图 13-3)等形式，对施工作业进行高原健康知识宣传教育，向广大施工作业人员宣传急性高原生理反应和急性高原病的临床表现和防治方法，消除对高原的恐惧心理。

图 13-3　宣传手册

(4) 雀儿山隧道隧址区海拔 4200m 以上，无常住人口，且交通、通信不便。因此，项目部大量购置和建设文体娱乐设施，并通过开展多种形式的娱乐活动丰富施工作业人员的业余生活，凝聚人心、稳定队伍。

2. 植被保护与恢复

高原生态脆弱，破坏容易、恢复困难。项目部制订并实施了植被保护和绿色文明施工方案，其中植被恢复工作是其中之一。

(1) 绿化试验及施工。高原植被恢复困难，在 4300m 海拔上人工培育植物没有先例，起初，我们试种植物后出现了大面积未出苗和出苗后迅速枯萎的情况。为此，从隧址区环境、物种、土壤状况，适宜高原高寒地区生长的草种，适合高寒地区作业的绿化工艺 3 个方面进行调查。

根据调查，隧址区环境、物种、土壤具有以下特点：①温度低，有多年或季节冻土，严重抑制种子发芽；②土地贫瘠，植物生长季短；③冬季温度低，新生植物过冬困难；④生物多样性低、生态系统脆弱。

隧址区绿化宜选用多年生且具有高原耐寒耐旱、适宜土壤贫瘠生长和根茎较发达等特点的草本植物。经过初步筛选，确定高羊茅、早熟禾、披碱草、黑麦草、紫苜蓿、剪股颖 6 种草本植物作为试验物种，确定植物生长的要求和特点，以及适宜的绿化物种。其中披碱草是当地农牧局作为草场恢复的主要储备物种。考虑到草坪的适应性和绿化效果，初步拟定应选择 3~4 种草籽混播，达到发挥更好的绿化和防护作用。

绿化工艺调查发现，当地牧民在海拔 3000~3500m 聚居地有一种恢复周边草场的简单办法，即在破坏草场上直接补撒披碱草草籽，效果较好。在独木岭村取沙场恢复草场时，当地牧民的方法是：整平—覆土—撒播—禁牧，经过 3~4 个月的围挡禁牧，草场恢复效果较好。

根据调查，确定绿化工艺以当地牧民恢复草场的方法为基础，采用撒播作业，同时针对 4300m 海拔下地温较低、土地贫瘠、太阳辐射强烈的特点调整和增加工序，按照整平—覆土—施肥—撒播—覆盖—洒水—禁牧的顺序。小区试验按照设定工序进行，检查和记录各项指标。

经过试验，确定以下绿化参数。

①配合比：披碱草：高羊茅：早熟禾：黑麦草=20%：30%：20%：30%；草籽撒布量为 30~40g/m^2，草籽覆盖层厚 5~10mm。

②土层厚度为 20~30cm，并加入适量木屑，基肥为有机肥或磷钾复合肥，为 150~200g/m^2，尿素为 80g/m^2。

③施工期为 6~7 月，温度为 10℃左右，撒播、洒水，土工膜覆盖保温。

经过现场绿化效果较好，如图 13-4 所示。

图 13-4　弃渣场边坡绿化效果

(2) 保护草皮。通过保护草皮减少施工对草皮的破坏和草皮移植加快植被恢复。施工作业时，尽量减少对草皮的破坏，将施工区内的草皮挖出来保存，路基成型后再移植过去，严格控制施工区域，禁止对施工区域外的草皮进行破坏，必要时进行覆盖防护，如图 13-5 所示。

图 13-5　草皮防护与移植

13.3　雀儿山隧道安全管理

针对项目所处的地理位置及高原气候环境，项目安全管理不仅仅是做好施工现场的安全管理，更重要的是要做好高原职工身体健康、劳动保障等后勤方面的安全管理。

1. 安全医疗保障措施

(1) 按要求做好医疗保障和管理工作。

(2) 做好施工队伍初上高原阶段卫生保障。

做好施工队伍上高原的各项准备。卫生人员变后勤为先行，在施工人员进驻高原前 10~15 天进入高原，提前做好施工队伍上高原的各项卫生保障工作。

进一步开展健康宣传教育，向广大施工人员宣传急性高原生理反应和急性高原病的临床表现和简易防治方法，消除施工人员对急性高原病的恐惧心理，要求广大施工人员如实反映病情，积极采取防治措施，防止贻误病情，健康教育以《高原卫生知识防病健康教育手册》为主要培训教材，并做到人手一册。

加强巡诊，及早发现病人。卫生人员要有对工作极端负责的精神，加强巡诊医疗，不但白天坚持巡诊，而且夜间卫生人员也要轮流值班，逐个巡视，以便早期发现急性高原病病人。

积极采取措施，减轻病人痛苦。对有严重急性高原反应的施工人员及时采取措施，如卧床休息、吸氧、服药等，以减轻急性高原反应症状。

对急性高原反应严重或早期急性高原病人，经过各种治疗，疗效不显著者，及早送到安全和医疗条件较好的医院。

(3) 配足所需药品，及时预防疾病。

卫生防疫工作所需的预防药品、生物制品及相关物品应配齐、配足，保证施工沿线防病灭病工作需要。

全面贯彻落实《中华人民共和国传染病防治法》，针对施工沿线鼠疫等自然疫源性疾病的流行特点，加强疫情报告和疾病控制工作，采取消除虫(病)媒病原生物和强化机体免疫等有效措施，做好工地卫生防疫工作，防止传染病的发生和流行，切实保障施工人员的身体健康。同时，加强与地方卫生防疫部门的协调，建立健全传染病防治管理网络。

除由卫生防疫部门建立严格的疫情监测制度和常规性灭鼠活动之外，施工人员还应严格遵守当地保护野生动物的一系列法规，严禁捕猎、采摘虫草等。中心卫生防疫站负责各类所需疫苗的采购和组织注射工作。

2. 劳动保障措施

(1)劳动卫生措施。

施工人员由海拔较低的驻地进入标段施工地区，坚持阶梯升高的原则，在海拔2000～3000m高度地区要适应几天，以防止或减少高原病的发生。

在进入高原过程中，严格防止感冒和过劳，每日乘车不超过8h，汽车加蓬，途中保证热水、热饭供应。到驻地一周内保证充分休息或从事少量活动。加强进驻高原一周内的高原反应病症巡诊救治工作。

为保证广大施工人员进入高原后能立即得到充分休息，选派身体好的先遣人员做好食宿安排，成批人员初次或轮换进入高原地区选在气候较暖和的4～11月。

施工期间，施工作业的每天劳动时间控制在每人为5～6h。

施工尽量采用机械化方法，体力劳动强度保持在中等强度以下。从事高强度体力劳动时，缩短持续劳动时间，增加劳动、休息的交替次数。教育施工人员严格禁止在高原从事剧烈的体育活动和体力劳动。

严格控制施工人员每年的施工期限不超过8个月，若施工计划安排超过施工期限，则施工人员全部或部分轮换。

(2)劳动保护措施。

严格执行施工人员劳动保护的管理制度。

高原施工人员，配备足够的御寒装备，除常规防寒装备之外，还配备皮褥垫、轻便且保暖性能好的防寒服装，室内保证常年取暖，室温不低于12℃。

施工人员配备防护眼镜及足够的劳动保护用手套。

预防和减少施工人员的急、慢性高原反应病症，各单位配备一定数量的个体补氧器及预防药物。从事核子仪操作人员持证上岗，严格遵守TB/T10217—96测试规程，建立使用、保管、维护、运输制度。配备个人防护服、手套、眼镜，佩戴个人辐射剂量仪，对操作人员定期进行健康监护。

本隧道施工期间，采用变压吸附(pressure swing adsorption，PSA)人工呼吸系统对隧道施工工作面、工作区、生活区进行全面供氧。制氧供氧系统包括制氧站、压氧站、吸氧车及便携式呼吸器等，确保隧道施工人员的生命安全，同时提高施工效率。

(3)高原劳动强度。

海拔4000～5000m地区劳动强度较平原地区低一个半等级。

(4)劳动作息时间。

海拔 4000~5000m 地区，每天 5~6h 为一个工作日。

(5) 轮岗制度。

施工实行轮换制度，每个劳动者一次在高原施工的时间不超过 8 个月。轮换人员进入海拔 3000m 以下基地休息，留守人员最长不超过一年。

3. 现场其他安全保证措施

(1) 利用各种宣传工具，采取多种教育形式，使施工人员牢固树立安全第一的思想，不断强化全员安全意识，建立安全保证体系，使安全管理制度化、教育经常化。

(2) 各级领导在下达生产任务时，同时下达安全技术措施，检查工作时，必须同时检查安全技术措施和执行情况，提出安全生产要求，把安全生产贯彻到施工的全过程中去。

(3) 认真坚持执行定期安全教育、安全讲话、安全检查制度，设立安全监督岗，支持和发挥群、专安全人员的作用，对发现的事故隐患和危及工程、人身安全的事项，立即处理、记录，并限期改正。

(4) 运输车辆及施工机械严加管理，经常检查制动和运转部分情况，防止意外事故发生。在公路与便道交叉运输繁忙的道口，设立安全监督岗，指挥行人和车辆，确保汽车运输及行人安全。

(5) 高处坠落，物体打击、机具伤害等惯性事故是控制重点，加大检查力度，控制事故的发生。

(6) 从事高空作业人员，上岗前须进行身体检查和技术能力考核，合格后方准上岗，高空作业按安全规则设置安全岗、拴好安全带、穿防滑鞋，确保人身安全。

(7) 非专职电气值班人员不得操作电气设备；操作高压电气设备主回路时，必须戴绝缘手套，穿电工绝缘鞋，并站在绝缘板上；电气设备外露的转动和传动部分，必须加装遮柜或防护罩。

(8) 雨季施工安全技术措施。

在雨季来临前做好防汛准备，所有排水系统确保其畅通，重要物资、机具要提前做好防汛安排。雨季期间，各队坚持调度昼夜值班，并注意当地天气预报，确保施工不受或少受影响。

模板支架须支撑在牢固的地方，严禁支撑在土体上，以防雨后跑模。露天使用的电气设备要有可靠的防漏电措施；消防器材要有防雨措施；对水泥等怕潮物资要做好防雨防潮。

(9) 冬季施工安全措施。

各类施工设备经常检修测试，燃料油要符合防冻标准，严防机械事故。

高空作业和高空设施要有牢固的防风设施。

下雪天气要及时清理道路、营地内积雪，防止人员摔伤、机械溜滑出现事故。

4. 隧道工程施工安全措施

(1) 开挖与支护。

隧道开挖过程中，设专职地质工程师，做好地质描述、超前地质预报，提出对策和措施，每个开挖工班配一名工程师跟班，确保各种措施、技术交底的落实，保证标准化作业。开挖过程中，配备有经验的地质工程师，24小时轮流值班，及时发现地质变化，监控指导现场施工。

浅埋洞口段、洞身断层破碎带地段隧道开挖要采用浅孔控制爆破技术，按《爆破安全规程》操作施工。加强监测，根据监测和地质情况及时调整爆破参数，保证爆破安全，不良地质隧道施工，先治水，再短开挖、弱爆破、强支护，最后稳步前进。

隧道施工通过断层带实行正台阶短循环作业，并采用自进式注浆锚杆或小导管注浆作为超前支护。

对于软岩变形地段开挖后及时施作系统注浆锚杆及隔栅钢架，网喷混凝土进行封闭支护，减弱其变形量。

富水地段采用地质超前预报仪法和超前钻孔进行隧道向前方地质超前预报，超前发现前方不良地质位置，制定通过措施，防止涌水、突泥事故的发生。

(2) 装渣与运输安全技术措施。

机械装渣时，指定专人负责电缆和风管的收放，作业时，无关人员均退至安全地点。爆破器材运入洞内时，积极与调度联络，指定专人防护，直达施工地点，中间不得停留。

(3) 衬砌安全技术措施。

衬砌边墙、拱部混凝土时均采用穿行式液压衬砌台车，设计的台车满足施工安全的需要。衬砌台车的吊装指定专人监护，浇筑作业时指定专人监测，发现异常，及时处理。拆除混凝土软管或管道时，停止混凝土泵的运转，电源设备完整无损。平台、台车不得堆放料具，工作台上脚手架满铺，铺放牢固。边拱混凝土挡头板安装牢固，按先边墙后拱部的顺序，两侧对称浇筑。

(4) 通风与防尘。

加强隧道施工通风，设计完善的通风系统，采用双电路的风机通电，保证通风系统工作的稳定、连续和有效。隧道通风符合设计和施工规范要求，隧道通风每个作业工班设专职人员管理。

隧道内的空气成分每月至少取样分析两次，风量、含尘量每月至少监测两次，个别地段做不定期的抽检。

凿岩和装渣时，采用水幕降尘装置，采取有效的防尘措施。

(5) 洞内运输安全措施。

洞内向外出渣，洞外向洞内运输混凝土、钢构件、小型机具等，车辆及人员往来频繁，为此在隧道开工之前，制定洞内专项运输安全措施，设立专职洞内运输协调安全员，配备运输安全防护人员，将洞内运输作为安全管理重点来抓。

13.4 雀儿山隧道质量管理

雀儿山隧道作为国道317线控制性工程，业主及各方领导对其工程的永久性质量要求很高。为此，在雀儿山隧道的修建过程中，从开挖到修建完成的每道工序、每个环节的分部工程、分项工程的施工质量,项目部都严格按照国家的各种施工标准、技术规范及相关设计文件施工,确保雀儿山隧道工程质量满足业主及各级领导的要求。

1. 雀儿山隧道开挖质量管理

隧道掌子面开挖工序施作过程中,严格控制开挖的超欠挖,改变宁超勿欠想法,树立少超少欠观点。根据确定的围岩级别,采用合理的爆破参数,在爆破质量管理中应坚持以下几方面。

(1)必须采用控制爆破,通过工程类比和现场试验对比,优化爆破参数。

(2)严格控制断面的测量放样精度,避免随意放大或缩小断面。

(3)必须严格控制钻眼精度,重点是控制周边眼的外插角、开口误差、间距及炮眼在断面分布的均匀性;要合理确定周边眼间距与抵抗线的相对距离,通过减小周边眼间距和抵抗线,提高光面爆破效果。

(4)必须严格控制装药量及装药结构,保证正确的起爆顺序;控制周边眼装药集中度和装药结构,集中度太大易造成超挖,太小会造成欠挖;炮孔装药应均匀分布,眼底适当加强。

(5)周边炮眼与辅助炮眼的眼底应在同一垂直面上,掏槽炮眼应加深10~20cm,以保证掏槽效果和掌子面的平整。

(6)每次开挖后均要用激光限界检测仪对开挖面尺寸进行检测,及时检查出欠挖面并进行处理,保证隧道开挖断面不侵限。

(7)必须强化施工组织管理、推行作业标准化、加强作业人员文化和责任心的教育。

2. 雀儿山隧道初期支护质量管理

质量管理控制目标为:喷射混凝土强度、厚度满足设计要求,内部密实,表面平顺,无明显凹凸现象;钢筋网、锚杆、小导管、钢拱架材质、加工和布设符合设计,安装和连接牢固。

(1)钢筋网质量控制主要从原材料质量、网片加工、网片铺设3个方面控制。

加强原材料进场检验,质量必须符合设计及规范要求。钢筋应冷拉调制后使用,表面不得有裂纹、油污或锈蚀。严格控制网格尺寸,网片加工时,应制作专用的台架集中制作,以保证网格尺寸,加工完成的网片要分类码放整齐,并加以覆盖以防锈蚀。钢筋网应在初喷混凝土后(厚度不小于4cm)随受喷面的起伏铺设,钢筋网要与锚杆连接牢固。当初期支护设置钢架时,钢筋网应设在岩面与钢架之间,不应直接焊接在钢架上。保证网片的搭接宽度(搭接1~2个网眼),禁止无搭接铺设。开始喷射时,应减小喷头至受喷面的距离,并调整喷射角度,保证钢筋保护层厚度必须满足设计要求。

(2)锚杆施工质量控制主要从锚杆原材料及成品锚杆的质量、锚杆的加工质量、锚杆数量、锚杆安装质量(包括安装长度、孔位、孔位等)、锚杆垫板的设置5个方面控制。

对进场的原材料及成品锚杆按要求进行质量检测。锚杆在使用前要进行质量检查,如外观、长度、端部车丝质量等。锚杆施工前应先进行喷混凝土施工,初喷后进行锚杆孔孔位的测量定位,孔位测量做到位置准确。钻孔应保持直线,并与设计开挖轮廓线法线方向一致，便于形成整体支护系统。节理发育地段，钻孔方向尽量与节理面垂直，但要增加锚杆长度，保证沿法线方向的有效长度。锚杆安装前，应先用杆体测孔深，检查钻孔深度。锚杆必须设置垫板及锚头。安装垫板和紧固螺帽必须在水泥浆体的强度达到10MPa后进行。锚杆安装完成后，对已安装锚杆的数量进行检查，保证每一断面的数量符合设计要求，数量不够要补打。

(3) 钢架施工质量控制主要从以下3个方面控制。

①原材质量控制：力学性能，外观质量。

②拱架加工质量控制：结构尺寸、焊接质量、拼装精度等。

③拱架安装质量控制：钢架间距、横向位置及高程，底脚基础的牢固性，节段的连接质量等。

格栅及钢架加工所用的原材料必须进行各项指标检测，满足设计及规范要求后方可使用。钢格栅、钢架应按设计分段、分节集中制作加工，在加工场地按1∶1放样制作模型，保证拼装精度。首榀格栅、钢架加工完成后应放在平整的水泥地面上进行试拼，经检查各部尺寸均符合设计要求时才可进行批量生产。钢架加工的焊接不得有假焊，焊缝要饱满，表面不得有裂纹、焊瘤等缺陷。架设前，由测量人员将待架钢架的位置(里程、中线和水平)测放在岩面或喷射混凝土面上，控制钢架安装位置。安装前，应清除脚底下的虚渣及杂物，钢架脚底应置于牢固的基础上，若基底超挖则要加钢垫板或用混凝土填充。钢架应尽量密贴围岩，若有空隙则沿钢架外缘每隔2m应用钢楔或混凝土预制块楔紧。钢架节段间应采用螺栓连接，连接钢板应密贴。分部开挖法施工时，钢拱架拱脚应打设锁脚锚杆或锚管。下半部开挖后钢架应及时落底接长，封闭成环。

(4) 管棚及小导管施工质量管理控制。

钻孔前精确测定出钻孔的位置和倾角，安设导向管，施作导向墙。钻孔时严格控制钻孔方向，并应钻成直线。钻孔后应及时用高压风水清除残留在孔中的余渣，防止装管时卡管。在施工前进行注浆参数的设计，并进行注浆实验，确定合理的注浆参数，保证注浆质量。装入钢管时，应严格控制接管时的连接质量，宜采用丝扣连接。

(5) 喷射混凝土施工质量管理控制。

喷射混凝土施工质量控制从喷射混凝土的强度、厚度、内部密实度、表面平整度等方面控制。

喷射混凝土采用湿喷工艺，不许采用干喷工艺。喷射混凝土的原材料进场必须进行检验，除应符合现行的有关标准之外，还要满足耐久性要求。施工时严格控制配合比，确保喷射混凝土强度。喷射混凝土前应检查待喷射面的开挖断面，用高压风或水清理岩面，对松动的小块石头人工敲除，确保受喷面洁净平整，保证混凝土与岩面的附着力。施工前，设置控制喷射混凝土厚度的标志及其厚度。喷射作业应分段、分片、分层依次进行，喷射顺序应自上而下。分层喷射时，后一层喷射应在前一层混凝土终凝后进行，分层厚度符合规范与细则要求。对有涌水、渗水或潮湿的岩面喷射前，应采用注浆堵水或引管引排后再喷射混凝土。喷头应保持与受喷面垂直，若受喷面被格栅、钢筋网覆盖时，则灵活调整喷射角度，先从每榀前后两侧喷射钢架背后，然后是两侧，确保钢架背后及格栅钢架内填充密实。台阶法施工下部断面施工时，要将上断面喷射时的回弹料清除干净，新老喷射混凝土面接触牢固，保证整体受力结构。

3. 雀儿山隧道洞内防排水施工质量管理

(1) 防水板质量检验。

防水板材料类型、性能指标必须符合设计文件要求，采用合格厂家生产的定型产品，所有产品必须有出厂合格证和质量检验证明。防水板在使用前应按规定频次进行抽检试验，委托有相应资质的机构对防水材料进行检测，并出具合法有效的检测报告。

(2) 防水板铺挂。

初期支护表面的检查及处理：初期支护表面应平整，无空鼓、裂缝，并用喷混凝土或涂抹砂浆对基面进行找平处理。外露锚杆做切除处理，并用砂浆抹平。局部漏水采用注浆堵水或埋设排水管直接排水到边墙底纵向透水管。

防水层用绳扣挂在固定点上，其固定点的间距应为 0.5～0.7m，在凹凸处应适当增加固定点；固定点之间防水层不得绷紧，以保证灌筑混凝土时板面与混凝土面能密贴。

防水板铺贴平整顺直，搭接宽度不小于 100mm。

(3) 防水板的焊接。

防水板的拼接应采用双焊缝工艺，焊接接缝处必须擦洗干净。

采用爬焊机焊接，焊接时两侧焊缝宽度≥25mm，焊缝严密，不得焊焦、焊穿。

在焊缝搭接的部位焊缝必须错开，不允许有3层以上的接缝重叠。

绑扎或焊接钢筋时，采取遮挡措施避免对卷材造成破坏。混凝土振捣时，振捣棒避免接触防水板，以防振捣棒破坏防水板。

(4) 止水带施工质量管理控制。

止水带的材质、形状、尺寸、物理机械性能符合设计规定。

橡胶止水带接头必须粘接良好，粘接前做好接头表面的清刷与打毛，粘接可采用热硫化连接方法，搭接长度不得小于 10cm，焊接缝宽不得小于 50mm。

止水带埋设位置应准确，止水带以施工缝或伸缩缝为中心两边对称埋设，并固定牢固，防止偏移。

二次衬砌脱模后，若检查发现止水带过分偏离中心，则适当凿除或填补部分混凝土，对止水带进行纠偏。

4. 隧道衬砌混凝土施工质量管理

(1) 衬砌质量管理控制目标。

衬砌混凝土强度、厚度满足设计要求，拱背回填饱满密实，无空洞现象；混凝土表面平顺光滑，颜色一致，无蜂窝、麻面、裂纹和渗漏现象。

隧道衬砌中线、水平、断面尺寸和净空大小均须符合设计要求，以确保衬砌不侵入隧道建筑限界。

(2) 仰拱及仰拱填充施工质量管理控制主要从以下三方面控制。

①严格控制仰拱基底标高，确保仰拱断面尺寸。施工前与隧道边墙每隔 5m 施放测量控制点，作为仰拱开挖及混凝土施工控制点。开挖完成后，先复核仰拱断面尺寸，不允许

出现欠挖，仰拱的顶面高程和曲率满足设计要求。混凝土浇筑前，应将隧底虚渣、杂物、泥浆等清除干净，并用高压风将隧底吹干净，超挖部分采用同等级混凝土回填。

②仰拱、底板应整体浇筑，一次成型，严禁分幅施工。填充混凝土应在仰拱混凝土终凝后浇筑，不得同时浇筑。

③仰拱和底板混凝土强度达到 5MPa 后允许行人通行，达到设计强度等级的 100%后允许车辆通行。

(3) 二次衬砌施工质量管理控制主要从以下 8 个方面控制。

①施工前必须对衬砌断面进行检查和复核，隧道衬砌中线、水平、断面尺寸和净空大小均须符合设计要求，以确保衬砌不侵入隧道建筑限界。

②衬砌台车应采用刚度足够大的型钢为行走钢轨。衬砌台车的门架结构、支撑系统及模板的强度和刚度满足各种荷载的组合。

③衬砌台车应设置足够的承重螺杆支撑和径向模板螺杆支撑。

④衬砌台车行走轨道的中线和轨面标高应准确，台车就位后启动微调装置，用仪器校正模板外轮廓与设计净空相吻合后，锁定台车。

⑤浇筑前，应清除防水层表面灰粉并洒水湿润，模板内的积水和杂物应清理干净，每次台车就位前模板表面必须清理干净并均匀涂刷脱模剂。

⑥混凝土应对称、分层浇筑，分层振捣，振捣采用插入式振动器和附着式振动器联合振捣。合理掌握振捣力度，不过振和欠振。

⑦施工现场应配备必要的备用机械设备，以确保混凝土浇筑连续进行。当因故间歇时间超过允许间歇时间时，按施工缝处理。

⑧按规定合理确定拆模时间，拆模后及时洒水养护，在规定的养护期内始终保持混凝土处于湿润状态。

13.5　雀儿山隧道进度管理

雀儿山隧道作为国道 317 线控制性工程，施工进度的快慢直接影响到国道 317 线交验通车的时间。因此，对隧道进度的管理控制，始终贯穿于隧道施工的全过程，也是各项管理的重中之重。

1. 制定进度目标

根据设计文件、施工建设合同以及从建设方得到有关指标、条约、纪要或建设方指示性的施工组织设计方案及要求，制定雀儿山隧道的开工日期、工期及竣工日期的总目标，该目标要满足合同及业主的工期要求。

根据总体目标，编制雀儿山隧道总体施工计划，计划由项目总工程师编制，项目经理审核后，报业主和公司管理部门审批后实施。

编制年、季、月、周生产计划：根据总体计划的施工顺序，计划出不同年度的施工内容，编制年度施工计划，并在此基础上，编制出各季度和月施工计划，确定项目施工总体进度的重要节点目标。上述各种计划应在上一年(季度、月)末编制完成，总体计划比较抽象、季、月、周度计划逐渐比较具体。以上各计划由项目部门编制，项目总工审核，项目经理审批。

施工进度计划是控制隧道进度和工程竣工期限等各项施工活动的依据。施工组织设计工作中的其他相关问题都要服从施工计划的要求。施工进度计划反映了工程从施工准备工作直到工程竣工为止的全部施工过程，反映了工程各施工之间的配合关系，反映工作各阶段工序之间的逻辑关系。所以，要做好项目的进度管理，必须编制完整、可靠且符合实际情况的施工进度计划。

施工进度计划编制好，还需对施工计划进行动态管理。要根据施工计划的实际完成情况，当期存在的问题及业主新的节点工期要求，及时调整施工计划，优化资源配置，精心组织施工，以满足总工期和各节点工期的要求。

2. 隧道施工组织

施工组织是落实生产计划的组织手段，也是进度管理的重要环节，一般采用以下步骤。

(1) 施工工序调查。

在隧道施工的初期或前期阶段，由于各施工班组的人员磨合、爆破设计各参数的验证、施工方法调整、各工序的衔接、对地质的适应等因素，隧道施工进度无法满足施工计划的要求，要想解决问题，把进度提上去，必须对隧道施工进行一个诊断，密切跟踪调查各个工序的各个环节，对于在工序循环中暴露出来的问题，有针对性地制定对策和制度，从而总结出一套与进度计划相适应的施工方法。这些方法包括：施工方法的合理选定；人、物、机合理配置；工序、劳动定额及工序时间的合理确定；空间组织的健全和完善。

(2) 确定流水作业。

组织隧道施工，必须研究隧道工程的施工过程。一般来讲，隧道施工过程可分为施工准备过程、施工过程、辅助施工过程等。编制施工组织设计就是合理组织，妥善安排隧道施工过程，快速高效地完成施工任务。

流水作业就是将隧道工程划分为若干个施工段。某一班组先在第一个施工段完成第一道工序后，再转移到第二个施工段完成同一道工序。同样，另一班组紧随其后，依次在施工段完成下一道工序，以此类推，像流水一样前进，直到全部施工任务完成为止。它以施工专业化为基础，优点在于前一工序可迅速为后一工序让出工作面，从而加快工程进度。各班组在施工段上均有连续均衡施工，合理地使用劳动力、材料和机具，避免出现短期的高峰现象。此外，工人连续施工同一工序，可提高熟练程度，有利于保证工程质量和提高劳动生产效率。

采用流水作业施工，首先是将隧道施工的循环过程分解成若干道工序，如爆破、出渣、支护等，再确定出各工序的作业时间，使各工序尽量做到连续作业，工人不窝工和均衡生产。其次是组织各专业化的施工班组，最终目的在于保证施工中的两种连续：一是班组从第一施工段转移到另一施工段，连续进行同一作业施工，不发生窝工；二是同一施工段上各工种施工班组连续作业，不发生工序的空歇，如果两种连续同时满足，这就是理想的流水作业，从而达到了加快施工进度的目的。

3. 建立生产进度管理制度

生产会议制度：月计划生产会议、周生产例会、日生产碰头会议。

生产管理制度：交接班制度；各种消耗定额考核制度；空压机、通风机管理制度；高压氧舱、移动氧吧管理制度；洞内值班制度。

生产计划：根据施工现场实际情况，制订隧道总体施工计划、年度施工计划、月生产计划(周计划)、月物资采购计划、劳动力和机械设备使用计划。

有关生产方面的记录：领工员值班记录及交接记录；班组交接班记录；班组收方记录。

生产进度是一个单位各项管理上的综合指标，只要任何方面出现漏洞，最终都会在生产进度上反映出来。因此必须加强管理，深入现场，深入班组，采取对策，改变生产的被动局面，使生产计划始终处于受控状态，才能真正地做好进度管理。

13.6 雀儿山隧道环境管理

1. 保证体系

为了在施工过程中能够将生态环保落到实处，实现生态环境目标，使环保工作达到业主满意的效果，项目部成立以项目经理为组长，项目副经理、总工程师为副组长的环境保护领导小组，配备一定数量的技术人员，负责日常具体工作，各作业队配合专职环保监测员，使生态环保工作层层落实，贯穿到施工的全过程。

制定详细的生态环境保护管理制度和各项措施，健全施工过程中环境管理的规章制度。

环保管理人员在项目经理部生态环保领导小组的领导下，对所辖单位和施工区域的生态环保工作进行检查指导，执行处罚，并配有一定的设备，设举报电话，对举报有功人员给予一定奖励，如图 13-6 所示。

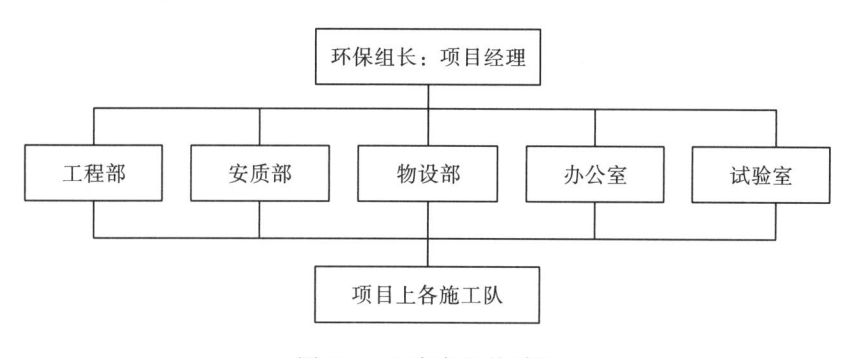

图 13-6 环保保证体系图

2. 施工环保、水土保护措施

(1)水环境保护措施。

靠近生活水源的施工，用沟壕或堤坝同生活水源隔开，避免污染生活水源。施工废水、生活污水按有关要求进行处理，不得直接排入河流和渠道。清洗骨料的水和其他施工废水，采取过滤、沉淀或其他方法处理后方可排放，以此避免污染河道和周围环境。

施工机械的废油废水，采用隔油池等有效措施加以处理，不得超标排放。

生活污水采取二级生化或化粪池等措施进行净化处理，经检查符合标准后方准排放。

配备有效的污水处理设施，设置沉砂池、沉淀池、过滤池等使施工产生的污水、泥浆等达标后排放。

(2) 大气环境及粉尘的防治措施。

施工场地和运输道路经常洒水，尽可能减少灰尘对生产人员和其他人员造成危害及对农作物的污染。

积极推行污染极少的生产工艺，推广水封爆破、水幕降尘等快速除尘的先进工法及工艺，迅速降低浮尘。

尽量少使用内燃机械，在设备选型时选择低污染设备，并安装空气净化系统，确保达标排放，使机械排放的有害气体降到最低程度。

生产和生活的锅炉选择燃烧效率高、高性能的锅炉，以采用燃油锅炉为宜，并要达到锅炉大气污染物排放标准及大气环境质量标准。

在运输水泥等易飞扬的物料时用蓬布覆盖严密，并装量适中，不得超限运输。

营地内道路及主要进场便道采用硬化路面，靠近村镇的路段根据情况经常洒水，避免灰尘飞扬。对有毒、易燃、易挥发物品设专人管理，密闭存放，取用时尽量缩短开启时间。对汽油等易挥发品的存放要采取严密可靠的措施。在有粉尘的作业环境中作业时，除洒水之外，作业人员还必须配备劳保防护用品。

(3) 固体废弃物的处理。

施工营地和施工现场的生活垃圾，集中堆放，统一管理。施工和生活中的废弃物经当地环保部门同意后，运至指定地点。此外，工地设置能冲洗的厕所，派专门的人员清理打扫，并定期对周围喷药消毒，以防蚊蝇滋生，病毒传播。报废材料或施工中返工的挖除材料立即运出现场并进行掩埋等处理。对于施工中废弃的零碎配件（如边角料、水泥袋、包装箱等）及时收集清理并做好现场卫生，以保护自然环境与景观不受破坏。

(4) 取、弃土场防护。

取、弃土场按设计实施工程防护；设计无防护的也将边坡平整稳定，并尽量平整造田，不得向河流和设计范围外的场地弃土。及早施作防护工程、排水工程和裸露地表的植被覆盖，防止水土流失。按要求做到取、弃土场采用植被覆盖绿化或其他处理措施。

(5) 降低噪声扰民的措施。

对使用的工程机械和运输车辆安装消声器并加强维修保养，降低噪声。机械车辆途经居住场所时减速慢行，不鸣喇叭。在比较固定的机械设备附近，修建临时隔音屏障，减少噪声传播。合理安排施工作业时间，尽量降低夜间车辆出入频率，夜间施工不得安排噪声很大的机械。适当控制机械布置密度，条件允许时拉开一定距离，避免机械过于集中形成噪声叠加。

(6) 植被保护及复耕绿化。

施工中不得乱砍乱挖，工程范围严格控制在线路征地界限之内。所有的砍伐树木、占用草地需征得林业管理部门的批准,取得许可证后方可进行施工作业。占用坡地及荒地作为临时施工场地,按征用范围严格控制,减少因施工造成的水土流失。

工程结束后,尽可能退地还草,取土场、弃土场等均进行平整,覆盖腐质土恢复成草场或栽种树木。所有施工用地,工程结束后均清除工程垃圾,复耕绿化。施工现场不得留下任何污染物。

(7)野生动植物保护措施。

不得在野生动物栖息地和野生动物迁移通道附近取、弃土及设置施工营地等临时工程,不准偷猎、恐吓、袭击、买卖野生动物。野生动物因意外需救助时,给予救助并通知相关保护区管理机构。严禁乱挖地表植物、破坏植被、不合理开挖取土。

(8)维护高原生态平衡措施。

严格执行国家及地方政府颁布的有关环境保护、水土保持的法规、政策和法令,结合本工程实际情况,按批准的设计文件组织实施。做好生态环境保护的宣传教育工作,提高认识,加强环保意识,无条件地接受环保监测单位的指导和监督。避免人为因素对生态平衡造成破坏,如偷猎、乱砍乱伐铲除多年植被、不合理用水或排放污水等。

第四篇　创新技术成果

　　雀儿山公路隧道是我国典型的高海拔高寒特长公路隧道，地质条件复杂，修建难度较大。建设团队充分调研，全方位勘察、设计，科学化施工、管理，创新性攻坚克难，解决了一系列高海拔高寒地区特长隧道修建难题，打破了恶劣地理环境对施工的困扰，攻克了一系列技术难题，解决了多方面的技术和管理瓶颈，提出了诸多的技术方案和实施办法，取得了巨大的成就。为我国高海拔高寒特长公路隧道建设技术提供了宝贵的借鉴和参考，为我国隧道公路建设的发展做出了突出的贡献。

　　依托雀儿山公路隧道建设项目，建设团队针对高海拔地区的缺氧、寒冷困境，创新性地建立了高原公路海拔分级体系，进行分级处理，为确保不同海拔高度公路隧道的稳定施工提供参考，并对高海拔隧道进行特殊的地质气象勘察。在勘察的基础上，进行了川西高原公路隧道总体设计，并在设计的基础上，对施工过程中不良环境诱发的施工问题进行优化设计，改进了施工过程中的通风设计及供氧等技术方案，保证了施工人员的安全及施工机械设备的可靠高效运行。

　　本篇内容依据前文具体创新内容和实施办法，全面总结了高海拔高寒地区特长公路隧道修建过程中的创新经验和有效成果，内容丰富饱满，技术创新可靠，对我国特殊地区公路隧道的勘察、设计、施工和管理有着重要的借鉴和参考意义，为进一步打通川藏地区公路交通网络脉络提供了非常重要的实例参考。雀儿山公路隧道的成功修建及经验的总结填补了我国公路隧道建设体系的部分空白。

第14章 川西高原公路隧道海拔高度分级标准

针对川西高原大部分区域大气压力低、氧分压低、气温低等施工难点，建设团队在对高海拔地区科学调研的基础上，创新性地建立了高原公路隧道海拔高度分级体系，提出了海拔高度分级标准，对于不同海拔高度的隧道施工进行了具体的定位，并且提出了不同的分级处治措施，因地制宜、科学合理，为不同海拔高度的公路隧道修建提供了宝贵的参考意义，具有很大的推广价值。

14.1 隧道缺氧程度分级研究

1. 缺氧标准理论分析

我国《缺氧危险作业安全规程》(GB8958—2009)要求平原地区施工允许氧气浓度不低于19.5%，医学研究认为氧气浓度低于16%会降低工作效率，并可导致头部、肺部和循环系统出现问题，氧气浓度低于12%时人会失去理智，时间长了就会对生命构成威胁。高原地区空气密度降低，在体积含量不变的情况下质量和压力降低，因此用氧气体积含量来表述缺氧问题并不适用，基于不同海拔高度所需氧气质量守恒和等效气管氧分压相同两种方法分析高海拔地区施工人员的供氧量标准。

由于空气具有可压缩性，因此大气压力与海拔高度具有非线性关系，在海拔11000m以下范围的大气压力计算公式为

$$P = 101.325 \times \left(1 - \frac{h}{44329}\right)^{5.255876} \tag{14-1}$$

与海平面相比，高海拔地区空气压力与密度有如下关系。

$$\frac{\rho_{空高}}{\rho_{空平}} = \left(1 - \frac{h}{44329}\right)^{5.255876} \times \frac{273.15 + t}{273.15 + t - 0.006 \times h} \tag{14-2}$$

式中，$\rho_{空高}$——高海拔地区空气密度(kg/m³)；

$\rho_{空平}$——海平面空气密度(kg/m³)；

h——海拔高度(m)；

t——海平面温度(℃)。

基于氧气质量守恒方法可知，人在不同海拔高度所需氧气质量浓度相同，高海拔地区由于单位体积氧气质量降低，因此导致人体缺氧。已知标准条件下海平面空气密度为1.29kg/m³，平原地区施工允许氧气浓度为19.5%，存在缺氧危险可能的氧浓度为16%，出现严重缺氧的氧浓度为12%，将以上3个浓度分别定义为人体习惯性、舒适性和安全性的临界氧浓度值。随着温度变化海拔高度存在一定的差异，根据式(14-2)计算人体习惯性、

舒适性和安全性的临界海拔高度为 750m、2600m 和 5300m。

等效氧分压理论认为高原缺氧的主要原因是氧分压不足，而氧分压大小主要取决于大气压力。常用的气管气氧分压计算公式为

$$P_{O_2} = F_{O_2}(P - 6.27) \tag{14-3}$$

式中，P_{O_2}——气管气氧分压(kPa)；

F_{O_2}——吸入气体中氧浓度(%)；

P——大气压力(kPa)。

根据式(14-1)与式(14-3)，得到与高度为 h_1，氧气浓度为 F_{O_2} 的空气氧分压相等的海拔高度 h_2 为

$$h_2 = a \times \left\{ 1 - \sqrt[b]{\frac{F_{O_2}\left[101.325(1-h_1/a)^b - 6.27\right] + 1.3167}{21.27825}} \right\} \tag{14-4}$$

其中，a、b 均为定值，分别为 44329 和 5.255876。通过式(14-4)计算人体习惯性、舒适性和安全性的临界海拔高度为 600m、2100m 和 4200m。

2. 雀儿山隧道洞口含氧量变化分析

基于不同海拔高度所需氧气质量守恒和等效气管氧分压相同两种方法分析人员习惯性、舒适性和安全性的海拔高度要求，为了对比修正理论分析结果，在雀儿山隧道开展了现场测试。团队在雀儿山隧道(图 14-1)开展了气温、气压、含氧量人工和智能监测，对应测试参数需要的测试仪器如表 14-1 所示。测试时间为 2014 年 9 月至 2016 年 11 月，每天 2：00、8：00、14：00、20：00 各记录一次。

图 14-1 雀儿山隧道现场

表 14-1 雀儿山隧道气温、气压、含氧量测试仪器表

序号	仪器名称	型号	用途
1	数字测氧仪	CY-12C	测量氧气含量
3	空盒气压表	DYM 3-1	测量大气压力
4	数字高度计	百瑞高 E7	测量海拔高度、大气压力、温度
5	温湿度计	AZ8706	测量温度、湿度
6	自动气象站	AWSTJ-3	测量温度、大气压力、风速等

经过现场测试获得隧道洞口的温度、气压与氧气含量变化，如图 14-2 所示。

图 14-2 雀儿山隧道洞口温度、气压与氧含量变化

从图 14-2 中可以看出，隧道洞口温度随季节变化明显，气压随温度变化呈现一定的规律性，月平均气压随温度降低而降低，测试最高气压为 61.7kPa，最低气压为 59.1kPa，氧含量基本保持稳定，不随季节而变化。理论分析人体舒适性的氧气密度为 0.21kg/m³，人体安全性的氧气密度为 0.155kg/m³。根据现场测试数据，计算得到理论分析与现场测试的雀儿山隧道洞口氧气密度变化如图 14-3 所示。理论计算洞口氧气密度为 0.179kg/m³，实测隧道洞口空气中平均氧气密度比理论分析结果平均低 4.93%，约为海平面氧气密度的 58.32%，等效为海平面氧浓度 12.25%，接近出现严重缺氧的氧浓度，表现出明显的夏季低、冬季高的季节性变化。现场测试最低氧气密度为 0.153kg/m³，仅为海平面氧气密度的 56.5%，等效为海平面氧浓度 11.86%，属于不满足人体安全性要求的氧气质量。

图 14-3 雀儿山隧道洞口氧气密度理论与实测结果

根据式(14-4)计算得到人体舒适性的气管氧分压为 15.197kPa,人体安全性的气管氧分压为 11.398kPa。通过现场测试数据计算理论分析与实测雀儿山隧道洞口气管氧分压如图 14-4 所示。现场测试气管氧分压比理论分析结果 11.24kPa 平均低 0.6%,约为海平面气管氧分压的 56.8%,等效为海平面氧浓度 11.9%,属于出现严重缺氧的气管氧分压。其中,实测最低气管氧分压为 10.98kPa,约为海平面气管氧分压的 55.8%。

两种方法分析结果表明,雀儿山隧道洞口为接近人体安全性的海拔高度,施工过程中存在很大的高原缺氧风险。与氧气质量守恒方法相比,等效气管氧分压方法的理论与现场测试结果表现出更好的一致性,表明等效气管氧分压方法更适用于高海拔地区施工缺氧情况的预测。

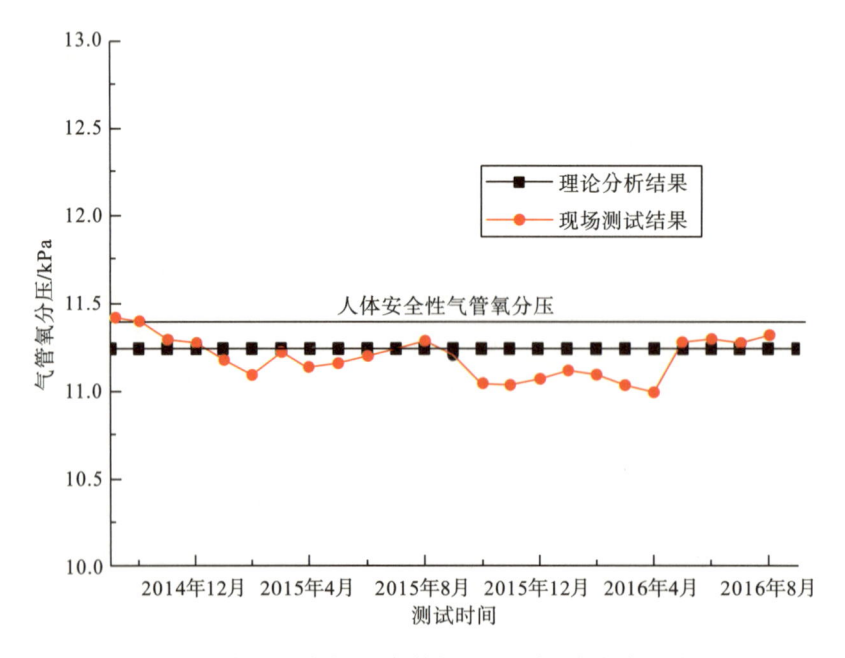

图 14-4 雀儿山隧道洞口气管氧分压理论分析与实测结果

3. 隧道海拔高度缺氧程度分级

依托雀儿山隧道现场监测获得了洞口大气压力与含氧量变化,优选了等效气管氧分压方法理论与现场实测具有良好的一致性,但仅雀儿山隧道洞口测试不具备普遍适用性,为了获得不同海拔高度缺氧程度分级,选择了雀儿山、巴朗山、折多山 3 条隧道,雀儿山隧道位于川西甘孜德格县,两端洞口海拔分别为 4380m 和 4260m,隧道长度为 7079m。折多山隧道位于康定市榆林镇,两端洞口海拔为 3760m 和 3880m,隧道长度为 8427m。巴朗山隧道位于阿坝小金县,两端洞口海拔分别为 3845m 和 3852m,隧道长度为 7954m,3 条隧道为川西高原不同区域典型高海拔公路隧道,如图 14-5 所示。通过对 3 条不同区域典型隧道氧含量与温度和冻结深度的分析,来研究川西高原公路隧道海拔高度分级标准。

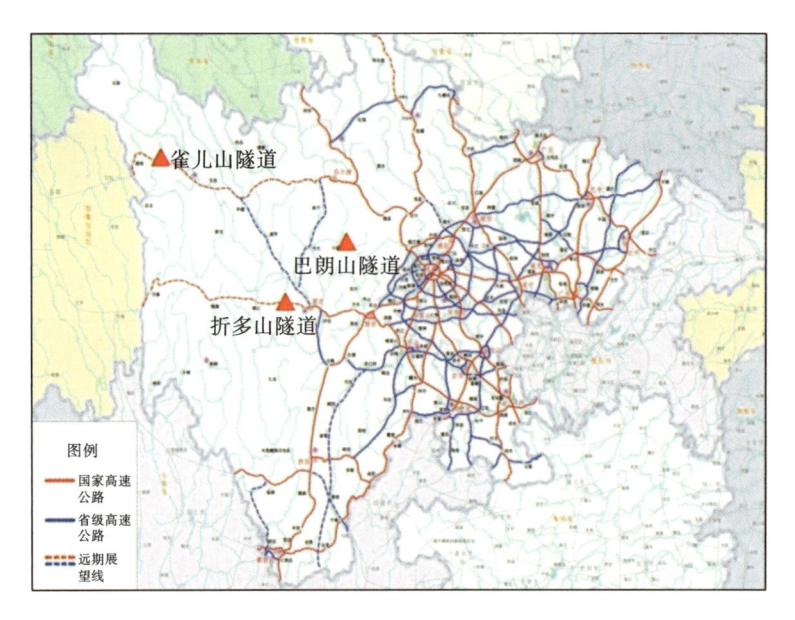

图 14-5　隧道位置示意图

通过测试获得 3 条隧道进出口区域不同海拔高度平均大气压力变化情况，如图 14-6 所示。随着海拔高度增加 6 个区域大气压力变化具有一致性。考虑到大气的可压缩性，在川西高原隧道海拔高度范围内大气压力随海拔高度与公式(14-1)拟合度良好。

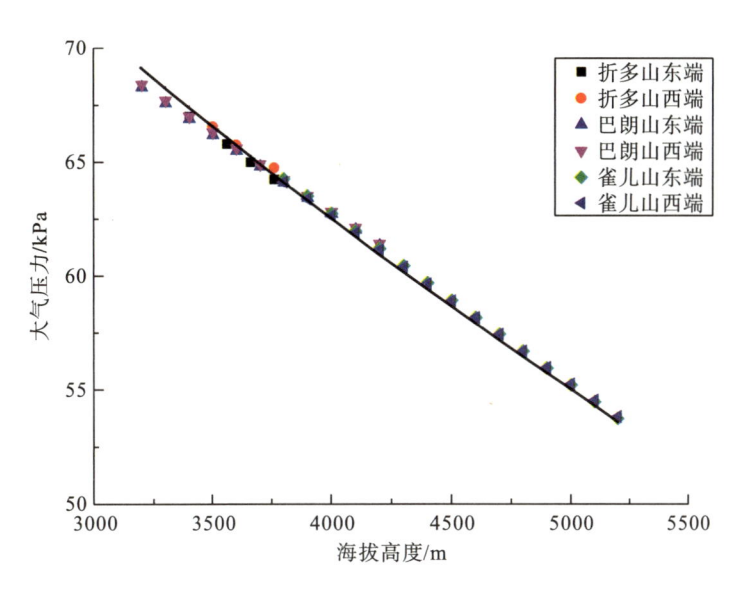

图 14-6　不同海拔高度大气压力变化

理论分析结果表明，川西高原人体舒适性和安全性的临界海拔分别为 2100m 和 4200m。青藏高原铁路长期监测发现施工人员身体健康状况与血氧饱和度(SaO_2)、心率(BPM)和肺动脉压(MAP)密切相关。海拔升高，血氧饱和度降低，心率和肺动脉压升高，导致安全风险升高。SaO_2 下降到 75%~80%时，人体肌肉功能障碍，对生命安全构成威胁。

在海拔 3850m 的巴朗山和 4380m 的雀儿山开展施工人员身体参数测试,结果如表 14-2 所示。与平原地区相比,高海拔隧道地区施工安全风险增大。海拔 3850m、等效氧气浓度 12.5%的巴朗山隧道平均血氧饱和度为 85%;而海拔 4380m、等效氧气浓度 11.6%的雀儿山隧道 SaO_2 降至 77.85%,心率与平均动脉压分别增加了 18.2%和 16.6%,人员存在生命威胁,监测结果与医学氧浓度划分结果基本一致。

表 14-2 川西高原隧道施工人员健康状况监测结果

位置	海拔高度/m	等效氧气浓度/%	血氧饱和度(SaO_2)/%	心率(BPM)/(次/min)	平均动脉压/mmHg
平原	50	20.9	97.23±1.36	77.6±8.37	87.5±12.83
巴朗山隧道	3850	12.5	85±3.25	87±7.64	98.5±6.83
雀儿山隧道	4380	11.6	77.85±6.02	91.7±10.07	102.0±8.24

因此基于理论分析与川西高原典型隧道长期监测结果确定基于人体轻度、中度和严重缺氧的临界海拔为 600m、2100m 和 4200m。海拔 600m 以下,等效海平面氧气浓度高于 19.5%,定义为不缺氧;海拔 600~2100m,等效海平面氧气浓度为 16%~19.5%,定义为轻度缺氧;海拔 4200m 以上,等效海平面氧气浓度低于 12%,定义为严重缺氧,海拔 2100~4200m 为中度缺氧。川西高原公路隧道缺氧程度分级如表 14-3 所示。

表 14-3 川西高原公路隧道缺氧程度分级结果

海拔高度/m	气管氧分压/kPa	相当于海拔 0m 的氧气浓度	缺氧程度分级
≤600	≥18.44	≥19.5%	不缺氧
600~2100	15.22~18.44	16%~19.5%	轻度缺氧
2100~4200	11.44~15.22	12%~16%	中度缺氧
>4200	<11.44	<12%	严重缺氧

14.2 隧道寒冷程度分级

随着海拔高度增加,环境温度降低,冻结深度增加可能导致隧道排水困难,衬砌胀裂,需要采取相应的保温防寒措施。目前,寒冷程度分级主要以最冷月平均气温和最大冻结深度为评价指标。公路隧道设计手册和铁路隧道设计技术手册中以最冷月平均温度-5~-15℃、冻结深度 1~1.5m 为寒冷地区;最冷月平均温度-15~-25℃、冻结深度 1.5~2.5m 为严寒地区。铁路隧道设计规定定义最冷月平均气温-8~-3℃为寒冷地区,-8~-15℃为严寒地区。我国《民用建筑热工设计规范》(GB50176—2016)规定最冷月平均气温低于-10℃为严寒地区,0~10℃为寒冷地区。寒冷程度划分存在差异,川西高原公路隧道寒冷程度分级需要根据实测数据进行分析。

现场测试获得 3 条川西高原公路隧道东西两端不同海拔高度最冷月平均温度与最大冻结深度统计情况,如图 14-7 和图 14-8 所示。

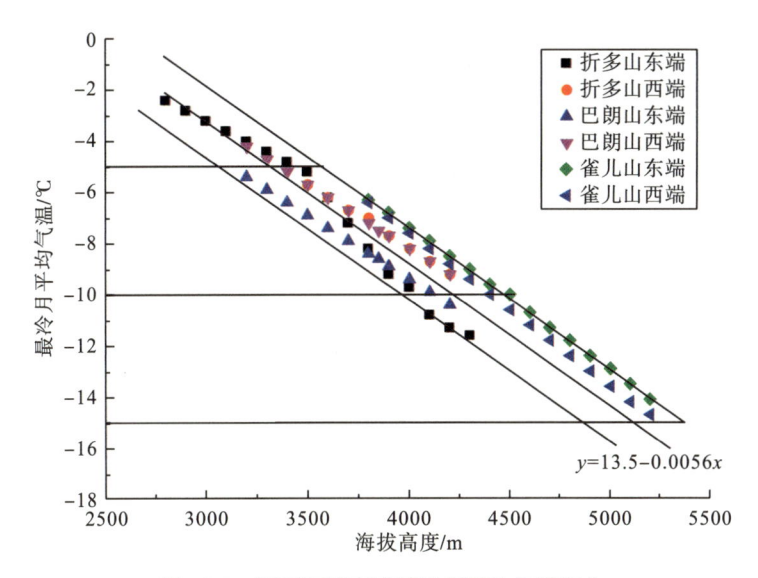

图 14-7　不同海拔高度最冷月平均气温变化

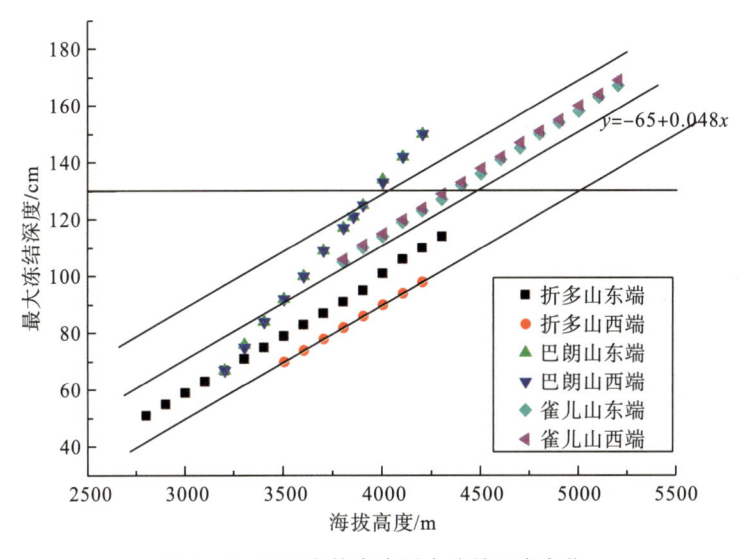

图 14-8　不同海拔高度最大冻结深度变化

图 14-7 表明最冷月平均气温随海拔高度升高线性降低，0℃、-5℃、-10℃、-15℃对应的海拔高度分别为 2400m、3200m、4200m、5000m 左右。

随着海拔升高，冻结深度线性增加。黏土导热系数通常为 0.93~1.16W/(m·K)，隧道路面下混凝土导热系数为 1.1~1.5W/(m·K)，混凝土冻结深度约为黏土的 1.3 倍。目前，川西高原公路隧道一般排水沟深度为 50~65cm，与 2100m 海拔的黏土最大冻结深度相符合。川西高原深埋水沟深度为 150~200cm，与 4200m 海拔黏土最大冻结深度相符合。因此，基于最大冻结深度结果可以将 2100m 以下定义为一般地区，2100~4200m 定义为寒冷地区，4200m 以上定义为严寒地区。

川西高原不同海拔高度最冷月平均温度与冻结深度呈现线性降低，说明寒冷程度分级可以用单一指标描述。2100m 对应最冷月平均气温约为 0℃，4200m 对应的最冷月平均气温约为-10℃。在相关规范与设计手册基础上根据川西高原公路隧道实际工况，定义寒冷程度分级如表14-4所示。

表14-4 川西高原不同海拔高度寒冷程度分级

海拔高度/m	最冷月平均温度/℃	最大冻结深度/cm	寒冷程度分级
<2100	≥0	<35	一般区
2100~4200	-10~0	35~135	寒冷区
>4200	<-10	>135	严寒区

14.3 隧道海拔高度分级及处治措施

1. 高海拔公路隧道供氧方法分析

为了优选高海拔隧道制氧供氧方法，以雀儿山隧道为例开展了现场供氧试验。要保障整个特长公路隧道内氧分压达到人体舒适性要求，仅从经济性考虑是不合理的。参照昆仑山隧道、风火山隧道等高海拔隧道的制氧供氧经验，考虑采用局部弥散式供氧方法增加工作区域的含氧量，包括隧道内施工区域和隧道外办公区域。

室内试验场地选在雀儿山隧道出口端洞外吸氧室，如图14-9所示。该房间相对密闭，并且接有直接供氧设施提供持续的氧气进行试验。通过试验，模拟弥散式供氧系统在一定的供氧流量下，无通风和空气扩散影响的条件下得到氧气及氧分压的变化情况。

图14-9 雀儿山隧道出口端洞外吸氧室

该试验的弥散增氧系统由制氧站、储气罐、氧气吸入器组成。如图 14-10～图 14-13 所示，吸氧室体积为 13.5×4.85×2.65=173.5m³。同时，分散使用 12 个氧气吸入器进行氧气释放，按照 5L/(min·个) 的速率将氧气排入房间内，再通过气体本身不同浓度间的扩散作用弥散充满整个房间，使房间的氧浓度得到提高。

弥散式供氧理论试验供氧点及测点位置布置如图 14-14 所示。

图 14-10　雀儿山隧道制氧机组　　图 14-11　制氧站内储气罐

图 14-12　吸氧室外储气罐　　图 14-13　氧气吸入器

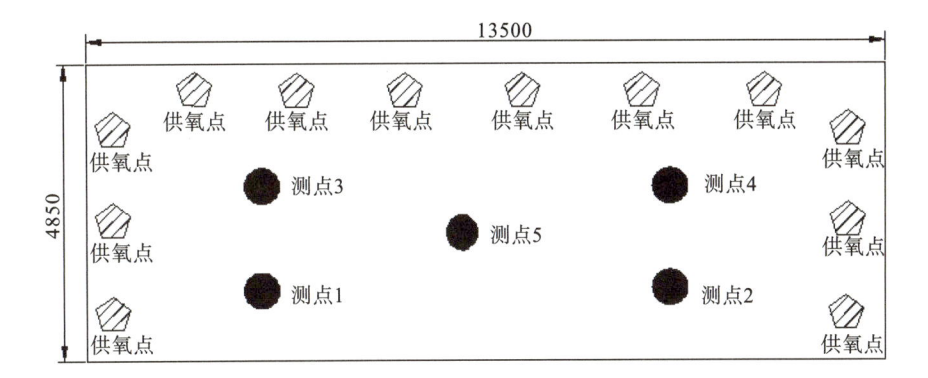

图 14-14　弥散式供氧理论试验供氧点及测点布置平面图(单位：mm)

试验对房间 5 个不同测点的空气氧含量浓度进行测量，每 3min 记录一组数据，供氧 1h 后停止供氧，再继续测试 15min。试验开始时，环境气压为 60.7kPa，氧含量为 20.8%，氧分压为 12.63kPa。

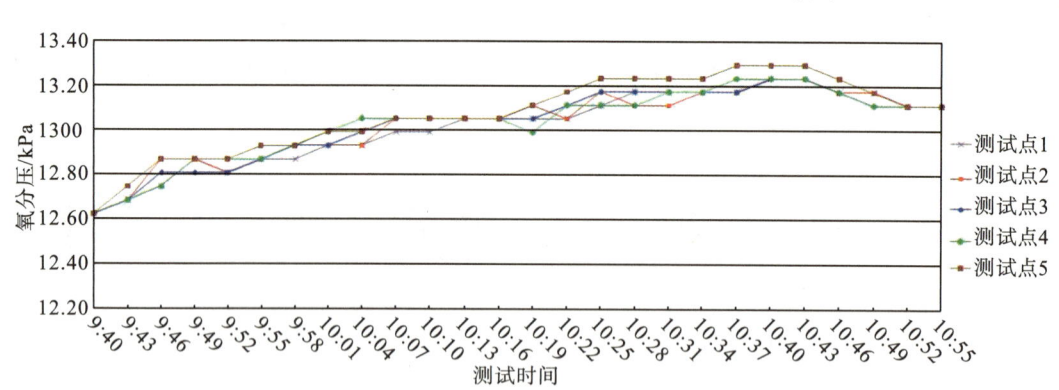

分析试验数据，得到各测点氧分压随时间的变化图如图 14-15 所示。

图 14-15　洞外弥散试验中测点 1～5 氧分压随时间的变化图

弥散式供氧开始前，实验房间内的氧分压均为 12.63kPa，弥散式供氧后，实验房间内的氧分压开始增长，经 60min 的增长氧分压达到最高值 13.23kPa，提高了 4.75 个百分点，显然这是持续供氧后氧浓度增加的结果。实验中弥散式供氧系统供氧达到氧分压稳定值时，相应氧分压比未供氧前约增加了 600Pa，弥散式供氧系统 1h 供氧相当于将原海拔 4232m 的氧含量提高到了 3857m 海拔的氧气浓度，将房间的海拔降低 375m。测试过程中，供氧气 3600 L，实际增加室内氧浓度的氧气为 1735L，逸失比例约为 51.8%。

掌子面试验场地选在雀儿山隧道出口端主洞掌子面进行，隧道内施工场地测试增氧范围为 509.4m³，4 个供氧点分别以 60L/min 速率释放氧气，利用气体浓度差弥散，提高施工区间氧浓度，每 3min 记录一组数据，供氧 1h 后停止，再继续测试 15min。

试验开始时，掌子面气压为 60.1kPa，氧含量为 20.6%。测试得到不同测点氧分压随时间的变化图，如图 14-16 所示。

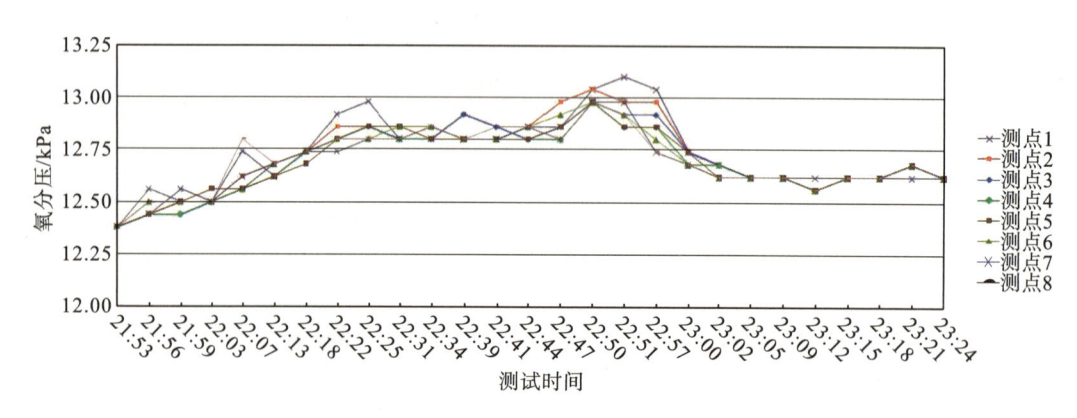

图 14-16　洞内弥散试验中测点 1～8 氧分压随时间的变化图

供氧开始时，气管气氧分压为 11.09kPa，供氧 1h 后氧含量增加 21.7%，气管氧分压增加至 11.68kPa，等效海拔降低至 3969m。测试过程中共供氧气 14400L，实际增加室内氧浓度的氧气为 5610L，逸失比例约为 61%。

雀儿山的测试结果表明,办公区域与施工场地在弥散式供氧作用下均有效提高了氧气含量,但逸失比例高、氧气消耗大。施工中不仅需要增大弥散式供氧量,提高供氧区域的密封效果,同时还需要采取个人携氧与移动式吸氧车供氧相结合的方式,保障隧道施工人员的氧气需求。

2. 公路隧道抗防冻方法分析

温度、水文和围岩条件是隧道冻害产生的基本三要素,川西高原公路隧道抗防冻需要采取防冻技术和抗冻技术两类工程措施。抗防冻技术措施的采用需要根据隧址区具体的温度环境、水文和围岩条件综合分析确定。针对温度要素的措施主要有设置保温层、采用电加热和设置保温出水口等;水文要素的措施主要有采用深埋排水沟和防寒泄水洞;围岩要素的措施主要有围岩注浆。抗冻技术主要是对可容忍的冻胀,依赖结构抗力抵抗冻胀力,主要措施有抗冻衬砌、单层衬砌和离壁衬砌等。不同海拔高度选择的抗冻与防冻措施存在区别,如表14-5所示。

表14-5 川西典型隧道抗冻与防冻措施

海拔高度/m		<2500	2500~3000	3000~3500	>3500
隧道名称		二郎山隧道	黄草坪1号隧道	雪山梁隧道	雀儿山隧道
隧道长度/m		4180	1221	7966	7079
隧道海拔高度/m		2200	2670	3380	4373
所在路段		G318	G318	川黄公路	G317
洞口结构措施	钢筋砼	⊙	√	√	√
	保温层	×	⊙	√	√
	深埋水沟	×	×	⊙	√
	围岩注浆	×	×	×	√
洞口防雪棚		×	×	×	√
洞口路面地暖		×	×	×	⊙

14.4 研究结论

1. 海拔高度分级标准

川西高原缺氧等级和寒冷程度均与海拔高度存在良好对应关系。缺氧程度为:海拔600~2100m为轻度缺氧;2100~4200m为中度缺氧;4200m以上为严重缺氧。寒冷程度分级为:海拔2100m以下为一般地区;2100~4200m为寒冷地区;海拔4200m以上为严寒地区。基于含氧量与温度变化的海拔高度分级标准,总结形成了川西高原公路隧道海拔高度分级指标。结合川西高原隧道的分布特征,将高海拔隧道分为一般海拔隧道、高海拔隧道和超高海拔隧道3级,分级指标如表14-6所示。

表 14-6 川西高原公路隧道海拔高度分级指标

隧道分级标准		海拔高度/m	寒冷程度	缺氧程度
一般海拔隧道	GI 级	<2100	一般地区	轻度缺氧
高海拔隧道	GII-1 级	2100~2800	寒冷地区	中度缺氧
	GII-2 级	2800~3500		
	GII-3 级	3500~4200		
超高海拔隧道	GIII 级	>4200	严寒地区	严重缺氧

2. 海拔高度分级处治措施

通过对川西高原公路隧道不同海拔高度制氧供氧和抗防冻措施的研究，获得了不同等级隧道制氧供氧与抗防冻措施，如表 14-7 所示。

表 14-7 不同海拔高度制氧供氧与抗防冻措施

隧道分级标准		海拔高度/m	抗防冻	制氧供氧
一般海拔隧道	GI 级	<2100	不采用	不采用
高海拔隧道	GII-1 级	2100~2800	可不采用	可不采用
	GII-2 级	2800~3500	选用	选用
	GII-3 级	3500~4200	采用	采用
超高海拔隧道	GIII 级	>4200	综合采用	综合采用

一般海拔隧道轻度缺氧，为一般地区，通常不采用制氧供氧与抗防冻措施。

高海拔隧道中度缺氧，为寒冷地区，通常采用弥散式供氧等局部供氧措施，采用保温水沟和洞口段保温层防治隧道冻害。

超高海拔隧道严重缺氧，为严寒地区，应采用严格制氧供氧专项措施，局部供氧与个人单独供氧相结合。抗防冻采用深埋水沟或防寒泄水洞，设计围岩注浆，设置衬砌保温层、保温出水口和洞口防雪棚等综合抗防冻措施。

由于海拔提高，用于施工人员保护、结构抗防冻技术措施将急剧增大，造成工程建设难度加大，造价高、工期长，建议尽可能将隧道标高设置在 4500m 以下。

第 15 章　川西高原公路隧道勘察技术

依托雀儿山公路隧道项目，在常规勘察手段的基础上，建设团队进行了全面的资料调研、地质调绘、钻探、物探及相关的测试实验，综合性地开展了气象、水文等地质勘察，保证了隧道勘察过程的科学有效，为进一步建设公路隧道提供坚实基础，也为后续高海拔高寒地区隧道勘察提供了数据和资料参考，同时具有重要的借鉴意义。

15.1　勘查内容要求

针对川西高原低温、低压、缺氧和地质条件复杂等特点，应分阶段开展工程地质勘察工作，除满足《公路工程地质勘察规范》(JTG C20—2011)中隧道勘察技术要求之外，还应进行专项的气象和水文地质勘察。

15.2　地　质　勘　察

川西高原公路隧道工程地质勘察工作应采用资料收集、工程地质调绘、水文地质调绘、物探、钻探、现场测试、室内试验等手段，综合评价隧址区工程地质条件。根据设计阶段不同，可参照表 15-1 选择采用的勘察手段。

表 15-1　勘察手段选用表

勘察手段	勘察阶段			
	预可勘察	工可勘察	初步勘察	详细勘察
资料收集	+	+	+	+
地质调绘	+	+	+	+
钻　探		(+)	+	+
物　探			+	(+)
测试试验			+	+

注："+"必做项目；"(+)"选做项目。

资料收集主要包括区域地质、遥感地质、矿产地质、气象资料、地温资料、冻土与未冻土的热物理参数、围岩冻胀指标、地下水分布等。

地质调绘主要包括地层岩性与地质构造、断层节理等软弱结构面特征、地下水类型与水位、地表汇水地形、既有隧道与地下结构物冻融病害情况、有毒有害气体及区域地震动峰值加速度等。

构造复杂的高原地区在收集资料和地质调绘后宜优先开展物探勘察,可采用多种物探方法相结合的方式进行,如表 15-2 所示。

表 15-2　物探方法选择表

隧道埋深/m	主选物探方法	备选物探方法
10～30	电测深法、高密度电法	地震反射波法、瑞利面波法、地质雷达
30～50	高密度电法	地震反射波法
50～100	高密度电法	瞬变电磁法、地震反射波法
≥100	音频大地电磁法	可控源音频大地电磁法、地震反射波法

在隧道物探异常区,经调查初步确定的断裂、褶皱重点部位通过钻探明确构造、有毒有害气体、地应力、地下水发育情况、地下水水质等情况。

测试及试验主要测试地基承载力、深埋段地应力、生烃能力测试、地下水成分检测、岩体性质等。

15.3　气象勘察

气象勘察的资料包括工程地点的年平均气温、最冷月平均气温、最低日平均气温、冻结指数、冬季风向及风速、年平均降水(雪)量、雪线、气压(氧含量)及气压差等,对于海拔 3500m 以上的高海拔隧道及超高海拔隧道,宜在隧址区设立观测周期不小于一个气象年的气象观测点或观测站(图 15-1)进行观测,持续收集隧址区气象资料,资料与本地区不少于 10 年的资料进行校核。

图 15-1　自动气象观测站

15.4　水文地质勘察

季节性冻土冻结深度勘察是水文专项的关键工作之一。标准冻深 Z_0 应采用隧址区附近或气温条件相近的气象台(站)的多年最大冻结深度平均值,统计年限不少于近 10 年。

隧道设计冻深 Z_d 可按下式计算。

$$Z_d = Z_0 \psi_{zs} \psi_{zw} \psi_{zt0} \qquad (15\text{-}1)$$

式中，Z_d——隧道设计冻深(m)；
ψ_{zs}——土质或岩性对冻深的影响系数；
ψ_{zw}——冻胀性对冻深的影响系数；
ψ_{zt0}——地形对冻深的影响系数。

各影响系数按表 15-3 查取。

表 15-3　冻深影响系数

系数	土质影响系数 ψ_{zs}				冻胀性影响系数 ψ_{zw}					地形影响系数 ψ_{zt0}		
分类	黏性土	细砂、粉砂、粉土	中砂、粗砂、砾砂	碎(卵)石土	不冻胀	弱冻胀	冻胀	强冻胀	特强冻胀	平坦	阳坡	阴坡
取值	1.0	1.2	1.3	1.4	1.0	0.95	0.9	0.85	0.8	1.0	0.9	1.1

根据平均冻胀率 η 将围岩冻胀性划分为不冻胀、弱冻胀、冻胀、强冻胀和特强冻胀 5 级，如表 15-4 所示。

表 15-4　围岩冻胀性分级

冻胀类别	不冻胀	弱冻胀	冻胀	强冻胀	特强冻胀
土平均冻胀率 η	$\eta \leqslant 1$	$1 < \eta \leqslant 3.5$	$3.5 < \eta \leqslant 6$	$6 < \eta \leqslant 12$	$\eta > 12$
岩体平均冻胀率 η	$\eta \leqslant 0.13$	$0.13 < \eta \leqslant 0.47$	$0.47 < \eta \leqslant 0.8$	$0.8 < \eta \leqslant 1.6$	$\eta > 1.6$

第 16 章　川西高原公路隧道设计技术

基于前文所述川西高原公路隧道特殊地气象条件与地理位置，建设团队需要科学创新，因地制宜，开展全方位的隧道设计，从隧道的施工到隧道的后期运营均需科学合理地进行，并且特点突出。隧道设计内容主要包括总体设计、抗防冻设计、通风设计、制氧供氧设计等，为高海拔公路隧道的修建设计提供了良好的修建设计参考，增强了国内高海拔高寒公路隧道修建理论设计基础，具有很好的借鉴和推广价值。

16.1　隧道总体设计

川西高原公路隧道位置应选择在稳定的地层中，避免穿越工程地质和水文地质极为复杂、浅埋、偏压及严重不良地质地段。总体设计需要考虑以下几点要求。

(1) 根据地质、地形、路线走向、通风等因素确定隧道平面线形，减少不良气象条件对隧道行车安全的影响。

(2) 纵坡应考虑行车安全、运营通风规模、施工作业和排水要求，洞口抗防冻段纵坡不宜小于 1.0%。

(3) 考虑防冻保温层厚度和后期运营养护维修等因素，川西高原公路隧道内轮廓可比普通环境地段增大 10cm 设计。

16.2　隧道抗防冻设计

1. 抗防冻结构设计

川西高原公路隧道抗冻设防段宜采用复合式衬砌，结构设计计算除常规技术要求之外，还需考虑冻胀和融沉作用，抗冻设防段长度向非设防段延伸 15m 以上。

初期支护采用不小于 C25 的中低温抗冻快凝混凝土，厚度大于 10cm。锚杆长度伸出冻融圈外不小于 1.5m，钢筋网间距为 15~20cm，可采用径向注浆、后注浆封堵漏水点，保证初期支护与围岩间的密实。

二次衬砌采用自防水的钢筋混凝土，采用等厚、圆顺的断面形式，墙与拱部一次浇筑成型，避免形成纵向施工缝。防冻设防段应采取相应措施严格控制衬砌开裂及裂缝宽度。

2. 防冻保温层设计

川西高原隧道防冻保温一般采用表面铺设防冻保温层方式，防冻保温层厚度应根据实测黏土最大冻结深度按下式计算确定。

$$\frac{1}{\lambda_1}\ln\frac{r+\sigma_1}{r} = \frac{1}{\lambda}\ln\frac{r+\sigma}{r} \tag{16-1}$$

式中，σ——防冻保温层的厚度(m)；

σ_1——黏土最大冻结深度(m)；

λ_1——围岩的导热系数[W/(m·℃)]；

λ——防冻保温层的导热系数[W/(m·℃)]；

r——隧道的当量半径(m)。

防冻保温层长度宜根据隧道内温度场实测数据确定。若无实测数据，则可采用黑川希范公式计算。

$$L = 154.7 \times (-t)^{0.604} \tag{16-2}$$

式中，L——保温段长度(m)；

t——洞口温度，即最冷月平均气温(℃)。

川西已运营公路隧道测试结果表明，最冷月隧道洞口段平均风速对纵向温度影响较大，在黑川希范公式基础上可按表16-1进行修正。

表16-1 不同风向、风速下保温设防长度修正建议值

洞口最冷月平均温度/℃	最冷月隧道洞口段平均风速/(m/s)						
	<-5	-5~-2	-2~0	0	0~2	2~5	>5
0~-5	150~350	150~350	0~350	0~400	450~600	600~1000	>1000
-5~-10	250~350	250~350	300~550	400~650	500~1050	800~1650	>1650
<-10	>300	>300	>500	>650	>800	>1150	>1650

注：1.表格在黑川希范公式计算长度基础上修正。

2.洞口段平均风速由洞口吹向洞内为正；反之为负。

3. 其他抗防冻措施

川西高原公路隧道应根据实测气温及冻结深度采取针对性设防措施，无实测资料可按表16-2确定。

表16-2 川西高原公路隧道抗防冻措施

隧道分级标准		海拔高度/m	结构保温	防排水	围岩注浆
一般海拔隧道	GI级	<2100	不采用	正常措施	不采用
高海拔隧道	GII-1级	2100~2800	不采用	选用	不采用
	GII-2级	2800~3500	选用	中心水沟加深	选用
	GII-3级	3500~4200	采用	深埋水沟	采用
超高海拔隧道	GIII级	>4200	采用	防寒泄水洞	采用

16.3 隧道防排水设计

川西高原隧道防冻设防段排水沟应采取保温水沟、中心水沟加深、中心深埋水沟、防寒泄水洞、主动加热等保温防寒措施，排水沟形式可按表16-3选用。

表16-3 不同寒冷程度的排水沟形式

隧道分级标准		海拔高度/m	黏性土最大冻结深度/m	主排水沟形式
一般海拔隧道	GI级	<2100	≤0.5	一般水沟
高海拔隧道	GII-1级	2100~2800	0.5~0.8	保温水沟
	GII-2级	2800~3500	0.8~1.2	中心水沟加深
	GII-3级	3500~4200	1.2~1.5	中心深埋水沟
超高海拔隧道	GIII级	>4200	≥1.5	防寒泄水洞

注：当海拔与黏土最大冻结深度不一致时，应按较大值选取。

海拔3500m以上的高海拔隧道二次衬砌应采用抗裂、防渗、抗冻的低温早强高性能防水混凝土，二次衬砌混凝土抗渗等级不得低于P10，抗冻等级不得小于F300。混凝土无法满足冻融循环次数要求时，需要设置保温措施；无法采取保温措施时，需要使用合理的添加剂或表面抗冻剂。

防冻设防段宜将衬砌背后环向排水管直通路面下的中心排水沟，纵向排水管经三通向横向排水管汇水，避免因纵向排水管封冻而使整个环向排水系统不畅。防冻设防段纵向、横向排水管宜采用防潮、环状保温层进行保温。

季冻区洞口、富水围岩段和有较大面积渗水处应采用合理的注浆措施。

16.4 隧道通风设计

目前，国内外相关规范缺乏高海拔地区通风CO与烟雾海拔高度系数，简单地要求高海拔地区在平原隧道参数基础上进行直线延伸。为获得准确的海拔系数参数，在川西地区进行了多类型车辆、多频率的检测，汽油车有害物排放采用怠速法进行，如图16-1所示。本课题采用怠速法在不同海拔标高对汽油车进行研究测定，采用稳态自由加速法对柴油车进行研究测定。

测试获得5000余组数据(图16-2)，利用肖维纳准则排除粗大误差后发现川西高原公路隧道考虑CO的海拔高度系数宜按下式计算。

$$f_h = 0.894 + 2.644 \times 10^{-4} H \quad (16\text{-}3)$$

式中，H——海拔高度(m)。

川西高原公路隧道考虑烟雾的海拔高度系数(图16-3)可按下式计算。

$$f_{h(\text{VI})} = 0.896 + 4.00 \times 10^{-4} H \quad (16\text{-}4)$$

式中，H——海拔高度(m)。

图 16-1　海拔高度系数测试

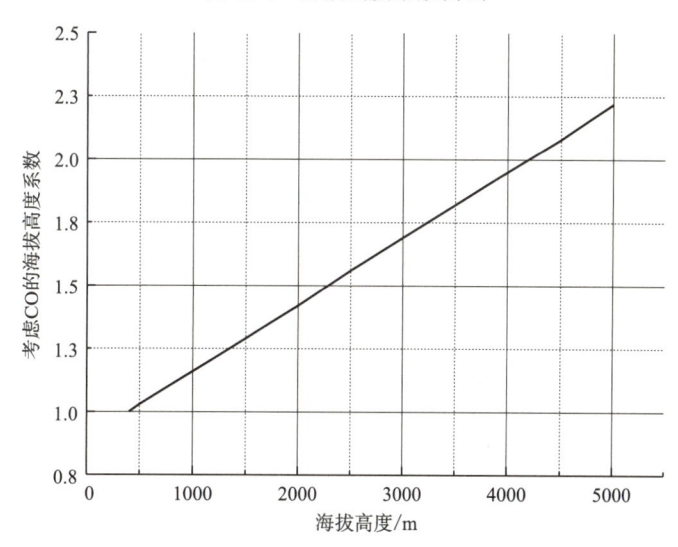

图 16-2　考虑 CO 的海拔高度系数

注：当取值超出图示范围时，可作直线延伸。

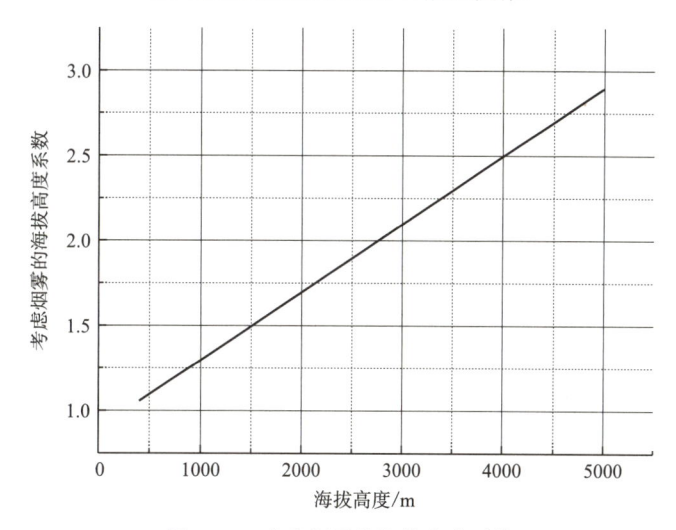

图 16-3　考虑烟雾的海拔高度系数

注：当取值超出图示范围时，可作直线延伸。

16.5 隧道制氧供氧设计

川西高原公路隧道制氧方式宜采用变压吸附法(PSA)或更高效的制氧方法。制氧机能满足在2000~5000m高海拔时正常运行，设备适应温度在-30~40℃。

基于川西高原公路隧道海拔高度分级标准，隧道应根据实测隧址区含氧量(大气压)制订施工制氧供氧方案。若无资料，则可参考表16-4。

表16-4　川西高原公路隧道供氧措施

隧道分级标准		海拔高度/m	重体力劳动人员	一般人员	供氧方法
一般海拔隧道	GI级	<2100	不供氧	不供氧	—
高海拔隧道	GII-1级	2100~2800	不供氧	不供氧	—
	GII-2级	2800~3500	洞内宜供氧	不供氧	背负式+移动供氧车
	GII-3级	3500~4200	供氧	宜供氧	弥散式+移动供氧车
超高海拔隧道	GIII级	>4200	供氧	供氧	弥散式+分布式+移动供氧车

结合相关供氧规范和雀儿山、巴朗山、雪山梁等隧道施工经验，高原隧道施工人员供氧根据海拔高度和劳动强度确定，从事重体力劳动的施工人员和室内办公人员的生理等效高度分别控制在2800m和3500m，参考表16-5。

表16-5　高原供氧标准参考值

海拔高度/m	大气压力		室内办公人员供氧标准		重体力劳动施工人员供氧标准	
	/mmHg	/kPa	气管氧分压/kPa	生理等效高度/m	气管氧分压/kPa	生理等效高度/m
2100	589	78.5	15.22	2100	15.22	2100
2800	539	71.9	13.87	2800		
3500	494	65.8			13.87	2800
4200	450	60.0	12.61	3500		
5000	375	50.0				

隧道海拔高度超过4200m时，除需要考虑完备的制氧供氧系统之外，还应做好完备的医疗保障体系，成立医疗队，并且配备专业医务人员和高原医疗设备。

第 17 章　川西高原公路隧道施工技术

依托雀儿山公路隧道修建项目，针对高海拔高寒地区的特殊环境，建设团队以人为本，高效细致，在保障施工人员人身生命安全的基础上，开展了充分的施工前调查研究，科学设计，合理建设，保障了施工过程中的通风顺畅，提出了施工过程制氧供氧技术方案，就地取材，充分利用自然资源，不仅节约能源消耗，还顺利解决了低温混凝土的搅拌难题；而且提出了施工机械设备的配套技术方案，为隧道施工提供了多方面的保障。为类似高海拔高寒地区公路隧道的修建难题提供了技术支持和预先参考，充分保障了相关公路隧道项目的顺利实施，同时具有重要的指导意义。

17.1　施 工 准 备

川西高原公路隧道施工准备内容主要包括施工现场调查、设计文件核对、编制施工组织设计、绘制施工场地总体布置图和施工临时工程。

现场调查工作主要包括：隧址区气象、环境、温度和冻土深度等环境条件；施工运输条件；洞口相邻工程分布及拆迁征地情况；水源条件和筑路材料来源；通信、生活供应、消防和医疗条件及当地的社会状况与民族风俗等情况。

设计文件核对主要包括：掌握工程的重点和难点，了解隧道方案的选定及设计经过；复查对施工和环境保护影响较大的地形、地貌、工程地质及水文地质；核对隧道平纵设计；核对洞门位置、形式、衬砌类型与环境的适应性；核对施工方法、措施与现场条件是否符合，以及排水、保温等措施是否与环境相适应。

编制施工组织设计，应包括施工方法、工区划分、场地布置、进度计划、工程数量、人员配备、主要材料、高海拔隧道施工机械设备、通风供氧方案与设备、电力和运输，以及安全、质量、环保、技术、节约等主要措施内容。

施工场地布置应结合工程规模、工期、地形特点、弃渣场和水源等情况，以洞口为中心，合理布置大型机械设备安装、维修和存放场地，以及大堆材料、施工备品和回收材料堆放场地，统一规划运输便道、厂区道路和临时排水设施等，按有关规定办理危险品库房布置。

临时工程施工要求在开工前基本完成，包括满足运输要求的便道敷设至洞口、风水电设施和管线机械按有关规定布置、结合季节和地区特点的临时房屋建设。

施工准备中要编制相应的应急预案，结合工程特点和新材料、新技术、新工艺的推广应用情况对施工人员进行安全教育、技术交底和培训。

17.2 隧道施工通风

川西高原公路隧道施工通风风量计算可根据修正的海拔高度系数计算，风机、风管要与气压值相适应。

施工环境中有毒有害气体浓度应符合下列要求。

(1) 一氧化碳：海拔在 2000~3000m 的地区，一氧化碳最高容许浓度为 20mg/m^3；海拔在 3000~4000m 的地区，一氧化碳最高容许浓度为 15mg/m^3；海拔在大于 4000m 的地区，一氧化碳最高容许浓度为 12mg/m^3。

(2) 二氧化碳按体积计不得大于 0.5%。

(3) 氮氧化物换算成二氧化氮浓度应在 5mg/m^3 以下。

(4) 隧道内气温不得高于 28℃。

(5) 隧道内噪声不得大于 90dB。

隧道施工通风应能提供洞内各项作业所需的最小风量，每人应供应新鲜空气 3m^3/min，采用内燃机械作业时，供风量不应小于 3m^3/(min·kW)。全断面开挖时，通风风速不应小于 0.15m/s，分部开挖的坑道内不应小于 0.25m/s，并均不应大于 6m/s。

机械通风布置根据坑道长度、断面大小、施工方法、设备条件等综合确定，可选用压入式或混合式通风，有条件时宜采用巷道式通风。通风设备的选择根据隧道环境条件、人员及设备需求、职业健康要求、独头掘进长度、装渣运输方式、断面大小和通风方式等因素计算确定。

17.3 隧道施工制氧供氧

根据施工区域含氧量、工作人员数量及供氧标准核定隧道施工供氧量。在隧道洞口外布置制氧供氧系统，包括变压吸附制氧机组、高压氧舱及多套吸氧终端，保证施工人员工作前后吸氧需求。

高海拔隧道施工供氧方式包括个人携氧、移动式氧吧供氧、隧道内弥散式供氧。高原反应强烈时宜选择鼻吸式供氧方式缓解，室内工作和睡觉休息时宜选择弥散式供氧方式，隧道内施工根据工作区域不同可选取局部弥散式供氧和移动吸氧车等方式。高原反应明显者，每天应进行鼻吸式吸氧 1 次，每次连续用氧 1h。

弥散式供氧需采用专用输氧管道(通常采用 DN25 不锈钢管)，氧气输送到掌子面前方约 50m 处，末端采用高压橡胶软管及快换接头连接掌子面处的弥散式供氧装置。

高海拔区隧道一般山高路远，远离都市与人类聚居区，生活极不方便，为了保障施工人员的身体健康和营养所需，必须建立起一套完整的后勤保障体系，特别是蔬菜的及时供应和常用维生素的补给。

高海拔地区施工需搞好后勤医疗保障，设立卫生室，建立个人健康档案，储备必需的药品、氧气袋和常用医疗器材，做到一般病现场能够治疗，其他病症及时转移到后方医院医治，保障施工人员的数量和工作能力。

17.4 隧道低温混凝土施工

高原低温环境下，混凝土施工质量不佳容易损害隧道工程结构强度，降低隧道使用寿命和运营安全，因此从原料选择、施工配合比、拌制和运输、泵送施工和养护等方面提出了低温混凝土施工要求。

1. 原材料的选择

(1) 水泥。为保证混凝土早期强度和具有较好的可泵性，应优先选用硅酸盐水泥和普通硅酸盐水泥。

(2) 骨料。骨料的选择要考虑高寒地区施工特点和泵送施工特点两方面的因素。细骨料选用中砂，含泥量小于 3%；粗骨料选用经多次冻融循环试验检测合格的、总质量损失小于 5%的坚实且级配良好的碎石或卵石，不应有风化的颗粒，含泥量小于 1%，最大粒径为 40mm。

(3) 外加剂。外加剂需具备低温、早强、耐久、耐腐蚀等要求。

2. 施工配合比

(1) 必须满足强度、抗渗和抗冻融循环的要求。
(2) 要保证混凝土在规定时间内获得足够的抗冻临界强度，使其不遭受冻害。
(3) 要满足施工要求，即坍落度和拆模强度满足泵送快速施工的要求。
(4) 必须考虑混凝土在硬化过程中释放出的热量对冻土围岩的影响。

3. 模筑混凝土拌制和运输

(1) 宜采用集中拌合站拌制混凝土，拌合站应设在保温大棚内，拌合用的砂、石料同时存放在保温棚内，且设地炉或加热仓对其进行加热，原材料的加热温度需通过热工计算确定。

(2) 混凝土入模温度宜控制在(10±2)℃范围内，考虑运输过程中和运至工地后泵送施工过程中混凝土热量损失，混凝土出机温度宜控制在 13～15℃范围内。

(3) 按以下要求控制原材料加温温度。

① 水泥、外加剂均不宜直接加热，应储存在保温库房内，保证在正温条件下使用。
② 水可采用锅炉直接加热，加热温度控制在 30～70℃之间。
③ 砂、石料加热的数量根据一次连续生产混凝土的用量要求确定，并留有一定富余。采用地炉或加热料仓预先对其进行加热，砂的加热温度控制在 8～20℃之间，石子加热温度控制在 2～10℃之间。

(4) 水泥、外加剂和经过加热的水及骨料分别计量，计量后的材料按设计的搅拌加料顺序进入搅拌机进行搅拌。当水温高于 60℃时，应调整投料顺序，使水先与骨料预拌，然后投入水泥开始正式搅拌，搅拌时间不得小于 90s。

(5)混凝土采用混凝土输送车运输,在输送车的转筒外采用棉絮或棉帐篷等材料加设保温罩,保温罩不能影响转筒正常运转。运至工地后应及时组织泵送入模,停留时间不能超过混凝土初凝时间。

4. 泵送施工

(1)尽可能采用机械化施工,减少人工作业,衬砌混凝土宜采用泵送施工。

(2)泵送混凝土除需满足设计要求的强度、抗渗、耐久等指标之外,还需要有良好的施工性能,具有摩擦阻力小、不离析、不阻塞和凝聚性适宜等能顺利通过管道的性能。

(3)高原地区隧道内空气稀薄、含氧量低,应选用高原型混凝土输送泵,输送泵应具有可靠、出口压力高、效率高、维修简单、高原适应性能好等特点。

(4)混凝土浇筑应采用刚度大、整体性好、浇筑速度快、质量高的衬砌模板台车施工。

5. 混凝土养护

为保证混凝土的施工质量,混凝土在达到拆模强度后方可拆模,衬砌拆模后应立即养护,养护时间一般为7~14d。此外,应做好衬砌的防寒保温工作,可使用保温材料覆盖,进行保温保湿养护。

17.5　隧道施工机械化配套

隧道工程施工机械应根据隧道长度、断面大小、围岩地质条件、施工方法、工期要求、施工场地等综合因素进行配置,尽量采用以机械代人工的方式,隧道施工机械设备配套原则如下。

(1)多选风动、电动设备,少选内燃设备。

(2)选用大型设备,少选小型设备。

(3)选用增压设备,少用非增压设备。

(4)多用新设备,少用旧设备。

(5)选用先进设备,不用故障率高的落后设备。

为保证施工机械在高原环境下的正常工作,施工机械设备要求如下。

(1)宜选用风冷增压型发动机和多级滤清或湿式空气滤清器,配置更有效的低温启动装置,使用低温油料和防冻冷却液,提高液力、液压系统的流动性和散热性。

(2)在使用高原型施工设备过程中,仍需采取发动机预热和保温、强化放电能力、加大进气量、增加发动机保养次数、改善启动时间、增加清洗次数等措施。

爆破钻孔可采用液压凿岩台车或多功能台架配合风钻。当具备大段落全断面施工条件时,应采用液压凿岩台车进行爆破钻孔作业。不适宜爆破施工的隧道,可选用挖掘机、单臂掘进机、铣挖机等进行开挖。

装渣与运输机械选型要满足挖装、运输机械能力协调配套的要求,关键工作面运输机械配置能力不应小于挖装能力的1.2倍。采用无轨运输方式时,装渣宜采用装载机或挖装机；采用有轨运输方式时，装渣可采用挖装机或扒渣机。牵引应采用电瓶车，运渣宜采用梭式矿车或侧卸式矿车。

喷射混凝土应配置湿喷机，长、特长隧道混凝土喷射作业宜选用喷射混凝土喷射台车。选择与地质条件相适用的锚杆钻孔、超前支护设备，混凝土衬砌作业配套机械满足施工需求。

主要参考文献

白国权. 2006. 高海拔严寒地区隧道温度场分布规律及衬砌冻胀力数值模拟研究. 成都: 西南交通大学.

陈宏伟, 任少强, 朱永权, 等. 2017. 高原寒区隧道建设技术. 北京: 中国铁道出版社.

邓刚. 2012. 高海拔寒区隧道防冻害设计问题. 成都: 西南交通大学.

邓刚, 王建宇, 郑金龙. 2010. 寒区隧道冻胀压力的约束冻胀模型. 中国公路学报, 23(1):80-85.

董旭, 申广浩, 谢康宁, 等. 2017. 高原低压低氧环境对心肺结构与功能的影响研究进展. 环境与健康杂志, 34(06): 547-551.

杜彬. 2003. 高海拔高寒隧道综合施工技术. 岩石力学与工程学报, (S1): 2453-2456.

郭春, 王明年, 李海清, 等. 2012. 海拔隧道冬季混凝土施工材料温度确定. 公路隧道, (04): 57-59.

韩建华. 2014. 高海拔寒冷地区公路设计理念与方法及其应用. 西安: 长安大学.

赖金星. 2008. 高海拔复杂围岩公路隧道温度场特征与结构性能研究. 西安: 长安大学.

李又云, 张玉伟, 赵亚伟, 等. 2018. 川西高海拔寒区富水隧道温度测试与冻胀分析. 铁道科学与工程学报, 15(7): 1778-1785.

李志军. 2017. 高原寒区隧道施工抗冻施工措施. 山西交通科技, (02): 28-29, 45.

刘国玉. 2001. 高海拔高寒隧道施工技术. 中国铁道科学, (04): 50-55.

刘玉良. 2004. 高海拔高寒隧道关键施工技术研究. 天津: 天津大学.

刘应书, 杨雄, 李永玲, 等. 2011. 高海拔地区室内富氧浓度安全试验研究. 应用基础与工程科学学报, 19(03):474-480.

彭翠翠, 王劲, 金婕, 等. 2015. 急进高海拔地区血氧饱和度和心率变化的研究. 重庆医学, 44(33): 4609-4610, 4614.

彭红宇, 戚俊松, 左可新, 等. 2018. 对制定高原供氧系统标准重要性的探讨. 医用气体工程, 3(01): 26-27, 30.

阮俊勇, 申广浩, 董旭, 等. 2017. 我国高原地区抗缺氧装备研究进展及应用现状. 医用气体工程, 2(04): 7-10.

石爱勤, 罗国玺, 靳生盛. 2009. 高原环境下工程机械使用技术. 青海大学学报(自然科学版), 27(04): 75-77, 91.

沈茜, 孙玉晶, 齐玥, 等. 2009. 动脉血氧饱和度降低幅度可预示高原肺水肿易感性. 医学研究杂志, 38(1): 29-31.

师亚龙, 陈礼伟, 郑波, 等. 2014. 含水量对季节性冻土区隧道衬砌开裂影响分析. 路基工程, (5): 214-219.

唐志新, 杨鹏, 吕文生, 等. 2009. 高原地下矿井下气体浓度标准探讨. 金属矿山, (05): 152-154, 160.

王梦恕. 2010. 中国铁路、隧道与地下空间发展概况. 隧道建设, 30(04):351-364.

王明年, 李琦, 于丽, 等. 2017. 高海拔隧道通风、供氧、防灾与节能技术的发展[J]. 隧道建设, 37(10): 1209-1216.

王明年, 田尚志, 郭春, 等. 2012. 公路隧道通风节能技术及地下风机房设计. 北京: 人民交通出版社.

汪双杰, 王佐, 袁堃, 等. 2015. 青藏公路多年冻土地区公路工程地质研究回顾与展望. 中国公路学报, (12):1-8,32.

王耀, 高菊茹, 张博. 2016. 高海拔隧道施工机械尾气排放影响及减排措施研究. 隧道建设, 36(6): 717-720.

蔚艳庆, 郑金龙, 韦远飞, 等. 2013. 高海拔隧道施工制氧供氧方案研究. 公路隧道, (02): 18-22.

吴剑, 郑波, 师亚龙. 2015. 季节冻土地区强风化砂泥岩隧道边墙开裂原因分析及整治对策研究[J].铁道建筑, (6): 67-71.

夏才初, 黄继辉, 韩常领, 等. 2013. 寒区隧道岩体冻胀率的取值方法和冻胀敏感性分级. 岩石力学与工程学报, 32(9): 1876-1885.

谢文强. 2015. 巴朗山高海拔隧道施工期供氧标准及设计方法研究. 成都: 西南交通大学.

谢文强, 郭春, 于丽, 等. 2016. 巴朗山高海拔公路隧道施工氧含量测试及分析. 现代隧道技术, (S2): 592-596.

谢尊贤, 朱永全, 赖涤泉, 等. 2011. 高原隧道施工工程机械有害气体排放特性. 长安大学学报(自然科学版), 31(06): 105-110.

辛嵩, 陈兴波, 崔延红, 等. 2015. 高原煤矿井下环境目标海拔高度的确定. 矿业安全与环保, (4):13-16.

严涛, 王明年, 郭春, 等. 2014. 高海拔隧道中考虑 CO 和烟雾的海拔高度系数. 中南大学学报(自然科学版), 45(11): 4012-4017.

严涛, 王明年, 郭春, 等. 2015. 高海拔特长公路隧道弥散式供氧关键技术研究. 现代隧道技术, 52(02): 180-185, 204.

严涛, 王明年, 郭春, 等. 2015. 公路隧道考虑多车型的 CO 海拔高度系数研究. 现代隧道技术, 52(03): 8-13, 54.

姚令侃, 邱燕玲, 魏永幸. 2012. 青藏高原东缘进藏高等级道路面临的挑战. 西南交通大学学报, 47(5): 719-734.

杨枫, 郑金龙, 蔚艳庆, 等. 2019. 高海拔隧道施工氧含量变化及供氧方法[J]. 科学技术与工程, 19(8):282-288.

杨海艳. 2013. 我国人居适宜性的海拔高度分级研究. 南京: 南京师范大学.

杨立新, 洪开荣, 刘招伟, 等. 2012. 现代隧道施工通风技术. 北京: 人民交通出版社.

杨旭, 严松宏, 马丽娜. 2012. 季节性冻土区隧道温度场分析与预测. 隧道建设, 32(1): 57-60.

杨森森. 2012. 高原特长隧道快速施工及机械配套技术研究. 北京: 北京交通大学.

尹登峰. 2014. 高原工况下工程机械用柴油机的性能仿真及优化. 长沙: 中南大学.

詹永康. 2013. 高海拔隧道冬季施工及洞口路面防凝冰技术研究. 成都: 西南交通大学.

赵军喜. 2009. 高海拔低气压地区隧道施工通风技术. 隧道建设, 29(02): 206-207, 231.

赵玉报. 2015. 高原高寒隧道围岩冻胀行为及施工对策研究. 成都: 西南交通大学.

张先军. 2005. 青藏铁路昆仑山隧道洞内气温及地温分布特征现场试验研究. 岩石力学与工程学报, 24(6): 1086-1089

张学富, 张闽湘, 杨风才. 2009. 风火山隧道温度特性非线性分析. 岩土工程学报, (11): 1680-1685

张玉伟, 赖金星, 邱军领, 等. 2018. 寒区隧道冻胀效应测试与分析. 交通运输工程学报, 18(3): 64-73.

张祉道, 王联. 2004. 高海拔及严寒地区隧道防冻设计探讨. 现代隧道技术, 41(3): 1-6.

郑金龙, 李玉文, 邓刚, 等. 2007. 雀儿山隧道海拔高度系数测试研究. 现代隧道技术, 44(2): 10-15.

周兆年. 2003. 低氧与健康研究. 中国基础科学, (5): 20-25.

朱玲玲, 范明. 2017. 高原缺氧对人认知功能的影响及干预措施. 中国药理学与毒理学杂志, 31(11): 1114-1119.

朱永全, 贾晓云, 张雪雁. 2006. 高海拔、高寒区、冻土隧道洞内施工环境控制技术. 岩土力学, (12): 2177-2180.

Feng Q, Jiang B S, Zhang Q, Wang G. 2016. Reliability research on the 5-cm-thick insulation layer used in the Yuximolegai tunnel based on a physical model test. Cold Reg. Sci. Technol, 124: 54-66.

Guo C, Xu J F, WANG M N, et al. 2016. Study on Oxygen Supply Standard for Physical Health of Construction Personnel of High-Altitude Tunnels. Int. J. Environ. Res. Public Health, 13, 64.

Li Y L, Liu Y S. 2014. Oxygen enrichment and its application to life support systems for workers in high-altitude areas. International Journal of Occupational and Environmental Health, 20(3), 207-214.

Lai Y M, Wu Z W, Zhu Y L, et al. 1998. Nonlinear analysis for the coupled problem of temperature, seepage and stress fields in cold-region tunnels. Tunn. Undergr. Space Technol, 13 (4): 435-440.

Lai Y M, Wu Z, Zhu Y, et al. 1999. Nonlinear analysis for the coupled problem of temperature and seepage fields in cold regions tunnels. Cold Reg. Sci. Technol., 29 (1): 89-96.

Tan X, Chen W, Yang D, Dai Y, et al. 2014. Study on the influence of airflow on the temperature of the surrounding rock in a cold region tunnel and its application to insulation layer design. Appl. Therm. Eng, 67 (1): 320-334.

Wu P, Yang F, Zheng J L, Wei Y Q. 2019. Evaluating the highway tunnel construction in western Sichuan plateau considering vocational health and environment. Int. J. Environ. Res. Public Health, 16, 1-15.

Yamabe T, Neaupane K. 2001. Determination of some thermo-mechanical properties of Sirahama sandstone under subzero temperature condition. Int. J. Rock Mech. Min. Sci, 38 (7): 1029-1034.

Ye F, He C, Wang S, Zhang J. 2012. Landscape design of mountain highway tunnel portals in China. Tunn. Undergr. Space Technol. 29, 52-68.

Zhang X F, Zhou Z H, Li J Q, et al. 2018. A physical model experiment for investigating into temperature redistribution in surrounding rock of permafrost tunnel. Cold Reg. Sci. Technol, 151: 47-52.

Zhou J, Wei C, Wei H, Tan L. 2014. Experimental and theoretical characterization of frost heave and ice lenses. Cold Reg. Sci. Technol, 104-105: 76-87.